O TRIBUNAL

FELIPE RECONDO E LUIZ WEBER

O tribunal

*Como o Supremo se uniu ante
a ameaça autoritária*

Copyright © 2023 by Felipe Recondo e Luiz Weber

Grafia atualizada segundo o Acordo Ortográfico da Língua Portuguesa de 1990, que entrou em vigor no Brasil em 2009.

Capa
Alceu Chiesorin Nunes

Foto de capa
Fabio Rodrigues Pozzebom/ Agência Brasil

Preparação
Maria Emilia Bender

Checagem
Érico Melo

Índice remissivo
Probo Poletti

Revisão
Clara Diament
Luís Eduardo Gonçalves

Dados Internacionais de Catalogação na Publicação (CIP)
(Câmara Brasileira do Livro, SP, Brasil)

Recondo, Felipe
   O tribunal : Como o Supremo se uniu ante a ameaça autoritária / Felipe Recondo, Luiz Weber. — 1ª ed. — São Paulo : Companhia das Letras, 2023.

   Bibliografia.
   ISBN 978-85-359-3602-5

   1. Brasil – Supremo Tribunal Federal 2. Democracia 3. Eleições – Brasil 4. Entrevistas (Jornalismo) 5. Política – Brasil – História I. Weber, Luiz. II. Título.

23-166897   CDD-070.444092

Índice para catálogo sistemático:
1. Entrevistas : Jornalismo   070.444092

Eliane de Freitas Leite – Bibliotecária – CRB-8/8415

Todos os direitos desta edição reservados à
EDITORA SCHWARCZ S.A.
Rua Bandeira Paulista, 702, cj. 32
04532-002 — São Paulo — SP
Telefone: (11) 3707-3500
www.companhiadasletras.com.br
www.blogdacompanhia.com.br
facebook.com/companhiadasletras
instagram.com/companhiadasletras
twitter.com/cialetras

Em memória de Luiz Orlando Carneiro

Para Adriana e Caetano
Para Fernanda, Maria Luiza e Fernando

Sumário

Sobre o livro 11
Apresentação 13

1. O Espelho da Verdade 19
2. Sedação 38
3. Capa preta 61
4. Kumitê 78
5. Jurisprudência de guerra 117
6. Paredes são de vidro 148
7. Dez por cento 160
8. Japona não é toga 192
9. A fumaça se dissipa 215
10. O STF versus Bolsonaro 235

Referências bibliográficas 249
Índice remissivo 253

Sobre o livro

As primeiras entrevistas para contar esta história foram colhidas em 2018, logo depois que Dias Toffoli tomou posse como presidente do Supremo Tribunal Federal e semanas antes de encerradas as eleições que alçaram Jair Bolsonaro à Presidência da República. A rota do STF era atravessada por desafios que testariam uma instituição fragmentada e cujos conflitos e vícios eram transmitidos ao vivo toda semana.

Nas primeiras apurações, já era visível que cada ministro cravava o prognóstico da Corte de maneira distinta. Essas projeções os levariam a agir e reagir aos fatos também de modo muito particular nos quatro anos subsequentes. Ao longo desse período, as conversas continuaram sem interrupção, porque não queríamos contar essa história a partir de seu desfecho, com olhos no retrovisor e reinterpretando o passado. Nossa intenção era retratar as ações do tribunal, suas decisões e seus cálculos institucionais conforme a história do país era encenada.

Essa apuração em tempo real nos permitiu observar as mudanças por que os ministros e o colegiado passaram ao longo do período. As entrevistas a quente nos deram elementos para compreender e descrever as escolhas do Supremo e a interação do tribunal com instituições como o Congresso, a Presidência da República e as Forças Armadas.

Foram centenas de entrevistas nestes últimos cinco anos: com ministros do Supremo, do Tribunal Superior Eleitoral, do Superior Tribunal de Justiça; com deputados e senadores, sobretudo da base governista; com ministros do governo Bolsonaro, assessores palacianos, integrantes da cúpula das Forças Armadas, membros do Ministério Público. Relatos de fatos testemunhados ou protagonizados por esses atores e versões que foram verificadas e cruzadas com as fontes envolvidas.

Também nos valemos do trabalho valioso da imprensa profissional brasileira, da bibliografia prolífica sobre as crises das democracias ao redor do mundo, dos votos proferidos pelos ministros do Supremo em casos relevantes, das numerosas e profundas análises produzidas por pesquisadores e cientistas da política brasileira.

O resultado desse esforço se soma a outras duas publicações sobre o Supremo, também lançadas pela Companhia das Letras: *Os onze: O STF, seus bastidores e suas crises*; e *Tanques e togas: O STF e a ditadura militar*, projetos de pesquisa e de jornalismo que fizemos — o primeiro em conjunto — para retratar a história do Supremo Tribunal Federal.

Apresentação

Jair Bolsonaro estava mudo, até nas redes sociais, enclausurado no Palácio da Alvorada, residência oficial da Presidência da República. Recusava-se a reconhecer a derrota nas eleições presidenciais de 2022. Pelo país, caminhoneiros e manifestantes fechavam estradas e ocupavam ruas em frente a quartéis do Exército, pedindo um golpe militar que revertesse a vitória de Luiz Inácio Lula da Silva.

Na terça-feira, 1º de novembro, dois dias depois das eleições, ainda sem romper publicamente o silêncio, Bolsonaro acionou quatro ministros do Supremo Tribunal Federal — Gilmar Mendes, Luiz Fux, Nunes Marques e André Mendonça — e os convocou para uma reunião no palácio residencial. O presidente, pouco afeito às liturgias, rompia mais uma vez os padrões institucionais ao buscar o diálogo com alguns ministros e não com a instituição STF.

Gilmar Mendes não achou que o momento se prestasse às informalidades com as quais estava tão acostumado. Telefonou à presidente do Supremo, Rosa Weber, pedindo que ela os acompanhasse, representando o tribunal. A presidente acionou o modo colegiado que marcava sua gestão e consultou os demais ministros sobre a conveniência do encontro. Se fosse para aceitar o convite, que fossem todos os juízes ao Alvorada.

Depois de ouvir os colegas, ficou inclinada a não aceitar o convite. O argumento definitivo lhe foi dito por Alexandre de Moraes, que acumulava o cargo de presidente do Tribunal Superior Eleitoral (TSE): "Enquanto o presidente não aceitar publicamente sua derrota, é impossível estabelecer qualquer diálogo com o Supremo".

Não era mais o STF atomizado das duas décadas anteriores. Aquele tribunal, antes fracionado e rachado em razão de múltiplas agendas individuais e estratégias políticas, estava agora majoritariamente unido — e exigia de Bolsonaro o reconhecimento do resultado das eleições.

Na tarde daquela mesma terça-feira, depois de 44 horas de silêncio, o presidente fez enfim seu pronunciamento: "Quero começar agradecendo os 58 milhões de brasileiros que votaram em mim no último dia 30 de outubro. Os atuais movimentos populares são fruto de indignação e sentimento de injustiça de como se deu o processo eleitoral".

A televisão no gabinete de Rosa Weber estava ligada e nove ministros acompanhavam o pronunciamento (Dias Toffoli e Ricardo Lewandowski não se encontravam em Brasília). "As manifestações pacíficas sempre serão bem-vindas, mas os nossos métodos não podem ser os da esquerda, que sempre prejudicaram a população, como invasão de propriedades, destruição de patrimônio e cerceamento do direito de ir e vir", disse Bolsonaro. No pronunciamento de apenas dois minutos e três segundos, nenhuma palavra explícita acerca da admissão do resultado eleitoral, nenhuma referência ao presidente eleito.

Luiz Edson Fachin foi o primeiro a falar. Para ele, o pronunciamento fora positivo porque o presidente não contestara as urnas. Alexandre de Moraes concordou. Com apoio dos presentes,

Weber entendeu que deveria contribuir para a normalidade da transição divulgando uma nota pública e convidando o presidente da República para um encontro no tribunal. Ela pegou um lápis (tem uma coleção sobre a mesa de trabalho, de durezas variadas: HB, B, 2B) e um bloco de papel e passou a escrever a manifestação do STF à mão.

O texto começava assim: "O Supremo Tribunal Federal celebra...". Alexandre de Moraes desaprovou a expressão: "O tribunal não celebra nada". O veto foi aceito pelos demais. Todos opinaram até chegar ao que consideravam a palavra adequada — "consignar", nem tão provocativa nem subserviente, um verbo quase a não sugerir ação.

Moraes e Fachin insistiram que se mencionasse que naquele curto pronunciamento Bolsonaro havia defendido o direito de ir e vir. Reafirmar isso na nota seria importante para tentar desmobilizar o movimento golpista de caminhoneiros. Mas o presidente não fora explícito na condenação dos bloqueios de estrada, disseram os outros. Como ele não havia sido claro, os ministros precisavam encontrar um modo de aludir a isso.

Nova rodada de edição. E, pronto, chegou-se a um consenso: "... a importância do pronunciamento do presidente da República em garantir o direito de ir e vir em relação aos bloqueios".

Por fim, concordavam que se deveria mencionar que Bolsonaro reconhecia a derrota. Se o presidente deixava alguma dúvida com o pronunciamento evasivo, o Supremo daria a última palavra sobre o significado do ato: "... e, ao determinar o início da transição, reconhecer o resultado final das eleições", registrou o trecho final da nota.

Weber guardou o lápis e entregou a mensagem manuscrita à sua assessoria, para que fosse digitada. Uma vez impressa, a presidente do Supremo releu a nota. "O Supremo Tribunal Federal consigna a importância do pronunciamento do presidente da República em garantir o direito de ir e vir em relação aos bloqueios e, ao determinar o início da transição, reconhecer o resultado final das eleições."

Depois da admissão da derrota pela TV, Bolsonaro foi convidado a ir à Corte, mas era preciso acelerar a publicação da nota. Com o texto no site, Weber queria sinalizar que o tribunal havia esperado que o presidente reconhecesse a legitimidade das urnas e se submetesse à soberania da vontade popular, para só então recebê-lo ali.

Quando Bolsonaro chegou, Rosa Weber o esperava à porta do gabinete. "Acabou", ele disse, depois de afirmar que "estava em cima" da Polícia Rodoviária Federal para desbloquear rodovias ocupadas por bolsonaristas contrariados com o resultado do pleito.

Adeptos que são das normas e rotinas constitucionais, os ministros acreditaram por muito tempo na força dos ritos de passagem da política que supunham vigorar inclusive para Bolsonaro — eleições, alternância de poder, retirada da vida pública de forma ordeira.

Encerrada a reunião, Fachin enviou pelo WhatsApp oito mensagens em sequência para seu grupo de assessores, relatando como os ministros haviam interpretado a capitulação do então presidente.

Estamos interpretando como um reconhecimento do resultado final das eleições, porquanto ele determinou o início da transição.
E se posicionou contra os bloqueios na medida em que defendeu o direito de ir e vir.
Temos que ver o copo meio cheio.
Estou vendo que a imprensa está comprando a versão piorada do discurso dele.
Isso é péssimo.
Ele não atacou diretamente o TSE nem as urnas eletrônicas.

Temos que ver por esse lado.
Não devemos superlativar o que é ruim.

Terminado o encontro, Weber acompanhou o presidente derrotado até a porta do gabinete e desejou-lhe "boa sorte". O governo Bolsonaro acabara e um novo STF emergira dos anos de crise com o presidente.

O STF são seus integrantes, suas decisões, a integridade de seus argumentos, o comportamento que se espera de magistrados, o respeito coletivo à instituição. Ou os ministros aprimoram o Supremo e com isso fortalecem sua autoridade, ou as tentativas de mudanças virão de fora: por lei, pelo descrédito da sociedade ou por tentações autoritárias que aparecem aqui ou acolá.

Era esse o diagnóstico que fazíamos em 2019, quando publicamos *Os onze*. O título remetia à metáfora das onze ilhas, crítica que se atribuía à ação individual, desagregada, indiferente ao colegiado, dos ministros que integravam a Corte Constitucional.

Este livro percorre o arco do tempo entre a ascensão de Jair Bolsonaro ao poder e os dias que se sucederam à invasão do Supremo, em 8 de janeiro de 2023. E narra uma história do STF que difere muito daquela contada em *Os onze*. O ciclo iniciado com a eleição de Bolsonaro passou por uma fase de hesitação, seguida de tentativas de acomodamento, e se encerrou com a forte resistência do tribunal unido diante de um presidente com uma agenda autoritária e um projeto de destruição institucional da Corte.

O Supremo reagiu a ataques a seus ministros, às vezes pessoais; ao legalismo autocrático (a edição de normas pelo então presidente da República em confronto com a Constituição); ao negacionismo durante a pandemia de covid-19; à organização de tropas golpistas com o propósito de abolir o Estado democrático de direito; ao maquinário do ódio das redes sociais. Foi a voz da instituição, a coesão, as decisões rapidamente chanceladas pela maioria que garantiram a resistência ante a ameaça autoritária. Forjou-se nesse período uma inédita unidade no tribunal — e foi isso que assegurou sua sobrevivência.

1. O Espelho da Verdade

Levemente arqueada, ziguezagueando por entre móveis destruídos e poças d'água, Rosa Weber percorre o plenário do Supremo Tribunal Federal. Tendo entrado por uma das janelas quebradas, a presidente do STF abre caminho em meio às sombras se servindo da luz do celular. Às 21h03, com os sapatos molhados, diante da cadeira destroçada da presidência, ela se detém, retira o lenço que envolve seu pescoço e apruma o corpo. Entrega o celular ao secretário-geral do tribunal, Estêvão Waterloo, e pede que ele a fotografe em frente ao que restara daquela poltrona. Por imperícia do fotógrafo, o flash "estoura" na face da ministra, deixando-a fúlgida contra o monturo informe e escurecido da mobília destruída. A escuridão daquele cenário de batalha, aliviada por feixes de luz, entristece a ministra. "Vou reconstruir", ela diz, firme. E promete: quando o tribunal retomar os trabalhos, ela repetirá a foto, com o plenário já restaurado. A presidente da Corte então chora.

Horas antes, pela TV de seu apartamento funcional, a ministra acompanhara atônita o ataque que golpistas aliados do ex-presidente Jair Bolsonaro desferiam no tribunal, no Congresso e no Palácio do Planalto. "Puta que pariu, Zero Um, perdemos o Sede." O rádio de frequência criptografada transmitia a mensagem do líder do pelotão de seguranças do STF que protegia o prédio onde fica o gabinete de Weber. A invasão ao Supremo ocorreu às 15h42 do dia 8 de janeiro de 2023, um domingo — mas os atos preparatórios remontavam a muito antes.

Em seus quatro anos de mandato, Bolsonaro atacou o Supremo como nenhum outro presidente desde a redemocratização. Em sua conta no Twitter, logo no primeiro ano compartilhou um vídeo no qual ele era representado como um leão que lutava contra as hienas do STF e da imprensa. Contrariado com as decisões do Supremo durante a pandemia, citou o ditador fascista Benito Mussolini: "Melhor viver um dia como leão do que cem anos como cordeiro". O recurso às metáforas do mundo animal era uma constante, como se a violência da vida selvagem expressasse melhor a relação de Bolsonaro com o Supremo — o inimigo que havia riscado uma linha em defesa da Constituição contra seu projeto autocrata.*

"Zero Um, que merda! Perdemos o Sede. Só tá nós combatendo!" "O Sede" é o apelido do Palácio do Supremo Tribunal Federal, obra de Oscar Niemeyer adelgaçada pelas equações do engenheiro Joaquim Cardozo e por uma pequena subversão estrutural — contra as regras vigentes nos anos 1960, o concreto foi batizado com até 17% de ferro —, de modo que a sustentação do edifício seja feita por elegantes pilares laterais. Sob o comando do secretário de Segurança do Supremo, Marcelo Schettini (o Zero Um), a tropa de defesa do STF resistia sem apoio, depois que a

---

* Federico Finchelstein, "Mentiras fascistas matam". *Quatro Cinco Um*, 1 jun. 2020. Disponível em: <https://www.quatrocincoum.com.br/br/artigos/l/mentiras-fascistas-matam>. Acesso em: 3 jul. 2023.

tênue linha da Polícia Militar do Distrito Federal deixou de funcionar como barreira aos golpistas nas vias da Esplanada dos Ministérios que dão acesso ao tribunal.

Naquele domingo de janeiro, havia vinte policiais judiciários e dezessete vigilantes de plantão. Mesmo com o reforço de seguranças vindo do Tribunal Superior do Trabalho (TST) e do Superior Tribunal de Justiça (STJ), um plano de contingência havia muito treinado e posto em execução (elevando para sessenta os servidores na guarda do tribunal durante o ataque), era impossível deter a multidão de manifestantes que entrava pelos quatro lados do prédio principal — qual uma palafita de mármore e vidro ilhada na praça dos Três Poderes, o Palácio do Supremo é vulnerável em todas as faces.

Em formação tartaruga, ao modo dos centuriões romanos, manifestantes improvisaram com cadeiras de praia (as mesmas que os acomodavam em frente ao QG do Exército, em Brasília) uma carapaça que lhes protegia a cabeça dos disparos das balas de borracha e das granadas antidistúrbios. Uma bandeira verde-amarela de cerca de cem metros de comprimento serviu de túnel para o desembarque de muitos golpistas, assim resguardados das bombas de efeito moral nos umbrais do Supremo. Ao analisar as imagens posteriormente, ministros suspeitaram que a bandeira, só desfraldada perto do STF, era um "cavalo de Troia".

Preparados para o combate, havia golpistas munidos de lenços com vinagre (para neutralizar o efeito do gás lacrimogêneo) e caixas de leite Tetra Pak (para atenuar a ação do gás de pimenta). Pedras portuguesas arrancadas da praça dos Três Poderes, chumbadas de pesca e bolinhas de gude eram disparadas por estilingues contra os seguranças.

Era evidente que alguns manifestantes já haviam passado por instrução militar em ações de choque. Espalhados ao redor do prédio, identificavam pela cor as granadas de gás lacrimogêneo, acinzentadas e vermelhas, lançadas pela tropa do Supremo — as únicas que permitem o manuseio mesmo após detonadas. Protegidos pelas máscaras umedecidas em ácido acético, arremessavam-nas de volta contra os policiais judiciários. Na ação defensiva, os seguranças ainda se serviram de granadas de luz e som, pretas.

Situado numa depressão em relação à Esplanada, com seu corredor de blocos de concreto que abrigam os ministérios, o STF às vezes é atingido por ventos no sentido oeste-leste. Em situações normais, é um refresco na paisagem de pedras, vidros, granitos e mármores. Naquele domingo, essa peculiaridade topográfica foi responsável por canalizar parte dos gases lançados contra o prédio. "O vento estava contra nós", lamentou um dos envolvidos na operação defensiva.

Os golpistas invadiram o Sede pelas amplas janelas, usando como aríetes as barras de ferro dos gradis que circundavam o tribunal. No prédio funcionam o Plenário, o Salão dos Bustos, o Salão Branco (para audiência dos ministros), o Salão Nobre (para recepções a chefes de Estado) e o gabinete da presidência do tribunal.

O ambiente de aquário do STF preocupava havia uma década. Durante o julgamento do mensalão, quando o tribunal passou a atrair mais a atenção pública, os ministros imaginaram que as pedras portuguesas da praça poderiam ser retiradas do mosaico e arremessadas contra o edifício, estilhaçando as vidraças e ferindo as pessoas. Quando foi presidente da Casa, de 2014 a 2016, Ricardo Lewandowski obteve orçamento e a aprovação dos demais colegas para blindar as grandes janelas.

A delicadeza do prédio, concebido em tempos de recato e invisibilidade do Supremo, não resistiria ao peso dos vidros temperados: seriam necessários alterações e reforços estruturais que comprometeriam a aparência do prédio. O Instituto do Patrimônio Histórico e Artístico Nacional (Iphan) brecou a reforma. Como paliativo, as vidraças receberam uma película protetora de impacto e as antigas persianas foram substituídas por cortinas com blecaute reforçado. Após o ataque, Weber retomaria o projeto de blindagem.

A análise dos vídeos indicou um propósito de devastação não só material mas também simbólica. As câmeras de segurança flagraram golpistas à caça de troféus de guerra. Dentro do Sede, ainda na entrada do palácio, destruíram bustos em homenagem a personagens-chave para a história do tribunal, como Rui Barbosa e os ex-ministros Pedro Lessa e Victor Nunes Leal; fotos de ex-presidentes da Casa foram arrancadas das paredes e rasgadas — sobraram apenas duas: de Luiz Gallotti (1966-8) e de Piza e Almeida (1906-8). No corredor que leva ao plenário, os golpistas puderam se admirar no Espelho da Verdade, peça centenária estilo Luís XIV que tem esse nome por ser de cristal puro e mostrar sem distorções a imagem refletida. Quebraram-no.

Uma vez dentro do plenário, arrebentaram cadeiras e mesas; derrubaram e urinaram nas câmeras de televisão; arrancaram o crucifixo desenhado por Alfredo Ceschiatti, instalado desde 1978 no painel em mármore bege de Athos Bulcão; rasgaram livros técnicos usados pelos ministros; arrombaram os armários que guardam as togas pretas e furtaram as vestimentas (a porta com a plaqueta de identificação do ministro Alexandre de Moraes foi arrancada e exibida como butim de guerra); sumiram com o laptop de Rosa Weber. Depois de destruir o térreo, subiram ao primeiro andar e, dando continuidade aos crimes, roubaram equipamentos fotográficos.

Pelas escadas, chegaram ao terceiro andar e invadiram o gabinete presidencial. Depredaram móveis que tinham vindo do antigo prédio do Supremo no Rio de Janeiro, um mobiliário de 1870 em estilo francês; rasgaram sofás; atearam fogo à cadeira de trabalho da presidente da Corte — e o sistema de sprinklers, anti-incêndio, foi acionado, encharcando tudo. Sobre a mesa de trabalho da ministra só restou intacto o porta-retrato com foto da neta. Foram jogados ao chão dois itens "de proteção" — um crucifixo da catedral de Saint Patrick, presente do ministro Luiz Fux depois de uma viagem a Nova York, e um olho turco, lembrança da ministra do TST Maria Helena Mallmann.

Rosa Weber acompanhava a invasão pela TV; eram imagens externas, que não davam a dimensão da destruição e violência que ocorriam no interior do prédio. Ela ligou para o assessor especial da Presidência do STF, o ex-diretor da Polícia Federal Rogério Galloro, e avisou que iria até o Supremo. Galloro vetou. Só quando o tribunal fosse retomado.

O dia 8 de janeiro de 2023 amanhecera tranquilo. Às nove, Galloro enviou uma mensagem para o WhatsApp de Weber. Vários ônibus haviam chegado e continuavam a chegar, desembarcando no QG do Exército apoiadores do ex-presidente Bolsonaro. Por segurança, a Polícia Militar do Distrito Federal decidiu fechar a Esplanada dos Ministérios para o tráfego de veículos. "Estamos tranquilos", escreveu Galloro.

As marés de golpistas avançavam e recuavam em Brasília desde a vitória de Luiz Inácio Lula da Silva, em 30 de outubro de 2022. Ora maiores, ora menores, as ondas de manifestantes inflavam com golpistas que se deslocavam para a cidade e se acomodavam sem maiores percalços em frente ao QG, e com moradores da capital e arredores, que obedeciam a um caótico e instantâneo comando de mobilização por redes sociais.

Ao meio-dia, Galloro, agora aflito, desiste do aplicativo de mensagens e telefona para a ministra, que estava em casa, sozinha, trabalhando em alguns processos. Ele a informa de que havia uma manifestação marcada para a uma da tarde. Por volta das duas, telefona de novo, alarmado: o Supremo ainda está protegido, mas os manifestantes se aproximam do Congresso. "Seria bom que a senhora falasse com o governador", ele diz.

Weber procura no celular o número de Ibaneis Rocha, aliado de Bolsonaro reeleito para um segundo mandato no DF. Não encontra. Com raros contatos na política, ela aciona o ministro da Justiça, Flávio Dino, que lhe passa o telefone do governador. A ministra, tensa, diz: "Vou pedir providências urgentes".

A doutrina de segurança do Supremo e dos demais poderes invadidos naquele dia — o Congresso e a sede do Executivo, o Palácio do Planalto — trabalha com a imagem de círculos concêntricos. Nesse desenho, cabe à segurança pública do DF, à PM sobretudo, montar barreiras para garantir a blindagem de toda a região, em círculos sucessivos de defesa, com raios cada vez menores, deixando para a Polícia Judicial apenas a proteção dos prédios e dos ministros. A PMDF tem um efetivo de cerca de 10 mil militares.

Weber telefona ao governador pelo WhatsApp. Os toques se sucedem. Ibaneis não atende (talvez não reconhecesse o número que o chamava?). Mas naquele dia, registre-se, essa não seria a única ligação de um ministro do Supremo que o governador ignoraria. Sem resposta e diante do risco iminente, a ministra escreve uma mensagem: "Governador Ibaneis, aqui é Rosa Weber. Estou preocupadíssima com a situação do Supremo". E acrescentou: "Já entraram no Congresso". Pouco depois, chega a resposta: "Coloquei todas as forças de segurança nas ruas". O secretário de Segurança, Anderson Torres, ex-ministro da Justiça de Bolsonaro, estava de férias nos Estados Unidos, e as barreiras da PM, como revelaram inúmeras cenas, eram peneiras que não detinham os golpistas. Em pouco tempo, Congresso, Planalto e, por fim, o STF foram invadidos.

Hipólito Cardozo, braço direito de Schettini no campo, recebeu pelo rádio a ordem do chefe: "Larga o Sede, desce com a equipe para as escadas e não deixa avançar para o museu, TV Justiça ou anexos!". Menos simbólicos, os prédios anexos abrigam um acervo sensível. Se conseguissem passar pela barreira da Polícia Judicial, os golpistas chegariam ao museu e às salas dos ministros — e, vale dizer, aos originais das Constituições de 1934, 1946, 1967 e 1988 e a inúmeros processos e provas sigilosas, respectivamente.

Os acessos aos anexos eram estreitos, o que dava uma vantagem de terreno à segurança. Atendendo de imediato ao pedido de reforço, chegaram cerca de quinze policiais do COT, o Comando de Operações Táticas da Polícia Federal, grupo altamente treinado e fortemente armado, e, por fim, duas dezenas de policiais do Bope da PM do DF. A demonstração de força bélica em espaço fechado assustou os golpistas, que recuaram. Evitada a invasão dos anexos, decidiu-se pela retomada imediata do Sede. Coordenadas, as equipes avançavam, expulsavam os golpistas e prendiam os que não saíam.

Entre os presos, havia três vigilantes terceirizados do próprio Supremo — um deles tinha deixado o plantão às sete da manhã daquele domingo. A rigorosa fiscalização de vida pregressa e os testes psicotécnicos pelos quais passaram não foram capazes de detectar o bolsonarismo e o golpismo camuflados em camadas profundas. Acionados de supetão por comandos vindos das plataformas digitais, eles emergiram pronta e violentamente no mundo real, num claro indício da complexidade do desafio de proteção do Estado democrático de direito em um ambiente virtual desregrado.

"O STF foi retomado, o Sede foi retomado, não tem mais nenhum filho da puta aqui." A frase foi transmitida pelos rádios a todos os envolvidos na operação. Eram quatro e meia da tarde. Na batalha pela retomada, foram usados trinta sprays de gás lacrimogêneo e de pimenta, quarenta cargas de gás lacrimogêneo, vinte granadas de efeito moral e sessenta granadas de gás lacrimogêneo. O Supremo estava livre dos golpistas — mas o tribunal não voltaria a ser o mesmo. A invasão concluiu um ciclo iniciado durante o governo Bolsonaro.

"Caralho, Alexandre, tá todo mundo no exterior. Você tem que fazer alguma coisa", Lula disse a Alexandre de Moraes. No telefonema naquela tarde do dia 8, testemunhado por integrantes do governo, Lula apenas reproduzia um equívoco acumulado a respeito do STF e cultivado pelo próprio tribunal — o erro de que um único ministro expressava a instituição, sua força e poder de reação.

Ex-promotor, secretário de Segurança e ministro da Justiça, aos 54 anos Moraes tornara-se o símbolo do antigolpismo, a ponto de ganhar nas redes a alcunha Xandão, um superlativo que expressava sua importância para o cosmo bolsonarista. As buscas pelo termo "Xandão" no Google registravam picos de interesse — e atingiram um ápice na semana de 8 de janeiro — sempre que o ministro anunciava uma decisão no âmbito dos inquéritos sob sua relatoria (como a investigação dos atos antidemocráticos ou das fake news). "O que acha de decretar intervenção?", perguntou Lula. Naquele momento, Moraes traduziu o novo éthos do Supremo. "Presidente, o senhor já falou com a ministra Rosa?"

Num ambiente tão centrífugo quanto o Supremo, Rosa Weber voltou-se para o centro, para o tribunal, a fim de construir relações internas e atrair os demais. O recato, o silêncio diante da imprensa — que alguns poucos colegas ou parlamentares viam como sinais de fragilidade e insuficiência argumentativa — expressavam uma convicção. A ministra não falaria por si, apenas em nome do Supremo. Depois de longos anos de psicanálise — as sessões presenciais só foram suspensas na pandemia —, Weber evocava o psicanalista francês Jacques Lacan quando dizia que não tinha instrumentos para controlar como as pessoas interpretariam o que ela viesse a falar, embora soubesse exatamente o que falaria.

Naquele 8 de janeiro, o STF estava disperso geograficamente, mas mais unido do que nunca. Dias Toffoli se encontrava em São Paulo, preparando-se para uma viagem à Europa; Alexandre de Moraes estava na França; Gilmar Mendes, em Portugal; Fachin, nos Estados Unidos; Lewandowski, em seu sítio em Itu; Cármen Lúcia, na Bahia; André Mendonça, na estrada entre Madri e Salamanca, na Espanha; Nunes Marques, no interior do Piauí; Luiz Fux, em Dubai. Apenas Weber e seu vice, Luís Roberto Barroso, não haviam viajado. Não por cautela especial, mas pelo acordo rotineiro entre ambos de revezar o comando do tribunal no recesso de janeiro, numa escala que permitiria duas semanas de férias a cada um antes do retorno às sessões, no primeiro dia útil de fevereiro.

Com o ataque, todos telefonaram para Weber e começaram a fazer o caminho de volta. Toffoli ligou e avisou: "Rosa, tô indo pra aí". Lewandowski dirigia de Itu para São Paulo e a chamou pelo bluetooth do carro. Nunes Marques a alcançou pelo WhatsApp, mas a conexão de internet era ruim e a conversa durou o bastante para ele dizer que voltaria. Um silêncio chamou a atenção. O procurador-geral da República, Augusto Aras, que senta ao lado direito de Weber nas sessões plenárias do STF, em nenhum momento telefonou para ela depois dos ataques. Sua cadeira, seu armário, o espaço que ocupava na bancada também foram destruídos pelos golpistas.

Os ministros decidiram que apenas a presidente se manifestaria em nome do tribunal. Ninguém daria entrevistas ou falaria mais do que algumas palavras com a imprensa. Rosa Weber seria a única voz naquele primeiro momento, protocolo que havia décadas não era seguido pelo Supremo. "No institucional é que se tem que unir as pessoas", resumiu Moraes aos interlocutores daquele dia.

Depois de conversas de Lula e seus auxiliares com alguns dos integrantes do Supremo, os ministros fecharam questão contra uma intervenção ampla no DF, contra uma operação de Garantia da Lei e da Ordem (GLO). E fizeram chegar a Lula a opinião conjunta do tribunal: uma GLO instalaria os militares dentro do Congresso, do Planalto e do Supremo por tempo indefinido. Regulada pelo artigo 142 da Constituição (além das leis complementares 97 e 117 e do decreto 3897), uma operação de GLO concede às Forças Armadas a faculdade de atuar como poder de polícia até o restabelecimento da normalidade. Uma máxima da política de Brasília, aplicada às Comissões Parlamentares de Inquérito (CPI), guiou a decisão do STF: "Sabe-se como começa, mas não como termina".

Às 19h15 do domingo, Weber divulgou, em nome do tribunal, uma nota dura.

> O edifício-sede do Supremo Tribunal Federal, patrimônio histórico dos brasileiros e da humanidade, foi severamente destruído por criminosos, vândalos e antidemocratas. Lamentavelmente, o mesmo ocorreu no Congresso Nacional e no Palácio do Planalto. As sedes dos Três Poderes foram vilipendiadas. O Brasil viveu neste domingo — 8 de janeiro de 2023 — uma página triste e lamentável de sua história, fruto do inconformismo de quem se recusa a aceitar a democracia. Desde que o ato foi anunciado, mantive contato com as autoridades de segurança pública, do Ministério da Justiça e do Governo do Distrito Federal. Os agentes do STF garantiram a segurança dos ministros da Corte, que acompanharam os episódios com imensa preocupação. O STF atuará para que os terroristas que participaram desses atos sejam devidamente julgados e exemplarmente punidos. O prédio histórico será reconstruído. A Suprema Corte não se deixará intimidar por atos criminosos e de delinquentes infensos ao Estado democrático de direito.

Pouco depois, falou com Moraes ao telefone. "Alex, vou ser conhecida como a presidente da destruição do Supremo", lamentou a ministra, que chama Moraes pelo apelido familiar. "Não, Rosa, você será a presidente da reconstrução", ele respondeu. Reconstrução. A palavra seria repetida por Weber várias vezes a partir daquele momento.

Lula vistoriava o Planalto instantes antes da divulgação da nota. Uma vez anunciada, ele se dirige ao Supremo. É recebido por Weber, Barroso e Toffoli. Sob a marquise do tribunal, o grupo divisa o plenário destruído. A reunião ocorre ali, a céu aberto. O presidente presta solidariedade e ensaia um discurso polarizante, criticando a direita e em defesa da esquerda. Weber o interrompe por um momento: "O Supremo foi invadido". Não era, portanto, hora de palanque. Lula continuou.

Naquele momento, Alexandre de Moraes, ainda em Paris, materializa em dezoito páginas a reação do Supremo aos ataques terroristas. Trabalhando madrugada adentro, ele escreve um documento no qual dois errinhos de gramática (a ausência de uma crase e a falta de um acento agudo) atestam a velocidade em que foi digitado — seu texto é sempre claro e preciso, sem incorreções ou firulas de estilo e citações: "Os desprezíveis ataques terroristas à Democracia e às Instituições Republicanas serão responsabilizados, assim como os financiadores, instigadores e os anteriores e atuais agentes públicos coniventes e criminosos". E mais: os acampamentos golpistas seriam dissolvidos, e afastado o governador do DF por "conduta dolosamente omissiva". Em ato posterior, determinaria a prisão de Anderson Torres e da cúpula da PM. O afastamento do governador era um recado a todos os demais para que controlassem suas polícias, majoritariamente bolsonaristas.

Às tantas, lia-se uma frase cujos 217 caracteres pareciam sob medida para pipocar no Twitter: "A Democracia brasileira não irá mais suportar a ignóbil política de apaziguamento, cujo fracasso foi amplamente demonstrado na tentativa de acordo do então primeiro-ministro inglês Neville Chamberlain com Adolf Hitler". E

Moraes completava, citando o primeiro-ministro inglês Winston Churchill: "Um apaziguador é alguém que alimenta um crocodilo esperando ser o último a ser devorado".

No dia seguinte, segunda-feira, 9, Lula promoveu um encontro com os chefes dos demais poderes invadidos, além de todos os 27 governadores e os ministros do Supremo que estavam na cidade. Alguns governadores da oposição ensaiaram não comparecer, mas Weber telefonou a cada um e confirmou que estaria presente; disse ainda que, dada a gravidade dos ataques, a presença de todos se mostrava importante como gesto de solidariedade com o tribunal. Alguns lhe disseram que haviam cogitado não ir ao Planalto porque não queriam dar à cena a conotação política que, para Lula, era de grande importância. Mas, em razão do apelo da presidente do STF, eles compareceriam.

Depois da reunião, em meio a restos de cartuchos, pedras soltas, bolinhas de gude, Weber, Barroso, Lewandowski e Toffoli, acompanhados de Lula, cruzaram a praça dos Três Poderes em direção ao STF. "Foi uma travessia linda", diria a ministra. Linda pelo simbolismo e repúdio da sociedade, dos Poderes, aos atos de destruição do Supremo. Passava pouco das nove da noite. Lula e os demais estavam cansados, mas Rosa Weber segurava o presidente. "O Alexandre está vindo." Um instante mais, o ministro surge e é recebido com uma exclamação: "Graças a Deus!", diz a presidente da Corte.

Os ministros que estavam no exterior deram início a uma romaria ao Sede. Na terça-feira, chegou o decano Gilmar Mendes, que seguiu direto até o Supremo para testemunhar a destruição. "É de uma brutalidade monstruosa [...]. Temos que guardar todos esses estragos na memória, fazer algum tipo de memória, para que não nos esqueçamos que no dia 8 tivemos esta tragédia", disse com a voz embargada. "Eu me sinto um pouco destruído. Eu vivo há muitos anos aqui", completou. André Mendonça, indicado por Bolsonaro para atender à bancada evangélica, voltou da Europa no dia 13 e reparou, de imediato, que o crucifixo já não estava mais na parede (mas soube que a imagem seria restaurada, pois, assim como todo o plenário do STF, também é tombada). Fachin e Fux foram os últimos a conseguir passagem para Brasília.

Rosa Weber decidiu conservar algumas marcas da destruição. Cacos de vidro, pedaços de mármore, um exemplar queimado da Constituição, as pedras atiradas contra o prédio, tudo seria guardado e ficaria exposto no museu do STF — para que não se esquecesse, para que não se repetisse. Foi com a intenção de deixar a memória preservada que ela disse aos servidores responsáveis pela reconstrução que não restaurassem o busto em bronze de Rui Barbosa, jogado no chão e amassado no topo da testa. As memórias precisavam ser palpáveis.

A ministra pegou para si um dos pedaços do mármore quebrado do plenário e passou a deixar a peça sobre sua mesa, com os demais amuletos, que agora também contavam com a companhia de um crucifixo de meio metro que lhe fora oferecido por servidores do Supremo — feito com o mármore do prédio destruído — e uma simpática mão de Fátima que Fux lhe trouxera de Dubai.

A presidente conquistara o respeito dos colegas. Seu modo de gerir o tribunal, sua atitude de, nas relações institucionais, pôr à frente o STF e não a si mesma contribuíram para a aprovação de sua liderança. Foi uma gestão plenamente compartilhada. Weber abasteceu o WhatsApp dos ministros o tempo todo com fotos e vídeos feitos por ela no Supremo, com as notícias e movimentações que vinha fazendo, com atualizações sobre a reconstrução do prédio, e manteve vigília ao longo das três semanas de reconstrução do edifício. Ela promoveu uma enquete até para escolher a cor do broche com a mensagem DEMOCRACIA INABALADA, a ser entregue a todos que fossem à primeira sessão do ano.

Em 1º de fevereiro, o plenário reuniu os presidentes dos três Poderes para a sessão de abertura do ano judiciário e reinauguração do Supremo — Weber cumpria, assim, a promessa de reconstrução imediata anunciada a seu assessor, logo que viu a devastação. O reconhecimento dos pares foi expresso quando todos se ergueram, se voltaram para ela e a aplaudiram. Não era mais um Supremo atomizado como nas duas décadas anteriores. Aquele tribunal fracionado e rachado em razão de agendas individuais e estratégias políticas estava unido, reunido na batalha travada contra o golpismo, contra Bolsonaro — um inimigo comum. Weber chorava diante das imagens da destruição que eram reprisadas no telão do plenário, o mesmo onde posara na noite do dia 8 de janeiro. E proferiu: "Que os inimigos da liberdade saibam que no solo sagrado deste Tribunal o regime democrático, permanentemente cultuado, permanece inabalável", no discurso escrito no fim de semana e editado na segunda e na terça, véspera da sessão. Dali para a frente, ela acrescentou, o tribunal teria como missão punir quem tentou destruí-lo:

> Assevero, em nome do Supremo Tribunal Federal, que, uma vez erguida da justiça a clava forte sobre a violência cometida em 8 de janeiro, os que a conceberam, os que a praticaram, os que a insuflaram e os que a financiaram serão responsabilizados com o rigor da lei nas diferentes esferas. Só assim se estará a reafirmar a ordem constitucional, sempre com observância ao devido processo legal, resguardadas, a todos os envolvidos, as garantias do contraditório e da ampla defesa, como exige e prevê o processo penal de índole democrática.

A invasão ao STF catalisou o processo de união do Supremo, iniciada com a escalada beligerante de Bolsonaro ao longo de seu mandato. Foi, tardiamente, a compreensão de que o ex-presidente e seus apoiadores radicais eram incorrigíveis golpistas que deveriam ser punidos no rigor da lei. E coube à improvável Rosa Weber estar no comando desse período de reconstrução material e simbólica do Supremo.

O mandato encurtado de Weber na Presidência do Supremo — ela assumiu o cargo em setembro de 2022 e a aposentadoria ocorreria em outubro de 2023 — começou sob desconfiança. Sua vigência seria uma ponte entre as gestões cheias (de dois anos) de Fux e de Barroso. Contra ela, pesavam a reserva e a falta de convivência com a política.

A ministra, com ironia, conta que tem Vênus em Leão — aspectos astrológicos que determinariam uma personalidade extrovertida e exuberante —, mas é a antítese disso: discreta, a expor-se em dissidências narcisistas ela prefere ser enxergada como parte do colegiado, fortalecendo o todo. Foram essas características pessoais que permitiram que Rosa Weber percorresse a parábola de ser vista inicialmente como a mais "fraca" indicada para o tribunal até ser enfim elogiada como a ministra que uniu a Corte e comandou a reconstrução do STF, atacado por um projeto de destruição da Constituição de 1988. "Sempre disse que ela seria uma belíssima presidente", repetia Alexandre de Moraes.

Rosa Weber chegou ao STF como a personificação da Justiça trabalhista, uma voz para propagar um direito voltado a proteger o trabalhador contra os abusos do poder econômico, destinado a promover a dignidade e combater desigualdades. Ela própria, e o testemunho é de integrantes do governo Dilma Rousseff, nada fez para obter a vaga.

Em Brasília desde que fora indicada para o Tribunal Superior do Trabalho, Weber só tinha ido uma vez ao Palácio do Planalto: para entregar ao então presidente em exercício, José Alencar, o convite de sua posse no TST, em 2006. Cinco anos depois, voltou ao Palácio, dessa vez de carona no carro oficial do então ministro da Justiça, José Eduardo Cardozo, para se reunir com a presidente Dilma Rousseff. Quando chegaram ao gabinete, no terceiro andar, Dilma barrou Cardozo: "Agora a conversa é só entre nós duas", ela disse.

A presidente já conhecia "a Rosa" do Rio Grande do Sul. Carlos Araújo, advogado trabalhista que atuava no estado e fora casado com Dilma, era um "querido amigo de trabalho" da juíza Rosa Maria Weber Candiota da Rosa. Os dois, porém, não mantinham relação tão estreita a ponto de se frequentarem. Mas essa empatia foi importante para a sua indicação.

"Vou te indicar para o Supremo. Vão te dizer que é por inúmeras outras razões. Não acredite. Eu vou te indicar porque eu te conheço", disse Dilma.

Depois da conversa, Dilma autorizou a entrada de Cardozo e Beto Vasconcelos, então secretário-executivo da Casa Civil, que já trazia a mensagem para ser assinada. Para se tornar ministro do Supremo é necessária a indicação presidencial e, depois da sabatina na Comissão de Constituição, Justiça e Cidadania (CCJ), a aprovação do Senado.

À saída, Helena Chagas, ministra-chefe da Secretaria de Comunicação da Presidência, foi chamada para anunciar à imprensa a escolhida. Weber se apresentou à jornalista, que havia construído sua carreira no jornal *O Globo*, não como ministra do TST ou aquela que acabara de ser indicada para o STF. "Eu sou a mãe do Demétrio", disse, singela, referindo-se a seu filho, repórter, que fora colega e subordinado de Chagas na redação do jornal.

Da última vez que a CCJ inquirira um indicado para o Supremo, o então candidato, Luiz Fux, foi recebido sob aplausos pelos senadores, que se levantaram. E a última mulher sabatinada pela comissão, Cármen Lúcia, teve o nome aprovado em pouco mais de duas horas. Por que então com Rosa Weber haveria de ser diferente? Mas foi.

A comissão deu início a um interrogatório que parecia um manual de como uma sabatina não deve ser feita — não se buscou conhecer a candidata, avaliar se estava apta a integrar o STF, radiografar seu pensamento jurídico. O que se viu foi uma sabatina a serviço de um ataque ao governo, usando a indicada por Dilma Rousseff de escada.

Demóstenes Torres era um dos senadores da oposição mais atuantes na CCJ, também em razão de seus conhecimentos como promotor de Justiça de Goiás. Queria colar uma derrota inédita em Dilma (nunca uma sabatina reprovara um indicado ao Supremo) e considerava Weber uma "candidata fraca", sem conhecimento para o cargo. Era uma narrativa falsa, mas ele resolveu embalar em dignidade acadêmica a disputa política que travaria. Quis testá-la com perguntas minudentes, pegadinhas de concurso, sobre legislação penal e decisões recentíssimas do STF também em matéria criminal, alheias à área de atuação da ministra (e também à de seus antecessores; o último penalista "puro" indicado para o Supremo fora Sepúlveda Pertence, no governo José Sarney).

A cada resposta de Weber, Torres retrucava. Fosse para lembrar uma eventual decisão do Supremo, fosse para sublinhar que o que a ministra dizia não era o pensamento majoritário da Corte. Somando tudo, foram 27 perguntas sobre pontos específicos da jurisprudência criminal do STF, ou sobre direito processual constitucional, que de nada serviam para avaliar o pensamento jurídico da ministra. Mas que serviam a um propósito: tentar desqualificá-la e, por extensão, enfraquecer Dilma Rousseff.

Ao final, a indicação foi aprovada com folga na CCJ. Foram dezenove votos a favor, três contra. No plenário do Senado, obteve maioria segura — 57 votos favoráveis, catorze contrários e uma abstenção. "Quase me mataram", ela lembraria depois. (Sete meses depois, Demóstenes Torres foi acusado de quebra de decoro parlamentar por usar o mandato para beneficiar o empresário Carlinhos Cachoeira: teve o mandato cassado com os votos de 56 senadores.)

Antes de seu ingresso, Rosa Weber tinha uma visão reverencial do Supremo. Em sua sabatina, disse que a guarda da Constituição se exprimia num poema de Antonio Cicero: "Guardar uma coisa é vigiá-la, isto é, fazer vigília por/ ela isto é, velar por ela, isto é, estar acordado por ela,/ isto é, estar por ela ou ser por ela".

Mas nem a história do ataque nem o trabalho de recuperar o STF — e consolidar sua credibilidade — estarão completos apenas com sua restauração. Esse é o desafio que se impõe ao Supremo. Nas palavras do poeta gaúcho Jerônimo Jardim, citado por Weber em sua sabatina em 6 de dezembro de 2011, "A luta que se travou é passado. O desafio é a próxima".

2. Sedação

"Posso falar?"

A voz saiu abafada pelo tilintar dos talheres à mesa de jantar, o ranger de cadeiras e as conversas paralelas. A frase, enovelada ao barulho ambiente, não foi compreendida pelo ministro do Supremo Tribunal Federal Luiz Fux.

"Posso falar?"

Num tom mais alto, o segundo pedido tampouco chegou aos ouvidos do ministro.

Sentado ao centro da mesa, Fux, então presidente do STF, estava reunido com sete senadores no apartamento da também ministra do tribunal Cármen Lúcia. Encontro informal, fora da agenda, sem assessores ou atas, como muitos que reúnem alguns ministros do STF às cápsulas de poder político da capital. Era maio de 2022, quarto ano do mandato de Bolsonaro.

Fux tem dificuldade em escutar com o ouvido direito, tanto que usa aparelho auditivo. Sempre cordial e caloroso, passa por indelicado quando o abordam pelo lado "errado". Nos encontros oficiais, sua assessoria segue à risca um protocolo — o visitante deve sempre ficar à esquerda do ministro, posicionado em diagonal.

O senador Marcelo Castro (MDB-PI) estava "do lado errado" da mesa, num ângulo que não favorecia a interlocução — como um periscópio, o ministro girava a cabeça de lá para cá, atrás de alguma resposta à pergunta que instantes antes fizera aos presentes.

"POSSO FALAR?"

Castro insistiu tão alto que o murmurinho cessou. Fux girou o dorso sobre o assento e fixou os olhos no senador.

"Eu posso explicar", disse Castro. Médico psiquiatra com especialização em psicopatologia e professor universitário, o senador respondia à pergunta do ministro, que queria saber se algum dos convidados à mesa (e entre os presentes havia integrantes da base política de Bolsonaro) poderia convencer o então presidente a parar com as agressões ao STF e os xingamentos aos ministros. A pergunta era extraordinária por seu estranhamento em relação à realidade; naquele momento, Bolsonaro era o presidente da República que, desde a promulgação da Constituição de 1988, com mais violência atacara o Supremo e seus ministros. Não era um erro de avaliação exclusivo de Fux (embora, como se verá, suas idiossincrasias tivessem contribuído para a formulação daquela pergunta).

O psiquiatra fez uma breve exposição das ideias do alemão Kurt Schneider, que em meados do século passado identificou personalidades psicopatas, e do médico forense brasileiro Guido Palomba, e então cravou: "Fux, esquece, Bolsonaro é condutopata, tem ideias e comportamentos fixos. Ele sempre foi assim, não muda, não vai mudar".

O ministro ouviu o diagnóstico com desconforto. Ele ainda acreditava que o presidente pudesse se converter num democrata capaz de manter uma relação respeitosa com o Supremo. Não era incomum que Fux recebesse mensagens do presidente por aplicativo, e isso estava longe de desgostá-lo. Bolsonaro, por sua vez, apreciava a trava que o ministro aplicara à discussão sobre banheiros unissex, item prioritário entre as preocupações bolsonaristas.

Com um pedido de vista, alegando "desacordo moral" na sociedade e necessidade de tempo extra para refletir, Fux interrompera o julgamento do recurso extraordinário n. 845 779, que tratava do caso de uma pessoa trans expulsa do banheiro feminino de um shopping em Santa Catarina. Na ocasião do jantar, o "tempo extra" já durava sete anos.

Boa-praça, o ministro se esquiva de qualquer conversa espinhosa. Incapaz de censurar um funcionário do gabinete, delega a reprimenda a assessores. Faixa preta de jiu-jítsu, na vida institucional prefere permanecer inerte e silente em sua zona de conforto em vez de partir para a trocação com um oponente real no tatame de Brasília. "Não gosto de brigar com ninguém", costuma repetir.

Mas quando o conflito é inevitável, sua voz com forte sotaque carioca sobe alguns decibéis na tentativa de desarmar o adversário. Foi assim na noite de 28 de setembro de 2018, dez dias antes do primeiro turno das eleições presidenciais. Fux estava no exercício da presidência — Toffoli, presidente de fato, estava ausente — e havia acabado de cassar uma decisão de Ricardo Lewandowski proferida naquele mesmo dia. Com isso, suspendia a autorização dada à jornalista Mônica Bergamo, da *Folha de S.Paulo*, para entrevistar o ex-presidente Lula, então preso em Curitiba. Uma decisão incomum: não é corriqueiro nem bem-visto internamente um ministro cassar a decisão de outro. Num tribunal de iguais, nem o presidente deveria ter mais poderes judiciais que seus pares.

Inconformado, Lewandowski reagiu publicamente: "O presidente do Supremo, assim como o vice, não são órgãos jurisdicionais hierarquicamente superiores a nenhum dos demais ministros desta Corte". Fux telefonou para ele a fim de aparar as arestas. Na conversa privada, Lewandowski foi além: "Fux, você acaba de decidir a eleição a favor do Bolsonaro", disse, exagerado. Acuado pelo vaticínio, Fux cortou o diálogo. Disse ao colega que desligaria o telefone para não ter que ouvir aquele tipo de comentário, destoante do comportamento diplomático do interlocutor, que poderia levá-los a discutir num tom mais ríspido. "Não gosto de brigar com ninguém", como justificou o gesto aos assessores.

À índole pacífica de Fux, acrescente-se uma credulidade ímpar nas pessoas. Certa vez seu gabinete recebeu um e-mail com uma história tocante, seguida de um pedido de audiência privada com o ministro, no gabinete da Presidência do STF. Uma decisão de Fux teria salvado da miséria uma família do Rio de Janeiro, a ponto de o autor da mensagem homenageá-lo dando ao filho o nome de "Luiz Fux". O ministro ouviu a história e, emocionado, determinou que se marcasse o tal encontro. Na véspera, um trabalho da coordenação de inteligência do tribunal descobriu que o remetente nunca tivera um processo sob a relatoria de Fux, nem tinha filhos pequenos...

A credulidade inata do ministro, sua empatia, seu antipetismo atávico e certa bonomia adensavam uma convicção intelectual que não era só dele: existiria um Bolsonaro moderado que, por influência de auxiliares radicais alojados na baixa hierarquia do Planalto, voltava-se contra o Supremo e seus ministros. "O problema é que Bolsonaro ouve as pessoas erradas e acaba chutando o balde", dizia aos mais próximos, impressão que repetiu com os mesmos termos aos senadores no jantar na casa de Cármen Lúcia.

Na visão de Fux, com o impulso calibrado de pessoas certas, Bolsonaro retomaria uma trajetória de harmonia com o STF. "Ele é disciplinado, me ouve e num primeiro momento cumpre o que diz, mas depois é mal assessorado. Ele precisa ouvir as pessoas certas", disse o ministro naquele mesmo jantar.

Num gesto teatral, o senador psiquiatra, com um talher à mão, fatiou o ar na horizontal e desenhou um traço imaginário: "A vida das pessoas normais é um biorritmo, com altos e baixos. Bolsonaro não vai mudar, sua vida é uma linha reta constante". E, falando alto para se sobrepor ao barulho que voltara à mesa e novamente dispersava Fux, repetiu silabando: "CON-DU-TO-PA-TA".

Se o governo Bolsonaro for observado em retrospectiva, é visível que o establishment jurídico, mas não só, aplicou uma pátina de democrata no político de comportamento nem sempre compatível com a Constituição — homenageava torturadores, via na oposição inimigos e não adversários, era misógino e, muito antes de chegar ao poder, desafiava a integridade do sistema eleitoral, um pilar do Estado democrático de direito. (Em 5 de maio de 2015, em reunião da Comissão Especial da Reforma Política, conforme notas taquigráficas da sessão, o então deputado Bolsonaro declarou: "Eu não acredito na urna eletrônica".)

O processo eleitoral e a vida parlamentar longeva não haviam coado o radicalismo do deputado extremista; não ocorrera uma esperada e apropriada decantação dos excessos em eleições institucionalizadas e competitivas em dois turnos. Não apenas a vitória nas urnas, mas um conjunto complexo de fatos, características pessoais, culturais e institucionais se entrelaçaram para baixar o nível de tensão no Supremo em relação ao governo que se iniciava.

Foi compartilhando desse otimismo que Rosa Weber caminhou lado a lado com Bolsonaro pelo tapete vermelho do subsolo do Tribunal Superior Eleitoral (TSE) no dia 13 de novembro de 2018. Duas semanas antes, ele havia sido eleito o novo presidente do Brasil com os votos de 57,8 milhões de eleitores. Bolsonaro pediu à ministra que lhe mostrasse onde seria a cerimônia da sua diplomação — última etapa do processo eleitoral e requisito para que o candidato seja empossado no cargo.

Tudo era novo para um Bolsonaro baixo clero, como são identificados os parlamentares sem relevância, que não presidem comissões nem relatam projetos importantes, mas que são comumente ligados a pautas sectárias. Por tudo isso, não estava habituado às institucionalidades dos demais Poderes. Ser recebido pela presidente do TSE, caminhar cercado das liturgias do cargo iminente, ser tratado com as formalidades devidas a um presidente da República... Ele não estava acostumado a isso. Olhava ao redor, procurando reconhecer aquele ambiente novo, quando de repente foi sincero:

"Ministra, a senhora imaginava que um dia estaria nessa situação?"

Ele se referia ao fato de ela ter chegado à presidência do TSE e ter a missão de diplomar um presidente da República.

"Não, presidente", respondeu Rosa.

"Nem eu", disse Bolsonaro.

Rosa Weber era a terceira mulher a integrar o STF (no mesmo plenário, apenas ela e Cármen Lúcia; antes delas, Ellen Gracie) e a primeira presidente do TSE a diplomar um presidente. A ministra, assim como seus colegas de tribunal, conhecia Bolsonaro apenas por suas manifestações ofensivas às minorias, suas grosserias ou sua defesa da ditadura militar. Weber guardava para si suas impressões sobre o eleito. Era uma juíza de processos, só se expunha ou se manifestava nos autos.

Na conversa no TSE, Bolsonaro disse que a ministra lembrava suas tias italianas e perguntou se ela, por sua pele clara, os cabelos claríssimos e os olhos azuis, também tinha essa ascendência.

"Não", disse Weber. Só isso.

Bolsonaro estava acompanhado dos filhos. Um deles, Carlos, ficou isolado no canto do gabinete, e Rosa Weber foi cumprimentá-lo. Apesar da visita protocolar e de toda a cortesia envolvida, Bolsonaro deu o recado de que ia continuar "batendo" na tecla do voto impresso, tese já derrotada pelo Supremo e combatida pelo TSE. Ninguém deu muita atenção a isso naquele momento. Weber, em retribuição à visita, entregou a Bolsonaro — o tempo todo sorridente — uma edição especial da Constituição.

Edson Fachin, que compunha o TSE naquele momento e acreditava existir uma relação institucional a se manter com o governo novo, procurou então a presidente do TSE para lhe fazer uma sugestão: antecipar o quanto possível a diplomação do candidato eleito para pôr um fim à disputa eleitoral. Sugestão aceita, a cerimônia foi marcada para 10 de dezembro, nove dias antes do prazo final, quando o Judiciário entra em recesso.

No dia agendado, apenas seis ministros do Supremo compareceram à cerimônia — Rosa Weber, Luís Roberto Barroso (então vice-presidente do TSE), Luiz Fux, Edson Fachin, Ricardo Lewandowski e Alexandre de Moraes. Feitos os discursos, Rosa Weber entrega o diploma a Bolsonaro, que a puxa para perto a fim de que ela apareça nas fotos com ele.

"Te desejo toda a sorte do mundo. Muitas felicidades", disse Rosa Weber.

"E meu beijo", retrucou Bolsonaro. "Meu beijo", repetiu.

Afável, simpático, genuíno e até afetuoso: naquele momento, foi essa a imagem que Rosa Weber teve do presidente.

Tempos depois, já com o mandato de Bolsonaro se encaminhando para o fim, Weber perguntaria aos mais próximos: "Quando ele se tornou esse monstro?". Bolsonaro não havia mudado. Era o mesmo que dissera que uma colega de Parlamento não merecia ser estuprada, que declarara que Fernando Henrique deveria ser fuzilado, que fizera uma ode a um torturador durante a votação do impeachment de Dilma Rousseff.

Cedo na corrida presidencial de 2018, Bolsonaro passou a atacar o Supremo, atitude até então inédita nas eleições brasileiras. O STF nunca entrara na pauta de campanha. Não se cobrava dos candidatos nenhum compromisso a respeito de indicações, ou de eventuais posicionamentos em relação ao tribunal. O STF não dava nem tirava voto.

Ainda candidato, Bolsonaro afirmou que aumentaria o número de ministros para "colocar dez isentos lá dentro" e assim nomear juízes mais afinados com suas ideias. Tal declaração parecia um extrato reciclado de antigas intervenções autoritárias dos militares na cúpula do Poder Judiciário. Era uma alusão ao ato institucional n. 2, de outubro de 1965, que o marechal Castelo Branco editara durante a ditadura e que ampliou o número de ministros de onze para dezesseis.

No início, entre os ministros do STF, havia o consenso de que o parlamentar radical apenas convertido em presidente seria neutralizado pela ação formal das instituições, pelo Exército e pelo "toque" daqueles que o jornalismo político veio a chamar de "bombeiros do Planalto" — parlamentares, ministros com gabinetes no Palácio, generais e integrantes do STF.

Dias Toffoli tem uma mesa de sinuca oficial em sua casa, em Brasília. É a principal peça da sala ampla, que divide espaço com elegantes poltronas Kilin do arquiteto e designer Sérgio Rodrigues. Bom jogador, ele sabe que um golpe mal calculado pode culminar com a bola branca, a tacadeira, encaçapada; na regra do bilhar, um "suicídio".

O ministro foi um dos bombeiros de plantão nos vinte meses em que presidiu o Supremo sob o governo de Jair Bolsonaro. Toffoli é um produto com denominação de origem: ilustra à perfeição o sistema político de Brasília, com trânsito em todos os partidos, boa conversa, talento para aglutinar deputados, senadores, ministros, advogados em torno de um pacto, negociação ou sarau (além da sinuca, na sala há um bar ao estilo bistrô, com borda sinuosa e chopeira; foi lá que Bolsonaro comeu uma pizza e assistiu ao jogo Palmeiras e Ceará).

Advogado eleitoral do PT nos anos 1990, ministro de Lula, que o indicou para o STF, Toffoli possui, dentre os integrantes do Supremo, a maior paleta de relações políticas, da esquerda à direita, passando pelo chamado Centrão, o aglomerado de partidos que hipotecam suas forças parlamentares ao governo da vez. É um cauteloso operador de bastidores que não leva uma discussão à superfície do plenário ou ao noticiário.

Bolsonaro havia embalado sua figura antissistema com o slogan "Mais Brasil, menos Brasília". Toffoli era "Brasília", observador e participante do jogo, para quem desde a redemocratização uma máxima do império subsistia: "Não há nada tão parecido com um saquarema como um luzia no poder", uma referência às denominações dos partidos rivais Conservador e Liberal, respectivamente, que se sucediam no comando do país sem nada mudar. O ministro não tinha dúvidas sobre a vocação autocrata de Bolsonaro, mas agiria na direção dos ponteiros do relógio, rumo à conciliação — era assim Brasília, era assim, no seu entendimento, que o país funcionava.

"Nunca achei que a história de tentar fechar o Supremo fosse da boca para fora", ele confidenciou, referindo-se a Eduardo Bolsonaro, que durante a campanha disse que bastariam um cabo e um soldado para fechar o STF. Era uma declaração precoce de guerra. Mas Toffoli entendia que naquele momento inicial do mandato não existia um grupo submetido a uma cadeia de comando, articulado, financeiramente sustentável, com funções preordenadas destinadas a atacar o tribunal.

Na cerimônia de posse, em 1º de janeiro de 2019, Bolsonaro dirigiu suas primeiras palavras ao ministro, a quem conhecia apenas de passagem: "O garoto falou merda", ele disse, segurando o interlocutor pelo braço. Nesse momento, ficou evidente para Toffoli a *nonchalance* de Bolsonaro à democracia, às instituições republicanas, ao tratar uma ameaça de golpe como uma traquinagem infantil de seu filho.

Para o ministro, naquele momento o grande inimigo do Supremo parecia ser o próprio tribunal, com suas decisões monocráticas rumorosas, a desunião, a catimba de alguns pedidos de vista e a superexposição de juízes dispostos a comentar em tempo real temas da política. Desde o fim do julgamento do mensalão o tribunal vivia uma crise de estima que o enfraquecia diante da opinião pública.

Toffoli não é um acadêmico, embora seu curriculum vitae depositado no STF, engordado com setenta entrevistas e treze artigos de jornais e revistas, tenha 67 páginas — muito mais extenso que as dez páginas dos históricos somados de Alexandre de Moraes e Barroso. O ministro é fã da filósofa política alemã Hannah Arendt, a quem cita em seus discursos e palestras; gosta em especial do livro *Entre o passado e o futuro*, em edição prefaciada pelo jurista Celso Lafer. Mas esse lustro intelectual apenas recobre o que tem de mais evidente em sua biografia: a visão prática de Brasília. Toffoli repete as lições que aprendeu com as passagens pelo Congresso (como assessor) e pelo Executivo — a política é o campo do diálogo plural, da organização do convívio entre diferentes. "Era preciso dialogar com Bolsonaro", disse.

O ministro não estava sozinho nesse processo inicial de conciliação, o que contribui para explicar a morosidade das reações aos ataques ao tribunal — que aumentariam a partir da posse. O sistema político-judiciário tateava Bolsonaro. No final de 2018, véspera da posse do presidente, Toffoli intensificou uma agenda de reuniões com os ex-presidentes da República José Sarney e Fernando Henrique Cardoso. Ambos conheciam os códigos da Presidência, do exercício do mandato e do relacionamento dinâmico e civilizado do Planalto com o STF.

Os *elders* viam com apreensão Bolsonaro, a encarnação da sombra perigosa do populismo que paira sobre as democracias contemporâneas. Mas, a despeito do figurino antissistema, ele acabaria domado pela Constituição e seus *guardrails*. O multipartidarismo brasileiro também atrairia o recém-eleito para o centro. Enfim, a sinopse da conversa foi: "É preciso manter o diálogo". Quando Toffoli visitou FHC em São Paulo, em dezembro, logo depois das eleições, o ex-presidente aconselhou: "Não deixe de continuar por perto, de dialogar. Ele pode se sentir acuado e reagir mal".

Jeitoso, capaz de absorver sem corar as piadas grosseiras e as interjeições obscenas que Bolsonaro intercala a cada frase, Toffoli logo se aproximou dele. As visitas ao Planalto e ao Alvorada tornaram-se frequentes. Com o tempo, sempre que surgia um atrito entre os dois Poderes, ele recebia mensagens de ministros e assessores diretos do presidente que despachavam no terceiro andar do Planalto: "Toffoli, venha amansar o homem". Por seus poderes sedativos, ganhou o apelido de Rivotril.

A aproximação com Bolsonaro, "para conter danos", como ele e muitos ministros do STF acreditavam, foi o segundo momento de uma manobra de Toffoli iniciada no começo de 2018 — um movimento de apaziguamento e acomodação a um ambiente radicalizado, antipetista, mais militarizado, e que apontava para a vitória de Bolsonaro na corrida para o Planalto. Em março daquele ano, a pesquisa da CNT/MDA apontava que, num cenário sem Lula, Bolsonaro liderava a corrida presidencial.

Os primeiros acenos de Toffoli foram dirigidos à caserna. O subtexto era que Bolsonaro seria cingido pelos militares, que atuariam como paredes de contenção contra a expansão ilimitada de um mal maior. Em 2018, dias antes do primeiro turno, por exemplo, ao subir ao palco do auditório da Fundação Getulio Vargas no Rio de Janeiro para uma celebração dos trinta anos da Constituição de 1988, o ministro Luís Roberto Barroso rejeitou a visão de que Bolsonaro poderia ser um risco às instituições. Por quê? Porque os militares iriam contê-lo, argumentou o ministro.

Como as eleições para a Presidência do Supremo são formalidades, já que se elege o ministro mais antigo que ainda não foi presidente (protocolo vigente desde 1970, quando o regimento interno mudou, com dez votos favoráveis e um contrário, este depositado "secretamente" pelo presidente escolhido para o biênio, que votava em favor de seu vice), Toffoli sabia que assumiria o cargo em setembro de 2018. Passou então a se preparar antecipadamente para uma gestão que coincidiria (ele apostava nisso) com os vinte primeiros meses de Bolsonaro no Planalto.

Mandato tão curto, de apenas dois anos, não permite que o ministro que assume a presidência se dê ao capricho de mudar os rumos de sua gestão no meio do caminho. O calendário atropela quem é empossado ainda pensando no que vai fazer. Discreto, para não parecer descortês com Cármen Lúcia, que estava na função, e com meses de antecedência, Toffoli começou a se mexer para empurrar Bolsonaro, sua aposta presidencial, na direção "certa".

Desde o início daquele ano de 2018, Toffoli se reunia com frequência com o general da reserva Sérgio Etchegoyen, então ministro do Gabinete de Segurança Institucional (GSI) no governo Michel Temer e quatro estrelas referência no Exército. Etchegoyen, um dos defensores do reposicionamento dos militares no ambiente político, advogando maior participação e protagonismo das Forças Armadas no debate público, estabelecera uma rotina mensal de jantares com a presença de Toffoli em seu apartamento funcional na Asa Sul, bairro na zona central de Brasília.

O personalismo de Toffoli ao conduzir sozinho a aproximação com os militares era corolário de uma prática institucional que não contemplava reações colegiadas (nem necessariamente na mesma direção) aos desafios que vinham da política. A falta de coesão incentivava as ações individuais, valorizando o balé de ministros que se misturavam com o sistema de poder, híbridos de magistrados e protagonistas da política cotidiana. Mais adiante, seriam a autossuficiência de Toffoli e a maleabilidade das regras da própria instituição que forneceriam o mais efetivo instrumento de contenção da marcha autocrata de Bolsonaro: a nomeação de Alexandre de Moraes para a relatoria do inquérito das fake news.

Os encontros de Toffoli com o general Etchegoyen sobreviveram à intervenção do então comandante do Exército, Eduardo Villas Bôas, na véspera do dia em que o Supremo julgaria o habeas corpus que decidiria a manutenção da prisão de Lula e, caso confirmada, a saída do petista da disputa presidencial. Pelo Twitter, em 3 de abril, o general Villas Bôas disparou: "Asseguro à nação que o Exército Brasileiro julga compartilhar o anseio de todos os cidadãos de bem de repúdio à impunidade e de respeito à Constituição, à paz social e à democracia, bem como se mantém atento às suas missões institucionais". No dia seguinte, o STF manteve as decisões condenatórias das instâncias inferiores, retirando Lula do páreo.

A ameaça de Villas Bôas em nada alterou a decisão do STF, que, apesar de sua índole contramajoritária aqui e acolá, em geral integra e interpreta os grandes consensos da sociedade — e tanto melhor quando esse consenso se estabelece uniformemente na cúpula da política, no mercado e nas Forças Armadas. O que mostrava que o Supremo não estava mais só na pretensão de moderar os conflitos políticos fora do tribunal. Se preciso fosse, os julgamentos de processos sensíveis poderiam reduzir as tensões políticas, mesmo que o resultado não fosse formalmente o mais recomendável do ponto de vista técnico — e Toffoli contava com isso.

No mesmo mês do tuíte de Villas Bôas, o ministro publica um capítulo intitulado "Poder Moderador no Brasil: Os militares e o Supremo Tribunal Federal" no volume *A Constituição entre o direito e a política: O futuro das instituições — Estudos em homenagem a José Afonso da Silva*, organizado pelo advogado Marcus Vinicius Furtado Coêlho. Nas 37 páginas, rejeita a ideia de que os militares seriam os herdeiros do Poder Moderador, extinto com a queda do regime monárquico. A Constituição de 1988 dera ao Supremo os instrumentos para mediar os conflitos. Mas Toffoli ponderava que, se militares e o Supremo estivessem juntos, "tanto melhor para o país".

Convencido do papel estabilizador compartilhado do STF e das Forças Armadas, Toffoli se aproximou dos militares. Por seu passado ligado ao PT e ao ex-ministro José Dirceu (não apenas o político condenado por seu envolvimento no esquema do mensalão, mas o militante de esquerda trocado pelo embaixador americano Charles Burke Elbrick e exilado em Cuba durante a ditadura militar), o ministro era visto com desconfiança.

Assim, a seis dias das eleições — Bolsonaro à frente das pesquisas —, Toffoli viajou a São Paulo para dar uma palestra aos estudantes da Universidade de São Paulo na Faculdade de Direito do Largo de São Francisco. Com sua ideia de quebrar barreiras, repetiu o diagnóstico que ouvira havia mais de uma década do amigo e jurista Torquato Jardim: a ditadura iniciada em 1964 não fora produto de um golpe militar, tampouco uma revolução democrática, mas do "Movimento de 64". Ele disse: "Depois de aprender com o atual ministro da Justiça [governo Michel Temer], Torquato Jardim, eu não me refiro nem mais a golpe, nem a revolução de 1964. Eu me refiro a Movimento de 1964". As reações vieram rápido. "O general Ramos vibrou", relatou Toffoli a amigos, referindo-se ao então comandante militar do Sudeste, general Luiz Eduardo Ramos, depois escolhido para o ministério de Bolsonaro.

"As Forças Armadas têm uma visão de família, ficaram bem felizes com a declaração", registrou o ministro.

Não era a primeira vez que Toffoli abordava o tema, nem que usava a expressão "Movimento de 1964". Em 2011, ele pedira vista de um dos julgamentos mais aguardados do STF: as ações que questionavam a constitucionalidade da Lei da Ficha Limpa. Naquela ocasião, quando devolveu o processo para julgamento, escreveu na terceira página de seu voto, sob o subtítulo "O papel político-constitucional do STF como filtro da vontade das maiorias contra as minorias", que o tribunal deveria lembrar o passado e ser crítico a propostas que afetassem o direito das pessoas de se candidatar a cargos eletivos:

> Especialmente quando razões de natureza moral podem ser invocadas, no futuro, como no passado, para fins de exclusão política de segmentos incômodos ao regime. A participação de diversos brasileiros na vida pública foi obstada, após o movimento militar de 1964, em nome de infamantes acusações de corrupção.

Toffoli votou contra a Lei da Ficha Limpa, e foi esse o destaque que os jornais deram a seu voto. O "Movimento de 1964" passou despercebido, era um "não assunto" na ocasião.

Em 1º de outubro de 2018, Toffoli não estava mais julgando a Lei da Ficha Limpa; estava, como presidente do Supremo, relativizando o golpe militar. Sua opinião não escorreria para nenhum rodapé de página, não seria, como o jargão jurídico aprecia, um *obiter dictum*, expressão latina que designa afirmações feitas de passagem, quase sem compromisso, sem relação direta com o teor do julgamento.

Minutos depois de publicada a declaração nos sites noticiosos, um assessor de Toffoli lhe telefonou e adiantou: "Esse assunto vai crescer". O site Poder360 deu: "Toffoli minimiza ditadura militar e chama de 'Movimento de 1964'". O assessor tentou sugerir uma estratégia para diminuir os prejuízos da declaração polêmica, mas Toffoli disse que não seria necessário. "Você vai entender o que estou fazendo", e encerrou a conversa.

Em paralelo à aproximação intelectual com os militares, Toffoli também iniciava, e com antecedência, a composição de seu gabinete. A novidade, entre desembargadores e juízes auxiliares, o staff tradicional, seria a presença de um militar da mais alta patente no grupo. Meses antes de tomar posse na presidência, o ministro escolheu o general de Exército Fernando Azevedo e Silva para a função de assessor especial no Supremo.

Toffoli queria um militar no STF. O nome lhe fora sugerido por Etchegoyen e contava com o beneplácito interno do ministro Alexandre de Moraes. Em 2016, quando presidiu a Autoridade Pública Olímpica, Azevedo acomodou em instalações do Exército no Rio, por três meses, o então ministro da Justiça e Segurança Pública. "É um amigo", disse na ocasião Moraes sobre a escolha inusitada. Para formalizar o convite, Toffoli, em agosto, um mês antes de assumir a Presidência do STF, visitou Villas Bôas, que apenas seguiu a liturgia pré-acordada nos bastidores, liberando o auxiliar. O impulso para essa aproximação, embora a caserna estivesse de prontidão para absorvê-la, partiu assim do próprio tribunal e não de uma articulação urdida nas Forças Armadas para se infiltrar no STF. "Eu sempre quis um militar no Supremo. Muito antes de tomar posse na Presidência, por sugestão do Etchegoyen, chegamos ao nome do Fernando", nos disse.

Portanto, a escolha não foi aleatória. Mesmo entre os paraquedistas militares, há uma escala de habilidades, e Fernando Azevedo, além do curso avançado de salto livre e precursor, era especialista em salto em grandes altitudes, formado na França. Na Brigada Paraquedista, no Rio, foi instrutor de vários dos generais que se reuniriam em torno de Bolsonaro no Planalto.

Analisando as ações de Toffoli no início de seu mandato, a jornalista Maria Cristina Fernandes, do jornal *Valor Econômico*, escreveu uma coluna intitulada "Um general no gabinete da conciliação" na qual dizia que "a presença do general visa a ampliar, para as Forças Armadas, o epíteto de operador da conciliação com o qual Toffoli pretende marcar seu mandato". A mensagem que Toffoli transmitira ao general era que o STF não era um clube de amigos com uma agenda automática em colisão com o futuro governo.

Por trás da escolha do general Azevedo e Silva, ocultava-se uma história que, quando revelada, contribuiu para compreender as forças que agiam naquele movimento em direção aos militares.

Toffoli via a necessidade de dar ao gabinete da Presidência do Supremo uma estrutura institucional típica de Estado-Maior. Os onze ministros são o ápice de uma carreira reverente a cargos; ainda hoje há servidores uniformizados com capas pretas, os chamados capinhas, que auxiliam os ministros no plenário vestindo-lhes as togas, carregando documentos referentes aos processos, auxiliando com as cadeiras, os computadores e os livros, levando-lhes água e café, e recebem um salário bruto médio de 18 mil reais e identificação funcional de Gerente IV (tabela de 2023).

O presidente do tribunal não ocupa uma posição que lhe confere mais poder em relação aos ministros, como ocorre com os chefes dos demais Poderes. A começar pela infraestrutura. Pouco varia a dimensão de um gabinete, seja o magistrado presidente, decano ou bucha de canhão, como é chamado o mais recente. Todos são grandes, com medidas entre 380 e 496 metros quadrados — mas o do presidente, único situado no mesmo prédio do plenário, não é nem o maior. O mais amplo era ocupado por Celso de Mello e, com sua aposentadoria, passou a ser o gabinete do novo decano, Gilmar Mendes.

O número de funcionários do presidente (uma vez que está livre da distribuição randomizada de processos) cai a menos da metade, de 35 para quinze. Ele ganha o título, mas não a autoridade sobre os colegas, tampouco mais funcionários ou espaço; e tem restringida a quantidade de decisões liminares, do exercício de seu monocratismo.

Na antiga sede, no Rio de Janeiro, o presidente sentava num nível mais alto, a tradução física do brocardo latino primus inter pares, o primeiro entre iguais. Em 1960 o tribunal foi transferido para Brasília, e o projeto de Niemeyer deixava todos no mesmo plano — ministros, Ministério Público, advogados e serventuários da Justiça em apoio à presidência do tribunal. Fez-se uma alteração simbólica na planta: dispôs-se sob a cadeira do presidente um pequeno tablado de vinte centímetros. Cezar Peluso, presidente entre 2010 e 2012, quis rebaixar o púlpito dos advogados, mas a proposta foi refutada.

A Presidência do Supremo costuma vir acompanhada de um grande e paradoxal vazio de poder — que o presidente tenta compensar de acordo com suas características pessoais. Se ele por acaso se afasta do debate político, nada impede que outros ministros ocupem essa vacância. Um presidente que não exerce essa liderança pública na relação com a política pode ser substituído por outros colegas — e esse personalismo é uma constante, seja em razão dos processos que os ministros relatam, e que podem gerar impacto nas agendas ou no funcionamento dos outros Poderes, seja pela percepção de que o STF precisa se posicionar politicamente ou se articular para defender sua agenda.

A essa realidade de uma cadeira presidencial esvaziada, Toffoli somou um aspecto de ordem íntima. Sarney lhe havia contado que montara, nas quatro vezes em que foi presidente do Senado, uma estrutura com ex-ministros, militares e diplomatas para assessorá-lo e dar ao cargo um status de Poder da República, um gabinete capaz de se articular com os ministérios, missões diplomáticas e militares. Toffoli queria repetir Sarney, desejava uma assessoria que o conectasse a outros setores da burocracia estatal, até o momento dele desconhecidos; que aumentasse a projeção de seu poder — queria ser estadista, um demiurgo de Brasília, o presidente da conciliação.

Quando voltava das sessões Rivotril no Planalto, Toffoli percorria o corredor da Presidência do STF e se deparava com os retratos a óleo de ex-presidentes do tribunal durante a ditadura militar, encomendados pelo ministro Aliomar Baleeiro ao artista Armando Romanelli de Cerqueira. O retrato de Álvaro Moutinho Ribeiro da Costa, que presidia a Corte em 1964, simboliza a memória de um Supremo que acomodou o "movimento" do inimigo na ilusão de que estaria protegido e salvo de ações e retaliações. É uma lembrança do fracasso institucional do STF, então individualista e acomodatício ao Planalto (em 8 de janeiro, o quadro foi jogado ao chão, mas não destruído, quando a turba invasora chegou ao terceiro andar do prédio).

Ribeiro da Costa conhecia o dialeto e o caráter dos militares. Estudou no Colégio Militar do Rio de Janeiro; seu pai fora general de divisão e ministro do Superior Tribunal Militar de 1926 a 1938; seu irmão, ministro togado do mesmo STM enquanto ele presidia o STF. Ao ser convidado para testemunhar e, com a sua presença, legitimar o golpe contra João Goulart, ele não consultou os colegas em razão da hora — já era madrugada. Foi ao Congresso para a sessão em que os oposicionistas declararam vaga a cadeira de presidente da República e depois, de carona, seguiu com a comitiva que concretizaria a deposição do presidente de esquerda, dando posse ao deputado Ranieri Mazzilli.

"Fi-lo numa conjuntura extrema e decisiva onde se expunha o país às incertezas inconciliáveis com a ordem legal [se], a partir daquele momento, não fosse o cargo da Presidência da República ocupado, desde logo, pelo seu detentor constitucional", justificou. Pouco mais de um ano depois, Ribeiro da Costa, que dialogava com o marechal Castelo Branco — o primeiro militar a ocupar a Presidência após o golpe —, ainda acreditava que o Brasil vivia uma democracia. Que seus discursos na Presidência do STF imporiam limites às tendências autoritárias que lhe pareciam não institucionalizadas. E essa crença era alimentada e celebrada por alguns de seus colegas.

A despeito de conhecer os militares, de emprestar apoio institucional ao golpe e de confiar que a democracia estaria a salvo sob o comando dos militares, Ribeiro da Costa assistiu à escalada de ataques da ditadura ao Supremo, como a cassação de ministros, sem conseguir bloqueá-los.

Ao contrário de Ribeiro da Costa, Toffoli não conhecia os sinais militares, a linguagem sibilina dos fardados da ativa. Tampouco sabia que Ribeiro da Costa havia usado a mesma expressão — "Movimento de 64". Não queria cometer os mesmos erros, mas acabou por repetir, num primeiro momento, a atuação de Ribeiro da Costa: nas palavras e na sinalização precoce de conciliação.

Um dos integrantes do Supremo logo percebeu, antes da posse de Bolsonaro, que não dava para esperar pela conciliação. Estudioso da história institucional do STF, anteviu que aquela inércia plácida retardaria por meses ou até mais a ação de contenção contra um presidente com um projeto autoritário de erosão da Constituição. O tribunal não deveria apenas reagir diante das ameaças que poderiam vir. O Supremo precisava agir.

Celso de Mello, decano do STF, completaria 75 anos em novembro de 2020. Deixaria o tribunal depois de três décadas. Estava alarmado com o que havia visto durante as eleições: agressões a simpatizantes do PT, ataques à ministra Rosa Weber, ameaça de militares ante possíveis decisões do tribunal, bravatas e mentiras sobre o Supremo. Ao contrário de parte dos colegas, ele não se iludia com o possível comedimento de Bolsonaro e seu governo. E, ciente de que seu tempo era exíguo, começou a articular a defesa do STF.

Quando indicado pelo presidente José Sarney para o tribunal, com apenas 43 anos, Celso de Mello se destacava na foto oficial pelos cabelos castanhos em meio às cabeças brancas que compunham a Corte. Com o passar dos anos, essas cabeças brancas foram deixando o tribunal; Celso de Mello foi progressivamente mudando de cadeira no plenário, avançando casas na ordem de antiguidade que dita o dia a dia do STF; seus cabelos foram rareando e também embranquecendo; seus votos — extensos e com expressões sublinhadas e negritadas — foram ganhando densidade e destaque na imprensa; sua discrição e seu comportamento de ermitão foram casando com uma postura de senioridade e liderança.

Até que ele se tornou o decano, cujas palavras e discursos — mesmo que cansativos e repetitivos, como alguns dos ministros adjetivavam em reservado — eram reconhecidos como uma posição institucional do tribunal. Se antes a cadeira de ministro mais antigo da Corte era de caráter cerimonial, Celso de Mello deu a ela um novo ar de institucionalidade e liderança. Ninguém mais que ele se valeu da cadeira de decano para exercer uma liderança num tribunal de tão marcadas individualidades.

Foi a esses ativos que ele recorreu para mandar o primeiro recado ao recém-inaugurado governo Bolsonaro. Ninguém no tribunal queria que aquele sinalizador fosse disparado tão cedo. Toffoli queria estabilizar suas pontes com o Executivo, e os demais ministros ou confiavam nos freios institucionais, ou queriam aguardar fatos concretos para então pensar em reações.

Celso de Mello tinha tudo muito transparente na cabeça: a guerra já havia começado. Se os colegas assim não enxergavam, ele os lideraria pelo caminho que achava inevitável: o caminho do conflito. E conseguiu — agora pelos encanecidos cabelos, pela ênfase nas palavras e mesmo pelo cansaço. Sem as responsabilidades e as limitações do presidente da Corte, com o peso da senioridade, com o capital público amealhado nos últimos anos e sem precisar temer as consequências no futuro — afinal de contas, seu último dia no STF estava logo ali. O ministro faria o enfrentamento pelo discurso, mas queria o Supremo preparado para o pior. Em ofício encaminhado à Presidência do STF, sugeriu a transferência de um servidor do Tribunal Regional do Trabalho em São Paulo, ex-oficial da Força Aérea Brasileira, ex-instrutor do Bope, autor de livros sobre segurança do Judiciário, para o STF em Brasília. Esse servidor era Marcelo Schettini.

Por que o decano pregava no deserto naquele primeiro ano do mandato de Bolsonaro? Por que se minimizou o risco Bolsonaro, que muito antes da posse assinalara que submeteria a Constituição de 1988 a um plebiscito? Explicam-se acidentes complexos pela soma de fatores, nunca por um ato isolado.

Foram os vácuos de institucionalidade do Supremo que, num primeiro momento, permitiram a leniência com o presidente recém-eleito. Não existiu propriamente uma trégua. O que houve, então? Alguns ministros alinharam-se com Bolsonaro, por afinidades pessoais; somem-se a essa adesão a baixa colegialidade do Supremo, a falta de percepção de que as autocracias operavam de outro modo nas democracias ocidentais, a crença na capacidade amortecedora do STF, das Forças Armadas e da rotina do poder em Brasília, com sua dinâmica de ação-reação-transação. E acrescente-se a aposta na existência de um lado B democrático do presidente da República, a convicção de muitos no tribunal de que a Constituição de 1988 era uma obra acabada e indene a desafios totalitários, como se a história não mais pudesse surpreender o Supremo. E a confiança no próprio taco. Tudo isso junto deixou a cúpula do Judiciário surda aos ataques de Bolsonaro e disposta à conciliação.

Mas a conciliação não ocorreria. O STF reagiria de modo inédito, unido, institucionalizado, com uma jurisprudência de guerra para salvar a democracia diante de um presidente que ameaçava atirar primeiro antes que os demais Poderes se atrevessem a impor limites ou criar ameaças contra ele. Bolsonaro descobriria a capacidade de reação do Supremo e até onde o tribunal, pela primeira vez em sua história, poderia ir.

3. Capa preta

Era 19 de dezembro de 2018. Na residência oficial da Granja do Torto — cedida pelo presidente Michel Temer para sediar a equipe de transição do novo governo que se instalaria —, Bolsonaro comandava a primeira reunião da futura equipe ministerial.

Dias antes, a equipe do presidente eleito — que ele dizia caber numa Kombi — se amontoara numa sala do Centro Cultural Banco do Brasil, em Brasília, para tentar realizar uma reunião, mas a bagunça era tamanha — faltava cadeira, faltava espaço — que alguns dos futuros ministros consideraram aquilo mais um happy hour.

Agora, na ampla sala envidraçada, com as mesas dispostas em "U", Bolsonaro ouvia sua equipe quando um assessor se aproximou e lhe mostrou a tela do celular. O presidente pegou o aparelho e leu a notícia que era manchete de todos os sites. "Que decisão absurda. Já vão começar. Mal começou o governo e já querem me destruir", esbravejou.

Naquele início de tarde, o ministro Marco Aurélio Mello havia participado da confraternização de final de ano na Presidência do STF. No último dia de trabalho do ano, uma sessão costuma ser feita excepcionalmente pela manhã para o julgamento de processos simples e para que o presidente preste contas da gestão, apresentando um balanço do ano que se encerra. Depois, a depender do presidente, uns comes e bebes são oferecidos e os ministros voltam para o gabinete para as últimas arrumações antes das férias.

Marco Aurélio foi à sessão matutina e ao almoço organizado por Dias Toffoli no gabinete da Presidência, no terceiro andar do Sede. Lá, ele não deu nenhuma pista aos colegas, nem mesmo ao presidente da Casa, do que estava prestes a acontecer.

Era o estilo Marco Aurélio: não conversava sobre processos com os colegas, o que muitas vezes o deixava isolado em plenário, já que não captava o humor ou as articulações do tribunal. Pouco antes do almoço, sua assessoria havia finalizado uma decisão que ele ditara. Sim, desde os anos 1980, ainda nas instâncias inferiores do Judiciário, Marco Aurélio usava um gravador para, num jorro, dar forma a suas sentenças. No início era um ditafone, um gravador de rolo; depois, um digital, e então seu celular. No gabinete, esperavam apenas seu ok para subir a decisão no sistema do Supremo.

Assim que o ministro saiu do almoço, a imprensa passou a noticiar a decisão: ele havia determinado que fossem postos em liberdade todos os presos sem sentença transitada em julgado. Na peça, uma característica do ministro, incomum aos demais: o registro da hora em que foi proferida — "Brasília, 19 de dezembro de 2018, às 14 horas". Após o almoço.

A jurisprudência do STF a respeito do momento em que uma pessoa condenada poderia ser presa era instável. E esse era mais um episódio dessa questão jurídica que se tornou crucial na política e nas eleições de 2018. Na decisão de dezoito páginas, Marco Aurélio determinava "a suspensão de execução de pena cuja decisão a encerrá-la ainda não haja transitado em julgado, bem assim a libertação daqueles que tenham sido presos". A decisão não atingia Bolsonaro, não prejudicava seu governo, não o impedia de levar adiante planos de reforma, mas mesmo assim foi compreendida como o primeiro tiro contra ele disparado pelo STF. Por quê? Porque um dos supostos beneficiados da decisão seria o ex-presidente Luiz Inácio Lula da Silva.

Bolsonaro ainda não entendia a instituição, seu funcionamento, suas cisões, as agendas individuais dos ministros. Não percebeu que aquela decisão tinha mais a ver com disputas internas no tribunal do que qualquer intenção de interferir no cenário político, reabilitando Lula para organizar uma oposição ao novíssimo governo. Mas o presidente recém-eleito a lia como uma tentativa de minar seu governo — que nem sequer começara.

Cedo ou tarde o Supremo iria atacá-lo, ele dizia, e uma das formas de fazer isso era reabilitar Lula politicamente. Com Lula preso e inelegível, a esquerda patinava e não tinha uma liderança capaz de organizar uma oposição. Àquela altura, a hipótese de ver Lula de volta ao jogo político era muito distante. Não para Bolsonaro.

Na sala com sua equipe, o presidente devolve o celular ao ajudante e ordena: "Mostra pro Moro!", na ocasião referência jurídica do governo que começava. O ex-juiz estava no auge, futuros ministros queriam tirar foto com ele e compartilhar as imagens nas redes sociais. E Moro pontifica: "Muito ruim essa decisão. Um absurdo".

Curiosos, os demais futuros ministros perguntam o que está acontecendo. Bolsonaro conta, e então André Mendonça, próximo advogado-geral da União, a quem caberia lidar com conflitos dessa natureza, se prontifica: "Vou procurar o presidente Dias Toffoli. Ele vai se sensibilizar com os nossos argumentos".

Bolsonaro insiste nos protestos. "Mal começou e eles já querem me destruir, querem soltar o Lula, querem soltar todo mundo."

Mendonça, que ainda não fora nomeado, só poderia ter uma conversa informal com o presidente do STF (oficialmente, o governo só começaria em 1º de janeiro de 2019). Ele não tinha caneta nem legitimidade para pedir que se suspendesse a liminar. "Não adianta, André. Tá tudo combinado."

Sem interlocutores no Supremo, Bolsonaro ignorava a rotina atomizada do tribunal e ainda mais Marco Aurélio, conhecido como "voto vencido", que em geral se chocava com a maioria em temas-chave, com decisões inesperadas não compartilhadas previamente. Nas eleições de 2022, a três dias do segundo turno, já aposentado do Supremo, Marco Aurélio expôs em carta pública que votaria em Bolsonaro.

Nenhum tema embalou tanto o vaivém jurisprudencial do Supremo entre 2009 e 2019, com efeitos profundos na arena política, no prestígio do tribunal, no despertar de militares comentaristas políticos e na própria ascensão de Bolsonaro, como o tópico da prisão após condenação em segunda instância. Não era pessoal, não era contra o presidente eleito. Era apenas mais uma manifestação que expunha patologias de uma Corte sobrecarregada e desagregada que, a depender da conjuntura política, podia mudar seu entendimento, inclusive em matéria de criminalidade política.

O STF avançava e recuava nesse tema. Até 2009, entendia-se que a execução da pena, a prisão definitiva, era possível depois de condenação em duas instâncias — por um juiz (ou júri) e por um tribunal. Em fevereiro daquele ano, o Supremo mudou o entendimento ao julgar um habeas corpus relatado pelo ministro Eros Grau: prisão para cumprimento de sentença só depois do trânsito em julgado da ação penal, depois de esgotados todos os recursos, em todas as instâncias do Judiciário, cujo funcionamento é semelhante a um elevador que leva a andares superiores, sendo o mais alto aquele com poder de decisão definitiva. Reforçado com o voto, nesse sentido, do ministro Gilmar Mendes.

Em 2016, com a nomeação do ministro Teori Zavascki, nova guinada. A execução antecipada da pena passou a ser constitucionalmente possível. E Gilmar Mendes acompanhou a mudança: votou pela possibilidade de prisão após condenação em duas instâncias. Com os placares apertados, a mudança de voto de um ministro fazia a diferença. Toffoli havia acompanhado a maioria, mas com uma posição intermediária, mais próxima da impossibilidade da prisão após julgamento em "apenas" duas instâncias. Ele votou por permitir a execução da pena depois que o caso chegasse ao STJ — ordinariamente, a terceira instância num processo criminal.

No ano seguinte, o entendimento de Gilmar Mendes mudou de novo: "Ainda, no julgamento do HC 142.173/SP (de minha relatoria, sessão da Segunda Turma de 23.5.2017), manifestei minha tendência em acompanhar o ministro Dias Toffoli no sentido de que a execução da pena com decisão de segundo grau deve aguardar o julgamento do recurso especial pelo STJ".

Ou seja, nova alteração nesse tema sensível era questão de tempo. Em 2018, essa dissonância entre ministros se torna problemática, porque os habeas corpus são decididos individualmente. Manter a prisão ou conferir a liberdade passou a depender do algoritmo do Supremo: se uma pessoa condenada em duas instâncias pedisse um habeas corpus e ele fosse decidido pelo ministro Gilmar Mendes, ele concederia a liberdade. O mesmo faria Toffoli. Se o processo fosse parar no gabinete de Fux, Barroso ou Cármen Lúcia, porém, a prisão seria mantida. A situação era extravagante.

A Ordem dos Advogados do Brasil, ainda em 2016, havia provocado o Supremo para julgar a questão mais uma vez, porque identificara uma contradição entre o entendimento do tribunal e a lei aprovada pelo Congresso Nacional em 2011 por inspiração do próprio STF (em razão da decisão de 2009). O Código de Processo Penal passou a definir que "ninguém poderá ser preso senão em flagrante delito ou por ordem escrita e fundamentada da autoridade judiciária competente, em decorrência de sentença condenatória transitada em julgado ou, no curso da investigação ou do processo, em virtude de prisão temporária ou prisão preventiva".

O mesmo STF já havia decidido que a situação dos presídios brasileiros, superlotados, configurava um "estado de coisas inconstitucional". Tratava-se de uma interpretação inspirada em decisões da Corte Constitucional da Colômbia, que se evidenciaria diante da ocorrência de violação massiva de direitos fundamentais dos presos, resultante de ações e omissões dos poderes públicos. A jurisprudência que se construía era, assim, de melhora dos presídios ou de diminuição do superencarceramento. Permitir a prisão logo depois da condenação em duas instâncias ia em sentido contrário.

Num primeiro momento, o Supremo não concordou com esses argumentos, essencialmente porque até então Gilmar Mendes ainda se alinhava à corrente que defendia a execução antecipada da pena. Contudo, o ministro mudou seu entendimento (pela terceira vez), o que prenunciava a modificação iminente da jurisprudência da Corte. Por isso a OAB voltou à carga para que o processo fosse julgado em 2018. O momento era sensível. Por mais que a decisão valesse para todos os presos do país, o mais notório beneficiário de uma decisão do Supremo seria Lula, preso em Curitiba depois de condenado em primeira instância pelo juiz Sergio Moro e em segunda pelo TRF4. E Lula havia feito um pedido próprio de liberdade. Sua defesa impetrou um habeas corpus alegando também a ilegalidade na manutenção da prisão. A pressão, portanto, era dupla, mas o fato de dois processos tramitarem em separado dava à presidente do STF uma margem para manobrar a pauta.

A então presidente, Cármen Lúcia, era favorável à prisão após julgamento em duas instâncias e resistia a julgar a ação da OAB. Ela — assim como todo o país — já sabia qual seria o resultado. Era o resultado que ela não queria: mais uma mudança de jurisprudência em tão curto intervalo, que, adicionalmente, beneficiaria Lula e, com isso, provocaria um impacto político enorme, dividindo a sociedade. A ministra estava afinada com a agenda pró-Lava Jato. Como presidente do tribunal, coube a ela, com a morte do relator das investigações, Teori Zavascki, decidir se homologaria ou não a delação premiada dos executivos da empresa Odebrecht. Essa delação depois seria pouco a pouco esvaziada por decisões do próprio Supremo sob argumentos formalmente técnicos, mas que já revelavam que os ventos na política mudavam, em especial com as revelações de desvios nas investigações da Lava Jato, como as suspeitas de combinações entre juiz e investigadores. Cármen Lúcia também mantinha conversas permanentes com outros setores da sociedade, incluindo as Forças Armadas e o então comandante do Exército, general Villas Bôas, com quem nutria uma relação de amizade.

A ministra então se negou a pôr em julgamento a ação que mudaria de novo a jurisprudência do tribunal. Contudo, não havia como se negar a pautar o habeas corpus de Lula, pois processo com réu preso tem prioridade e não pode ficar dependendo de pauta: os ministros estão autorizados a levar o caso diretamente ao plenário, sem passar pelo controle da presidência. Cármen Lúcia queria impingir aos ministros que discordavam da sua tese ou que haviam mudado de opinião o custo de libertar Lula às vésperas das eleições, em momento tumultuado.

Quando o habeas corpus foi pautado, Villas Bôas usou sua conta no Twitter para fazer uma manifestação em tom de ameaça ao tribunal. A presidente do STF deveria reagir à altura. Mas, não, seu discurso foi anódino. Celso de Mello considerou a resposta aquém do necessário. E então, antevendo o que viria pela frente, o decano afirmou:

> Em situações tão graves assim, costumam insinuar-se pronunciamentos ou registrar-se movimentos que parecem prenunciar a retomada, de todo inadmissível, de práticas estranhas (e lesivas) à ortodoxia constitucional, típicas de um pretorianismo que cumpre repelir, qualquer que seja a modalidade que assuma: pretorianismo oligárquico, pretorianismo radical ou pretorianismo de massa.

Na reunião na Granja do Torto, o futuro presidente enxergava uma unidade, uma ação coordenada que não existia. A reação revelava mais sobre Bolsonaro: a ausência de fronteiras entre o público e o privado, a crença de que qualquer ação das instituições era um ataque pessoal. "Bolsonaro não separa as coisas", avaliava para assessores o ministro Moraes, alvo frequente dos ataques do presidente nos quatro anos do mandato.

Como aquele 19 de dezembro era o último dia de trabalho do STF, o tribunal estaria de plantão a partir do dia seguinte, com o presidente da Casa respondendo por todas as decisões urgentes. Ou seja, se houvesse um pedido para suspender a decisão de Marco Aurélio, ele caberia a Toffoli.

Pedidos que jogam um ministro contra o outro não são frequentes. Mesmo num tribunal fragmentado, o regimento interno prevê acolchoados jurídicos para que isso não aconteça. Por isso também não são corriqueiras liminares de presidentes do Supremo para derrubar decisões de seus colegas.

Seria, como costumava dizer o próprio Marco Aurélio, a autofagia do STF.

Consciente de que sua decisão desarranjaria o tribunal, Marco Aurélio faz constar uma tentativa de trava a qualquer revisão imediata da sua posição: "Submeto este ato ao referendo do Plenário, declarando-me habilitado a relatar e votar quando da abertura do primeiro semestre judiciário de 2019". Em vão. O hiperindividualismo do STF e a divisão política cada vez mais patente de seus integrantes foram tornando menos raras decisões que opunham o presidente e demais ministros, como aquela que proibira a entrevista de Lula.

A decisão de Marco Aurélio, no entender enviesado de Bolsonaro, era o primeiro sinal de que aquele Poder lhe seria uma ameaça potencial. A Corte, composta de ministros indicados por seus antecessores (nenhum de direita, dizia), não estaria sintonizada com a guinada conservadora da sociedade ou com a virada à direita da política. Muito menos deixaria de impor restrições a decisões inconstitucionais do Executivo, por mais que estivessem em consonância com as bandeiras que fizeram 57,8 milhões de eleitores o elegerem.

Ao longo da história, descompassos entre um governo novo e o STF, ou entre o regime novo e o tribunal inalterado, provocaram incompreensões e conflitos. Sem os instrumentos de blindagem institucional capazes de fazer frente ao Poder Executivo sempre hipertrofiado, o Supremo foi golpeado por cassações, aposentadorias forçadas, esvaziamento de competências e submissão aos demais Poderes.

Na década de 1930, Getúlio Vargas promoveu mudanças no Supremo para que os poderes do presidente da República não fossem limitados pelo tribunal: reduziu o número de ministros e aposentou seis deles porque "se incompatibilizaram com as suas funções por motivo de moléstia, idade avançada, ou outros de natureza relevante".

Depois, ainda sob Vargas e o Estado Novo, as decisões do Supremo sobre a inconstitucionalidade de uma lei poderiam ser revertidas pelo Congresso "a juízo do presidente da República", se ele considerasse a manutenção da lei "necessária ao bem-estar do povo, à promoção ou defesa de interesse nacional de alta monta". Vargas ainda mudou a legislação para nomear o presidente do Supremo, que assim perdia seu poder de autogoverno e autoadministração ao não poder eleger, entre os mais antigos, aquele que dirigiria o colegiado.

Na ditadura militar, como se viu, o número de ministros do Supremo foi alterado em razão da percepção de que o tribunal resistia a julgar conforme os interesses dos militares. Como estes não revogaram a Constituição de 1946 quando tomaram o poder, o STF continuou julgando de acordo com o que estava escrito no texto e não servindo aos desejos da ditadura. Castelo Branco então aumentou o número de vagas para indicar juízes simpáticos ao governo militar e assim tentar diminuir a hegemonia daqueles que haviam sido indicados antes de 1964, ainda sob regimes democráticos. Depois, Costa e Silva baixou o ato institucional n. 5 e cassou três ministros considerados de esquerda e antirregime. Outros dois, que estavam sob ameaça, aposentaram-se voluntariamente.

Durante esse período, o Supremo não podia julgar nenhuma decisão que tivesse como base os atos institucionais. O STF nem teria instrumentos para tanto: a oposição não tinha recursos para contestar decisões do governo no STF; o procurador-geral da República indicado pelo presidente estava sujeito a ser demitido a qualquer momento; e, por fim, um tribunal, qualquer que seja, não dispõe de armas para derrubar decisões de um governo baseado na força.

Por sua vida de militar rebelde e de baixa patente, sempre nas franjas do plenário da Câmara e em companhia dos deputados do baixo clero, Bolsonaro foi um observador externo por décadas, sem contato com ministros ou atores relevantes do Judiciário.

Quando se aproximou do Supremo, foi para responder a processos por ofensas a colegas de Parlamento ou declarações preconceituosas que ganhavam espaço na imprensa.

Em 11 de novembro de 2003, numa discussão na Câmara, Bolsonaro disse para a deputada Maria do Rosário, do PT do Rio Grande do Sul, que não a estupraria porque ela não merecia. Repetiu a ofensa onze anos depois, no plenário da Câmara e em entrevista à imprensa. A PGR, que nada fez em 2003, moveu uma ação contra o deputado por incitação ao crime de estupro, e a deputada foi ao Supremo com uma queixa-crime.

Quando o processo foi a julgamento, em 2016, Bolsonaro ainda era um político conhecido pelo comportamento preconceituoso, a defesa que fazia da ditadura militar e as homenagens a torturadores. O Supremo, com tranquilidade e apoio da opinião pública e sem reações negativas do Congresso Nacional, afastou a imunidade parlamentar do então deputado — que protege os eleitos por suas opiniões e discursos — e abriu uma ação penal em seu desfavor.

Bolsonaro havia atacado Maria do Rosário da tribuna da Câmara e em entrevista concedida de dentro de seu gabinete. Os ministros da Primeira Turma do STF disseram que suas opiniões não tinham relação com o mandato parlamentar. "O fato de o parlamentar estar em seu gabinete no momento em que concedeu a entrevista é fato meramente acidental, já que não foi ali que se tornaram públicas as ofensas, mas sim através da imprensa e da internet", decidiram. Era uma decisão que relativizava a imunidade parlamentar, mas uma jurisprudência que parecia estar direcionada apenas a casos muito específicos e extraordinários, que não se repetiriam no futuro — portanto, aparentemente sem consequências mais graves.

Tempos depois, Bolsonaro reagiria à intervenção. "Sr. presidente, o Conselho Nacional de Justiça e também o Supremo Tribunal Federal têm trilhado um caminho que está nos engolindo. Lá atrás resolveram legislar sobre nepotismo. Depois legislaram sobre união civil, sem entrar no mérito da questão. Posteriormente analisaram a questão sobre réu e condenado", discursou em dezembro de 2016. "Legislaram também sobre os limites da imunidade parlamentar. O meu caso também está sendo questionado no tocante a isso. O Supremo quer colocar limites à imunidade parlamentar", seguiu. "O Supremo não pode usurpar os nossos poderes!", concluiu no breve discurso que fez.

Era esse o Supremo que Bolsonaro conhecia quando se candidatou à Presidência da República. Um tribunal que estava na iminência de criminalizar a homofobia e que poderia, depois, descriminalizar o aborto, ele dizia.

A agenda de direitos fundamentais que o STF encampou a partir de 2003 era a principal resistência de Bolsonaro ao tribunal. Quando convidou seu advogado-geral da União, André Mendonça, para integrar a Corte, ouviu dele o conselho de não entrar nessa seara no início do mandato, porque o governo só teria a perder. Em compensação, nas pautas econômicas e de governabilidade, poderia ter a certeza de que o tribunal não lhe traria embaraços. Era preciso esperar. Os assessores mais prudentes do futuro governo sugeriam que o presidente deixasse para um segundo momento temas como escola sem partido e combate à liberdade de cátedra, liberação de armas ou desmantelamento dos órgãos de fiscalização ambiental. O governo tinha uma agenda econômica importante a enfrentar. Aquela composição do tribunal era apropriada para um Executivo que quisesse engendrar uma agenda liberal no país.

Mas a decisão de Marco Aurélio acendeu em Bolsonaro a convicção de que estava, e diria prontamente a seus assessores palacianos, diante de um inimigo. Para alguém sensível a teorias conspiratórias, as suspeitas se tornam certezas ao mais leve sinal.

O Supremo era um adversário que precisava ser monitorado e limitado. Com força e apoio popular, o presidente poderia intimidar o tribunal.

Acionado pelo Ministério Público, Toffoli reverteu a decisão seis horas depois de divulgada. Mendonça nem teve tempo de procurar o presidente do Supremo e expor a preocupação do novo presidente. Não diria a Toffoli que o motivo da indignação era a libertação de Lula. Mais tarde, iria se limitar ao argumento de que a liberação de presos, mesmo que sem condenação definitiva, seria um problema para a segurança pública.

Toffoli nem soube da reação de Bolsonaro. Decidiu cassar a decisão do colega porque ela afrontava o entendimento ainda prevalecente no tribunal de que não era necessário aguardar o trânsito em julgado da ação penal para decretar a prisão de uma pessoa. Toffoli viu naquela decisão de Marco Aurélio uma afronta à sua presidência, porque ele já havia antecipado que o tema — execução provisória da pena — seria julgado em abril. Não havia, portanto, motivo para Marco Aurélio se antecipar. Sentiu-se traído, pois Marco Aurélio, a despeito de ter se reunido com os colegas naquela mesma manhã, nada falara de suas intenções. Ao saber da decisão, e consciente do custo político que o presidente do Supremo paga por cassar a liminar de um colega, Bolsonaro se surpreendeu positivamente. "Nesse dá pra confiar."

Para Bolsonaro, os sinais se sucederiam nos meses vindouros. Desde 2013, o ministro Celso de Mello relatava uma questão que se chocava com o discurso do presidente eleito: a omissão do Congresso Nacional em tipificar como crime a prática da homofobia. Passada a eleição, o decano havia enfim liberado seu processo para julgamento. Uma sessão fora marcada para o dia 12 de dezembro, a apenas uma semana do recesso de final de ano, mas o julgamento acabou adiado para a primeira quinzena de fevereiro, quando o tribunal voltaria das férias.

Não se via disposição do Supremo de enfrentar o tema naquele momento. O STF arrumaria um conflito com a base ideológica que sustentava o governo então incipiente. Fazia sentido estrategicamente? Toffoli não achava que era o melhor momento, mas Celso de Mello insistiu, pressionando o presidente e o tribunal a manter o caso em pauta e resolvê-lo o quanto antes. E ninguém negava um pedido vindo do decano.

Em fevereiro de 2019, o julgamento foi iniciado. Celso de Mello, conhecido por seus votos extensos, bateu o recorde: dedicou três sessões à leitura de seus argumentos (relatório e voto). O monopólio exercido pelo decano, em especial nos dois dias em que leu por mais de seis horas seguidas, com suas ênfases e pausas, as 155 páginas de voto, criou o clima para que fossem vencidas as resistências estratégicas e também jurídicas.

Criminalizar uma conduta por decisão judicial e, portanto, sem a aprovação de uma legislação específica era algo absolutamente controverso. O próprio decano disse isso em seu voto e construiu um caminho alternativo, que também não era livre de obstáculos jurídicos. Celso de Mello entendia que, diante da demora do Congresso em tratar do tema, a violência e a discriminação contra homossexuais deveriam ser enquadradas na mesma legislação que tipifica o crime de preconceito de raça e cor.

Por mais ressalvas que pudessem fazer a essa interpretação, os ministros acabaram convencidos de que, se o Supremo não agisse, ninguém o faria. Muito menos um Congresso com uma bancada evangélica resistente ao tema e Bolsonaro no Planalto.

Em 2010, Bolsonaro dissera na TV Câmara que os pais deveriam recorrer a agressões físicas para combater tendências homossexuais nos filhos. No ano seguinte, em 2011, afirmou à revista *Playboy* que preferia um filho morto a um herdeiro gay, e que ser vizinho de um casal homossexual seria motivo de desvalorização do imóvel.

Gilmar Mendes diria depois que Celso de Mello venceu a todos por seus argumentos, claro, mas também pelo cansaço: "Talvez seja um caso para o Guinness. Pouco a pouco, a gente foi percebendo, talvez pela persuasão, talvez pelo cansaço, que ele tinha razão".

Bolsonaro não demorou a reagir: "Com todo o respeito, mas a decisão do Supremo é completamente equivocada. Além de estar legislando, está aprofundando a luta de classes", disse. "Prejudica o próprio homossexual, porque se o dono de uma empresa for contratá-lo, vai pensar duas vezes em fazer isso já que se fizer uma piada isso pode ser levado para a Justiça."

A dicotomia amigo-inimigo, essa repulsa a toda e qualquer instituição de controle do Executivo, parecia ser um pensamento constante em Bolsonaro, como se toda ação que contrariasse interesses do governo fosse algo pessoal, contra ele.

Em meados de 2020, a inadaptação do presidente ao sistema de *checks and balances* culminou num diálogo que parecia convocar para um duelo. Em junho, o Tribunal de Contas da União (TCU), uma corte de contas que julga a qualidade dos gastos do governo, avaliaria a execução orçamentária do primeiro ano de Bolsonaro. Parecer prévio da área técnica havia identificado sete irregularidades, seis impropriedades e uma distorção. Preocupado com o resultado do julgamento, Bolsonaro chama ao Planalto o ministro Bruno Dantas, relator do caso. Hábil negociador, com trânsito na política e conhecimento jurídico, o ministro fez um relato objetivo do processo.

Alimentado por versões conspiratórias (o TCU fornecera o esteio, a prova material, para o impeachment da ex-presidente Dilma Rousseff), Bolsonaro não se tranquiliza e diz, segundo assessores presentes, que partiria para o embate com o TCU, que não admitiria menos que a aprovação integral de suas contas. "Presidente, acuados, os ministros vão atirar." E Bolsonaro teria respondido: "Eu atiro primeiro".

No dia do julgamento, o relatório foi aprovado com ressalvas, tal como proposto por Dantas, que fez uma defesa da democracia. "Os caminhos da história são curiosos e surpreendentes [...]. Portanto, não devemos temer as turbulências de determinado momento histórico, qualquer que seja, porque a história mostra que as reações da sociedade, quando maduras, são sempre na direção da liberdade e contra o absolutismo, o arbítrio e a negação da ciência."

Tudo era pessoal para Bolsonaro. No início, de forma tosca mas intuitiva, ele observou o óbvio: o Supremo era uma instituição dividida, oferecendo oportunidades de aproximação com alguns ministros. Cinco dias antes do julgamento em plenário da ação sobre homofobia, Bolsonaro chamou ao Alvorada o ministro Toffoli.

Na liturgia dos rapapés do poder em Brasília, encontros dessa natureza são classificados como o ponto mais alto de aproximação com o presidente. Trata-se de receber o visitante em casa, longe de assessores, secretários, seguranças, jornalistas, em reuniões que muitas vezes permanecem discretas.

Aos ministros do Supremo, visitas ao Alvorada causam pouca impressão; são mais uma oportunidade para decifrar o que passa pela cabeça do presidente — sem os intermediários que se escalam, às vezes sem mandato, para manter fluida a comunicação entre os dois Poderes. E aconselhá-lo. Era esse o movimento de Toffoli naquele primeiro momento: espanar do entorno de Bolsonaro o radicalismo que supunha ser subproduto de uma eleição polarizada e estabelecer uma linha de diálogo para manter a estabilidade política.

Na contraface da conciliação, operava um Bolsonaro imutável, o mesmo parlamentar que se opunha a todo e qualquer freio, desconfiado das instituições. Alguém que mesmo antes do início formal de seu governo passou a trabalhar com o binômio que os militares chamam de *friend or foe* — amigo ou inimigo. Ao presidente, só restava detectar seus aliados no Supremo para tentar rachá-lo e com isso enfraquecê-lo.

Em maio de 2019, antes das primeiras manifestações de apoiadores bolsonaristas contra o Congresso e em especial contra o Supremo, Toffoli foi ao Alvorada tentar dissuadir o presidente e convencê-lo a não participar do movimento contra os dois Poderes, e assim não estimulá-lo. Pouco depois do encontro, Bolsonaro usou o Twitter para declarar sua posição: "Quanto aos atos do dia 26, vejo como uma manifestação espontânea da população, que de forma inédita vem sendo a voz principal para as decisões políticas que o Brasil deve tomar". Bolsonaro não iria aos atos, mas nada fez para esvaziá-los. Suas palavras eram, na verdade, um reconhecimento público a seus apoiadores.

No fim de semana, dias após o encontro, as manchetes online seriam: "Em Brasília, ataques ao STF e ao Centrão marcam atos pró-Bolsonaro". Na *Folha*, um registro significativo: "Os ministros do Supremo, principalmente Dias Toffoli e Gilmar Mendes, também foram alvos preferenciais dos manifestantes neste domingo". Toffoli, porém, não estava a descoberto. Cedo, muito cedo, em março de 2019, mas ainda sem nitidez sobre o alcance do instrumento que poria em marcha (e seria essencial à reação do Supremo), em concomitância a seus gestos de conciliação, construiu com Alexandre de Moraes a abertura do inquérito das fake news para investigar ataques aos ministros do tribunal.

Integrante da tropa dos bombeiros, o deputado federal e depois ministro das Comunicações Fábio Faria tentava traduzir para Bolsonaro e seu entorno o cenário que se delineava: "Não se briga com homem de capa preta; não se briga com o Batman, não se briga com ministro do Supremo".

4. Kumitê

O monitor exibia um número alarmante: 82. O oxímetro que indicava uma baixa saturação de oxigênio revelava quadro de hipóxia e, portanto, risco de morte. Toffoli fora internado havia alguns dias para a drenagem de um abscesso, uma coisa corriqueira, mas uma complicação pulmonar o levou do quarto à UTI do Hospital DF Star, em Brasília.

Alérgico, o ministro sofre com o ambiente do STF — acarpetado, de janelas fechadas e potentes aparelhos de ar condicionado. Pensou que seria intubado. Fez uma chamada de vídeo para o amigo e infectologista David Uip. Os testes tinham descartado infecção por covid-19, e seu quadro clínico sugeria uma sepse.

Os médicos ministraram antibiótico intravenoso e a infecção foi debelada. Toffoli ainda se recuperava, sob os cuidados da cardiologista Ludhmila Hajjar e do médico do STF, Marco Polo Freitas, quando recebeu a visita do presidente Jair Bolsonaro.

Sentado próximo à cama, o presidente manteve quase um monólogo com o ministro (Toffoli, ainda sem fôlego, meneava a cabeça, sorria, pouco falava). "O clima está ruim", começou Bolsonaro. "Estou preocupado com os meninos", acrescentou. O presidente se referia aos filhos Carlos, Eduardo e Flávio.

O trio estava na mira do Supremo Tribunal Federal por suspeita de integrar a rede de difamação e ameaças à Corte. Naquela mesma manhã da visita, 27 de maio de 2020, a Polícia Federal, por determinação do ministro Alexandre de Moraes, havia cumprido 29 mandados de busca e apreensão contra alvos ligados à família Bolsonaro, como o empresário Luciano Hang e o blogueiro Allan dos Santos.

Na decisão, Moraes afirmou:

> As provas colhidas e os laudos periciais apresentados nestes autos apontam para a real possibilidade de existência de uma associação criminosa, denominada nos depoimentos dos parlamentares como "Gabinete do Ódio", dedicada a disseminação de notícias falsas, ataques ofensivos a diversas pessoas, às autoridades e às Instituições, dentre elas o Supremo Tribunal Federal, com flagrante conteúdo de ódio, subversão da ordem e incentivo à quebra da normalidade institucional e democrática.

"Gabinete do Ódio" era a alcunha de um departamento oficioso dedicado à construção de narrativas, com o intuito de constranger ou combater instituições e pessoas que se opusessem ao governo.

Talvez por estar diante de testemunhas, Bolsonaro falou quase comendo as palavras: "Tô preocupado com os meninos", insistiu. "Não é nada pessoal", respondeu-lhe Toffoli.

A operação da PF naquele dia e o iminente julgamento pelo plenário do tribunal da legalidade do inquérito das fake news relatado por Alexandre de Moraes, e que havia chegado aos familiares do presidente, precipitaram a ida de Bolsonaro ao hospital.

Criticado pela proximidade com o presidente da República e, por outro lado, pela canetada que determinou a abertura do inquérito cerca de um ano antes, Toffoli e os demais presentes viram naquele instante um presidente com medo. E seria o medo que determinaria a dinâmica do relacionamento entre Bolsonaro e o Supremo. E também dissiparia no STF as dúvidas jurídicas e pragmáticas sobre a necessidade do inquérito como instrumento valioso para se contrapor ao projeto de erosão institucional do país.

O cenário de guerra estava definido. O conflito era inevitável. Não havia conciliação possível. Quem apostava em negociação ou meio-termo ainda não percebia o que estava em disputa. O vencedor escreveria os próximos capítulos da história do país. O derrotado sofreria as consequências.

Era bem cedo, e o telefonema àquela hora espantou o ministro Alexandre de Moraes, mais pelo interlocutor, de hábitos vespertinos. "Alexandre, eu quero você no comando do inquérito", disse-lhe Toffoli. "Não, de jeito nenhum. Eu tenho só dois anos de Supremo, isso não é para mim", e o ministro encerrou a conversa.

Toffoli, Moraes e Mendes haviam discutido naquele mês de março de 2019 a instauração de ofício de uma investigação para apurar os ataques dirigidos ao Supremo e a seus ministros. Seria preciso reinterpretar o regimento interno, pois o texto original permitia que o presidente da Casa abrisse por conta própria uma investigação, mas somente para apurar infração à lei penal que ocorresse "na sede ou dependência do tribunal". Os ataques se davam no mundo virtual. Mas como os ministros têm jurisdição nacional, poderiam investigar as ofensas e ameaças feitas ao tribunal e a seus familiares, mesmo que elas tivessem lugar nessa nova realidade.

As interpretações criativas e expansivas de leis não eram novidade para o Supremo. Mas agora era uma questão de sobrevivência institucional: ninguém confiava que a PGR ou a PF investigariam e puniriam com rigor quem usava as redes para atacar o tribunal e minar sua legitimidade. Se o STF se aferrasse ao texto exatamente como escrito, a sua defesa dependeria de outras instituições e de outras pessoas.

Por volta de meio-dia, novo telefonema para Moraes. Do outro lado, Toffoli apelava para a emoção. "Alexandre, é o amigo que está pedindo", insistiu. Moraes cedeu: "Mas vou tocar do meu jeito". Foi assim que foi criada a arma que conteria Bolsonaro.

Em 2019, o inimigo a ser batido, conforme avaliação de Bolsonaro e aliados, era o Supremo: o poder que assustava parcela do Congresso conservador com decisões progressistas, que investigava parlamentares tradicionais por práticas políticas tão arraigadas quanto ilegais, e que se contrapunha aos avanços, e abusos, da Lava Jato. "As grandes marés que engolfam os homens não desviam seus cursos ao passar pelos juízes", escreveu em 1921 o ministro da Suprema Corte dos Estados Unidos Benjamin Cardozo, ao explicar como confluem as decisões judiciais e o humor geral da sociedade. O Supremo estava contra a corrente em 2019 e precisaria ter paciência.

No mesmo dia em que Toffoli anunciou a instauração do inquérito, o senador Alessandro Vieira, então no PPS, um partido de esquerda, obteve o número de assinaturas necessárias para instalar uma Comissão Parlamentar de Inquérito do Judiciário, apelidada CPI Lava Toga. Na justificativa, esclarecia que seu objetivo era "investigar condutas ímprobas, desvios operacionais e violações éticas por parte de membros do Supremo Tribunal Federal". Na mira, as suspeitas de que ministros haviam decidido casos para beneficiar pessoas com quem mantinham relações próximas, decisões individuais de ministros sobre um mesmo assunto mas alegadamente contraditórias, recebimento de pagamentos para palestras e conferências, uso abusivo de pedidos de vista para retardar de propósito julgamentos do tribunal, excesso de liminares monocráticas e até suspeitas de corrupção em outros tribunais. Misturada a uma crítica recorrente sobre o procedimento do STF estava uma agenda lavajatista que levou novos parlamentares ao Congresso. E esse grupo suprapartidário também elegeu o Supremo como alvo — sobretudo por decisões em favor de políticos investigados por envolvimento em esquemas de corrupção.

Senadores desengavetaram projetos para impor mandatos fixos aos ministros do Supremo ou proibir categoricamente a prática do aborto e fechar as portas para eventual avanço do tribunal quanto ao tema (como se a descriminalização do aborto fosse fundamental para a agenda do Supremo ou representasse algum consenso na Corte — o que estava longe de ser real). Senador que mais tarde se incorporaria à campanha de Lula e cujo partido acionou várias vezes o Supremo para derrubar medidas infralegais de Bolsonaro que atacavam a Constituição, Randolfe Rodrigues declarou na ocasião: "Quem, concretamente, está desafiando o equilíbrio dos Poderes é o presidente do Judiciário. Nem a ditadura ousou tanto. Não vamos aceitar que agora se instaure uma ditadura de toga".

Na academia, isto é, no mundo dos professores de direito constitucional, as críticas ao inquérito foram igualmente duras. Censurava-se a interpretação que o Supremo dera a seu regimento interno para permitir que o inquérito investigasse fatos genéricos como ataques à Corte; reclamava-se da designação arbitrária de Moraes como relator, uma violação da regra do sorteio; questionava-se a isenção do tribunal que era ao mesmo tempo vítima, investigador e juiz; censurava-se a continuidade do processo, mesmo após pedido de arquivamento pela Procuradoria-Geral da República.

Avesso a entrevistas e discussões públicas acerca de processos sob sua relatoria, mesmo que em ambiente universitário, Alexandre de Moraes usava uma metáfora marcial para rebater as críticas da academia aos processos e decisões do Supremo — nem sempre ortodoxas juridicamente — que impunham resistência ao bolsonarismo.

Exímio lutador de caratê, tendo acrescentado à prática aulas de muay thai e boxe, às vezes treinando no clube dos oficiais do Exército, em Brasília, Moraes se valia de imagens de luta para responder aos acadêmicos. Para ele, as teorias que idealizam o funcionamento das instituições são como os kata, coreografia de golpes em que o lutador enfrenta sombras, um inimigo imaginário. "A vida real é kumitê", explicava, empregando a palavra japonesa para "combate", com golpes e contragolpes capazes de destruir os contendores.

Bolsonaro e seus aliados subestimaram a capacidade do ministro de enfrentamento à máquina de ódio. Quase quinze anos mais jovem que o presidente, ex-secretário de Segurança de São Paulo, Moraes não recuaria diante do assédio virtual. "Passei dois anos brigando sozinho com Bolsonaro", lembraria. "Os ministros achavam Bolsonaro burro, e eu também, mas nunca o subestimei", avaliou em conversas privadas, apuradas com pessoas do convívio do ministro.

Naquele início de mandato, Bolsonaro escondia-se atrás de um nevoeiro, ninguém no tribunal o conectava pessoalmente aos ataques que se avolumavam contra o Supremo. Pelo contrário. De início, o inquérito das fake news, que um ano depois levou Bolsonaro a visitar Toffoli no hospital, não metia medo no governo.

Havia uma escalada de notícias fraudulentas que vinham criando narrativas falsas sobre o tribunal, seu funcionamento e suas decisões; uma ação de propagação de mentiras ainda sem divisão de tarefas, sem núcleos que se interligavam para atacar o STF, não havendo um padrão nos ataques, apenas manifestações raivosas, aparentemente espontâneas e desorganizadas, nas redes sociais. "Só depois identifiquei um padrão, a ação do Gabinete do Ódio, aí fui direcionado, e deu para perceber que era uma ação de governo", resumiu Moraes aos assessores.

Antes do inquérito, o STF havia organizado um consórcio com veículos de comunicação para fazer a checagem dessas notícias e, posteriormente, publicar desmentidos ou informações corretas sobre determinado caso ou fato. Mas essa estratégia era insuficiente — ou mesmo simplória — diante da proliferação massiva de notícias fraudulentas sobre a Corte.

Um partido político, a Rede Sustentabilidade, contestou a constitucionalidade da investigação (ADPF 572) com o argumento de que os crimes em questão não haviam sido praticados no interior do STF, como exigia o regimento, de modo a permitir ao presidente a abertura de uma investigação de ofício. Para a Rede, o Ministério Público seria o único a poder pedir a instauração do inquérito e o presidente do tribunal não poderia ter escolhido o ministro para relatar o caso, mas deveria tê-lo distribuído por sorteio. Conforme argumentou o advogado do partido:

> A designação de ministro específico para investigar crimes externos corrobora a criação, pela Presidência do STF, de um nefasto "tribunal de exceção" (CF/88, art. 5º, XXXVII), isto é, uma estrutura voltada contra quem se adequar ao que o inquisitor entender como ofensa à honorabilidade da Corte Suprema e seus integrantes, independentemente dos fatos.

A Advocacia-Geral da União do governo Bolsonaro foi chamada a se manifestar sobre a constitucionalidade do inquérito aberto de ofício pelo presidente do STF e atribuído a Alexandre de Moraes.

Mendonça foi despachar com o presidente e explicar que defenderia a constitucionalidade do inquérito no STF. Não ouviu nenhuma objeção: na conjuntura de 2019, a investigação era uma arma de defesa do tribunal contra a trama de narrativas falsas sobre seus ministros. Não havia qualquer desígnio, naquele momento, de investigar-se o governo ou seus apoiadores pelas notícias fraudulentas.

Um ano depois a história era outra. Bolsonaro tinha medo. E a visita a um Toffoli hospitalizado precedeu em poucos dias o julgamento que seria crucial para o futuro do governo e para o Supremo — em junho de 2020 o plenário iria decidir pela legalidade do inquérito.

Aconteceu o que o presidente temia. Ao finalmente julgar a ADPF impetrada pela Rede no ano anterior, o tribunal deu uma demonstração de unidade e chancelou a legalidade do Inquérito 4781 por 10 votos a 1 (sim, Marco Aurélio foi vencido).

A investigação era legal e justificável "diante de incitamento ao fechamento do STF, de ameaça de morte ou de prisão de seus membros e de apregoada desobediência a decisões judiciais", disse Fachin, relator da ação. À saída da sessão, o mesmo Fachin cumprimentou Toffoli, reservadamente: "Parabéns, essa é a sua segunda posse". A manutenção do inquérito era um referendo do plenário à sua presidência.

Na ocasião, Celso de Mello afirmou que a máquina de notícias fraudulentas se assemelha às organizações criminosas, mas com o propósito de coagir a instituição. Em janeiro de 2023, Gilmar Mendes, agora na condição de decano, em entrevista ao jornal *Valor Econômico* resumiu a importância do inquérito para o Supremo:

> Não canso de ressaltar o acerto da decisão, ainda na gestão do presidente Dias Toffoli, do inquérito das fake news. Tem muita críti-

ca, mas não fosse essa decisão, e também a escolha do ministro Alexandre de Moraes como relator, muito provavelmente teríamos tido algum tipo de ameaça de descarrilamento.

O Supremo estava unido. E enquanto isso os ministros acompanhavam com atenção e sólida unidade de pensamento o movimento populista de direita que se espraiava pelo mundo, com suas estratégias de esboroamento das instituições, sobretudo do Judiciário. E, à exceção de Fux — naquela composição do Supremo ainda sem os indicados do presidente eleito —, consideravam Bolsonaro uma ameaça concreta.

Quando chegou a um restaurante em Brasília para almoçar antes da sessão plenária, Barroso levava consigo *O crepúsculo da democracia*, de Anne Applebaum, jornalista americana e premiada com o Pulitzer, sobre o movimento autocrata na Europa. Na mesma época, Fachin relia e estudava apreensivo os textos de Kim Scheppele e Andrew Arato sobre o legalismo autocrático, fenômeno em que políticos eleitos corroem o sistema constitucional por dentro, editando atos normativos com aparência de legítimos, mas materialmente contrários à Constituição. Gilmar Mendes editava *Defesa do estado constitucional democrático em tempo de populismo*, de autoria do então presidente da Corte Constitucional alemã, Andreas Voßkuhle — livro que depois seria lançado pela editora Saraiva, em coedição com a faculdade que Mendes criou, o IDP. Rosa Weber se concentrava nos mecanismos automatizados e sub-reptícios dos autocratas expostos em *Os engenheiros do caos*, do italiano Giuliano da Empoli — livro igualmente lido por Alexandre de Moraes, que acrescentou à bibliografia *A máquina do ódio*, da jornalista Patrícia Campos Mello.

"O golpe ficou mais claro com o tempo, não era um golpe tradicional", avaliou Toffoli. A maioria dos ministros, com alguma variação de intensidade, passou a tratar Bolsonaro como golpista.

Mas as visões sobre a viabilidade de um golpe diferiam muito, sobretudo pela posição que os militares tomariam. Aqueles que conheciam melhor a caserna tendiam a descartar o risco de um golpe ter sucesso. "Ele foi flertando com o golpe e essa conduta dele acabou com a premissa do Supremo dividido, pois nos unimos, o Supremo ficou totalmente unido", disse em conversas privadas Alexandre de Moraes.

André Mendonça convidou para cuidar de sua agenda como advogado-geral da União um servidor público metódico, acostumado às rotinas, procedimentos e cerimoniais de Brasília. Alguém que nunca, absolutamente nunca, deixava passar um compromisso. Um ajudante de ordens padrão, testado por seis antecessores. Mas esse servidor teve um problema de saúde e precisou faltar um dia para exames cardiológicos. E aconteceu: uma agenda ficou sem resposta, esquecida. Era uma convocação para uma reunião ministerial.

No dia 22 de abril de 2020, Mendonça estudava argumentos que apresentaria ao Supremo na sessão plenária daquela tarde quando recebeu o telefonema de Célio Faria Júnior, chefe de gabinete de Bolsonaro: "Você não vem?". O AGU não sabia do que se tratava. Avisado da reunião, disse que precisava se preparar para a sessão vespertina, mas, se o presidente considerasse imprescindível sua presença, ele iria. Não, Mendonça poderia ficar estudando seus processos. Se houvesse necessidade, seria chamado.

Evangélico, Mendonça classificaria como uma bênção, obra divina, a trapalhada em sua agenda. Daquela reunião, ninguém no governo se saiu bem. Bolsonaro a convocara para mandar um recado a seu ministro da Justiça, Sergio Moro. (Dias antes, o general Augusto Heleno, ministro do Gabinete de Segurança Institucional, havia descido à garagem para receber Bolsonaro, como fazia habitualmente. O presidente estava irritado com Moro. "Heleno, o caixão dele tá preparado, falta só fechar o tampo.")

Numa decorrência do próprio inquérito das fake news, o ministro Alexandre de Moraes havia estabelecido uma linha direta com um competente grupo de delegados da PF, contornando dessa forma a PGR, a quem originalmente caberia dirigir as investigações.

As operações da PF contra a rede responsável pelos ataques às instituições ocorriam sob o radar da cúpula do órgão. Irritado com a falta de informações sobre o que se levantava contra o Gabinete do Ódio, Bolsonaro começou a pressionar Moro: queria que ele nomeasse como diretor-geral da PF alguém da confiança dele, presidente. "Eu não posso ser surpreendido com notícias. Pô, eu tenho a PF que não me dá informações", reclamou. "Não dá pra trabalhar assim. Fica difícil. Por isso, vou interferir! E ponto-final, pô!", disse, conforme gravação oficial da reunião.

Bolsonaro queria trocar o comando da PF e encontrava resistência de Moro, conforme relato que fez a seus ministros da conversa que teve com aquele (confirmado em depoimento à Polícia Federal). O presidente teria falado com seu ministro da Justiça a respeito da mudança no comando da PF. Moro teria dito que então sairia, que havia emprestado seu nome para dar credibilidade ao governo. "Moro, eu me elegi sem você", rebateu Bolsonaro. E logo depois dessa conversa Bolsonaro chamou a reunião ministerial.

Dois dias depois da reunião, em 24 de abril, Sergio Moro pediu demissão. Alegou estar sendo pressionado para nomear o delegado Alexandre Ramagem para o comando da PF. No dia seguinte, a *Folha de S.Paulo* publicou uma reportagem: "PF identifica Carlos Bolsonaro como articulador de esquema criminoso de fake news". Bolsonaro e seus filhos estavam assustados e apenas conseguiam tatear as investigações em andamento no Supremo, sob relatoria de Alexandre de Moraes.

Quando Moro pediu demissão, acusando o presidente de interferência indevida na Polícia Federal, o procurador-geral da República, Augusto Aras, pediu ao STF a abertura de um inquérito para apurar os fatos. Mas a petição de Aras era ambivalente — o PGR voltava suas desconfianças também para Moro, dizendo que as acusações que ele fazia poderiam configurar crime contra a honra do presidente e denunciação caluniosa. De todo modo, para investigar a relação Bolsonaro e Moro, naquele mesmo abril de 2020 o ministro Celso de Mello abriu um inquérito.

O decano considerou que a abertura daquela investigação criminal prescindia da prévia autorização da Câmara dos Deputados.

> Não obstante a posição hegemônica que detém na estrutura político-institucional do Poder Executivo, ainda mais acentuada pela expressividade das elevadas funções de Estado que exerce, o presidente da República — que também é súdito das leis, como qualquer outro cidadão deste país — não se exonera da responsabilidade penal emergente dos atos que tenha praticado, pois ninguém, nem mesmo o chefe do Poder Executivo da União, está acima da autoridade da Constituição e das leis da República.

Uma das filhas de Celso de Mello lhe descreveu uma cena que ilustrava muito bem a intolerância que vinha na esteira da eleição de Bolsonaro. Durante um show, em São Paulo, ela viu um grupo de bolsonaristas agredir um eleitor petista. Celso de Mello lembrava e relatava o ocorrido a quem o visitasse em seu gabinete naquele ano. Essa imagem lhe dizia muito do bolsonarismo.

O vídeo de uma hora e 55 minutos da reunião ministerial do dia 22 de abril é uma síntese do governo Bolsonaro. Quem estava presente foi exposto. Pelos discursos que fez ou por se omitir diante dos ataques proferidos pelos colegas ou pelo presidente. Bolsonaro não poupou palavrões, ofensas a governadores adversários, ameaças de reação ao Supremo e impropérios à imprensa. O então ministro da Educação, Abraham Weintraub, disse: "Por mim colocava esses vagabundos na cadeia, começando pelo STF".

A partir daquele momento, avaliam integrantes do governo, a relação com o Supremo vai se deteriorar progressivamente — mas com o tribunal cada vez mais seguro do poder de fogo de que dispunha e com uma unidade inédita em construção. Com a saída de Moro do Ministério da Justiça, iniciou-se o processo de escolha de seu sucessor.

O nome de Bolsonaro para a pasta era Jorge Oliveira. Mas escolher alguém de sua intimidade seria confirmar a versão de Moro: o chefe queria escalar seus próximos de forma a proteger a si e aos filhos. Foi o próprio Oliveira quem disse isso ao presidente, o qual, concordando com a ponderação, optou por André Mendonça.

Para o comando da PF, Bolsonaro não teria o mesmo cuidado. O nome não seria escolhido por Mendonça, que pegaria o Ministério da Justiça sem poder para definir o novo diretor-geral da PF, pois Bolsonaro queria um nome específico no cargo: Alexandre Ramagem. Ex-chefe da Abin e responsável por coordenar a segurança do então candidato durante a campanha eleitoral, Ramagem havia se tornado amigo dos filhos do presidente. Jorge Oliveira e o então ministro da Controladoria-Geral da União, Wagner Rosário, procuraram o delegado e lhe pediram que, a fim de proteger o presidente, abdicasse da indicação: para não expor Bolsonaro, o nome deveria ser de alguém menos ligado a ele. Mas Ramagem fez ouvidos moucos. Foi nomeado em 28 de abril de 2020. "Fiz um bem a ele", diria em reservado Alexandre de Moraes, ao suspender sua nomeação, atendendo a um pedido do PDT, no dia seguinte ao anúncio.

Moraes argumentou que aquela escolha configuraria desvio de finalidade e violava os princípios constitucionais da impessoalidade, da moralidade e do interesse público. Bolsonaro havia escolhido alguém para transformar a PF em órgão de inteligência da Presidência da República. Jorge Oliveira, Wagner Rosário, André Mendonça e Jorge Levi confirmaram ao chefe que a decisão de Moraes tinha fundamento. Afinal, toda a narrativa de Moro era de que o presidente queria indicar justamente Ramagem para interceder na PF em favor de seus familiares. Havia uma investigação aberta a pedido da PGR para apurar esses fatos. Nada mais natural que o mesmo Supremo que investigava essa acusação de Moro impedisse a escolha de Ramagem. Segundo o ministro Moraes:

> São fatos notórios, além de documentados na inicial, que, em entrevista coletiva na última sexta-feira, dia 24/4/2020, o ainda ministro de Estado da Justiça e Segurança Pública, Sergio Fernando Moro, afirmou expressa e textualmente que o presidente da República informou-lhe da futura nomeação do delegado federal Alexandre Ramagem para a Diretoria da Polícia Federal, para que pudesse ter "interferência política" na instituição, no sentido de "ter uma pessoa do contato pessoal dele", "que pudesse ligar, colher informações, colher relatórios de inteligência".

Entre os assessores mais moderados de Bolsonaro, a liminar foi recebida com alívio: nenhum deles confiava em Ramagem. Diziam que o presidente poderia, no futuro, enfrentar problemas em razão da ambição por poder que eles percebiam no delegado. Não era o que pensava Flávio Bolsonaro, que apadrinhou a indicação. Achava que o afilhado poderia prestar importantes serviços de inteligência ao presidente. E por isso Eduardo Bolsonaro, conhecido como o filho Zero Três, defendeu que o pai adotasse uma medida enérgica contra a decisão do Supremo. O tribunal, disse ele, demonstrava que uma "ruptura" institucional já não era mais uma questão hipotética, uma possibilidade. A dúvida era apenas quando ela ocorreria. "O que o ministro Alexandre de Moraes fez hoje foi um crime", disse. "Depois, não se enganem: quando chegar ao ponto em que o presidente não tiver mais saída e for necessária uma medida enérgica, ele é que será tachado como ditador", acrescentou em mais um discurso que flertava com a ruptura democrática.

Aquietado por uma operação política de panos frios — promovida por assessores do Palácio; pelo então presidente do Senado, Davi Alcolumbre; pelo governador de Goiás, Ronaldo Caiado; e por Toffoli —, o presidente cedeu. Mas precisava falar para seu cercadinho, o ambiente de captação de suas sonoras declarações destinadas a viralizar nas redes sociais. "Acabou, porra! Me desculpem o desabafo. Acabou! Não dá para admitir mais atitudes de certas pessoas individuais, tomando de forma quase que pessoal certas ações."

Com ironia, os professores Oscar Vilhena Vieira, Rubens Glezer e Ana Laura Pereira Barbosa escreveriam tempos depois, em janeiro de 2023, o artigo "Supremocracia e Infralegalismo Autoritário: o comportamento do Supremo Tribunal Federal durante o governo Bolsonaro". Diziam que a união entre dois "acabou" marcava a parábola de tempo do governo Bolsonaro. "Acabou." Foi assim que Jair Bolsonaro reconheceu sua derrota nas urnas, em reunião fechada com ministros do STF, em 1º de novembro de 2022, de acordo com o breve relato do ministro Edson Fachin. É irônico que Bolsonaro tenha utilizado a mesma expressão em maio de 2020 para manifestar publicamente sua intenção de acabar com a autonomia do STF. Uma ameaça que voltaria a ocorrer em setembro de 2020 e de 2021.

Derrotado, Bolsonaro foi convencido a não reagir. Nem sequer recorreu da decisão judicial que impediu Ramagem de ser diretor da PF. Mas precisava demonstrar sua contrariedade a seu público. Foi o que fez. Não teve efeitos práticos imediatos, mas foi mais um ingrediente para alimentar o ódio dos bolsonaristas contra o STF.

*　*　*

No dia 16 de fevereiro de 2021, Barroso almoçava em casa e seu pensamento em voz alta surpreendeu sua mulher. "Vou ligar para o Gilmar." Ela não escondeu o espanto. Barroso e Gilmar Mendes habitavam multiversos distintos — ainda que ambos estivessem no mesmo ambiente, no plenário do STF, era como se não se reconhecessem. Já entrara para a história o bate-boca que terminou com a frase dramática que Barroso dirigiu ao colega: "Você é uma pessoa horrível, uma mistura do mal com o atraso e pitadas de psicopatia". Tão inusual era aquela vontade súbita que só então Barroso percebeu que nem sequer tinha o número do celular do colega. Pediu à sua chefe de gabinete que conseguisse.

O telefonema também surpreendeu Mendes. E Barroso, sem rodeios, foi direto ao assunto depois dos cumprimentos tradicionais entre duas pessoas sem intimidade. Estava circulando na internet um vídeo cujo conteúdo demandava uma ação do STF. "Acho que temos de dar uma resposta institucional, numa voz só." Gilmar Mendes concordou. E os dois começaram a alinhavar, em conjunto, a resposta do tribunal, que viria horas depois.

O que motivou o telefonema e o diálogo entre os dois foi um vídeo de cerca de dezenove minutos postado naquele dia no YouTube. Nele, o deputado federal Daniel Silveira, um bolsonarista que enaltecia a violência policial e que se notabilizou por celebrar a morte da vereadora Marielle Franco, improvisava uma diatribe contra ministros do STF.

A primeira ameaça foi direcionada ao ministro Edson Fachin.

O ministro Fachin, né, começou a chorar, decidiu chorar. Fachin, seu moleque, seu menino mimado, mau-caráter, marginal da lei. Esse menininho aí, militante da esquerda, lecionava em uma faculdade, sempre militando pelo PT, pelos partidos narcoditadores, nações narcoditadoras. Mas foi aí levado ao cargo de ministro porque um presidente socialista resolveu colocá-lo na Suprema Corte, para que ele proteja o arcabouço do crime do Brasil, que é a Suprema Corte, né. A nossa Suprema, que de Suprema nada tem.

Fachin havia se tornado alvo do deputado por ter reagido às declarações do ex-comandante do Exército publicadas no livro *General Villas Bôas: Conversa com o comandante*, do professor da Fundação Getulio Vargas (FGV) Celso Castro. No depoimento, o militar diz que sua mensagem no Twitter na véspera do julgamento do habeas corpus de Lula no Supremo, em 2018, foi elaborada com a participação de comandantes militares de área e que não era uma ameaça, mas um alerta ao tribunal.

Com Celso de Mello aposentado, diante do silêncio de Luiz Fux, presidente do tribunal, e impressionado com a ação autocrática do governo apoiada por uma parcela das Forças Armadas, Fachin reagiu em nota divulgada à imprensa. "A declaração de tal intuito, se confirmado, é gravíssima e atenta contra a ordem constitucional. E ao Supremo Tribunal Federal compete a guarda da Constituição", ele escreveu. "As Forças Armadas, constituídas pela Marinha, pelo Exército e pela Aeronáutica, são instituições nacionais permanentes e regulares, organizadas com base na hierarquia e na disciplina, sob a autoridade suprema do presidente da República", estabelece o artigo 142 da Constituição. "Destinam-se à defesa da pátria, à garantia dos poderes constitucionais e, por iniciativa de qualquer destes, da lei e da ordem."

No dia seguinte, Villas Bôas retrucou com ironia. Escreveu apenas: "Três anos depois", debochando de Fachin só reagir em 2021 à sua declaração de 2018. Gilmar Mendes, que sempre manteve boa relação com Villas Bôas, então assumiu a postura de decano e saiu em defesa de Fachin. "A harmonia institucional e o respeito à separação dos Poderes são valores fundamentais da nossa

República. Ao deboche daqueles que deveriam dar o exemplo responda-se com firmeza e senso histórico: Ditadura nunca mais!"

Daniel Silveira quis surfar no conflito, indo às redes para falar diretamente com seus seguidores, num vídeo que apostava viralizaria e o colocaria nos trending topics do bolsonarismo.

> O que acontece, Fachin, é que todo mundo tá cansado dessa tua cara de filha da puta, que tu tem, essa cara de vagabundo, né? Decidindo aqui no Rio de Janeiro que polícia não pode operar enquanto o crime vai se expandindo cada vez mais. E me desculpe, ministro, se eu tô um pouquinho alterado, realmente eu tô. Por várias e várias vezes já te imaginei levando uma surra. Pô, quantas vezes eu imaginei você e todos os integrantes dessa Corte aí. Quantas vezes eu imaginei você na rua levando uma surra. O que você vai falar, que estou fomentando a violência? Não, só imaginei. Ainda que, ainda que eu premeditasse, ainda assim não seria crime, você sabe que não seria crime.

Além de Fachin, os ataques e ameaças de Daniel Silveira foram dirigidos também a Barroso, Gilmar Mendes, Marco Aurélio e Alexandre de Moraes. Barroso enviou o link do vídeo a Mendes e sugeriu que o colega entrasse em contato com Moraes, relator de dois inquéritos que poderiam ser acionados para responsabilizar Silveira por seus ataques. Mendes não entendeu por que Barroso não falou diretamente com Moraes, dada a boa relação entre os dois. Talvez não estivesse disposto a uma atuação mais proativa e com consequências políticas. E Barroso sabia da disposição do colega em assumir algumas broncas.

Inicia-se então uma sequência de telefonemas que desencadeiam uma operação para defender o tribunal institucionalmente. Gilmar Mendes telefona para Alexandre de Moraes e para Fux, presidente do Supremo. Fux desliga o telefone e liga para Barroso.

Barroso avisa Rosa Weber da existência do vídeo (dessa vez o alvo não era ela) e depois telefona para Fachin: "Não veja o vídeo. Peça a um assessor para ver. Porque eu vi e me fez mal".

A reação do Supremo unido consolidou-se no dia seguinte: o ministro Alexandre de Moraes determinou a prisão em flagrante de Daniel Silveira naquele mesmo dia. "As manifestações do parlamentar DANIEL SILVEIRA, por meio das redes sociais, revelam-se gravíssimas, pois, não só atingem a honorabilidade e constituem ameaça ilegal à segurança dos ministros do SUPREMO TRIBUNAL FEDERAL, como se revestem de claro intuito visando a impedir o exercício da judicatura, notadamente a independência do Poder Judiciário e a manutenção do Estado democrático de direito", justificou Moraes.

Silveira já era investigado no Supremo em inquérito aberto a pedido da PGR por participação em grupos ou organizações que visavam "modificar o regime vigente e o Estado de Direito". "A Constituição Federal não permite a propagação de ideias contrárias à ordem constitucional e ao Estado Democrático (CF, artigos 5º, XLIV; 34, III e IV), nem tampouco a realização de manifestações nas redes sociais visando o rompimento do Estado de Direito, com a extinção das cláusulas pétreas constitucionais — Separação de Poderes (CF, artigo 60, §4º), com a consequente instalação do arbítrio", acrescentou Alexandre de Moraes na decisão de oito páginas que terminava com letras sonantes: "SERVIRÁ ESSA DECISÃO COMO MANDADO QUE DEVERÁ SER CUMPRIDO IMEDIATAMENTE E INDEPENDENTEMENTE DE HORÁRIO POR TRATAR-SE DE PRISÃO EM FLAGRANTE DELITO".

No dia seguinte, Daniel Silveira foi preso em sua casa em Petrópolis. Moraes submeteu sua decisão para referendo dos colegas. E, numa sucessão de vitórias que colheria nos meses subsequentes, teve o apoio de todos os ministros.

Ficava para trás o Supremo fragmentado dos últimos anos, especialmente em razão do julgamento de processos criminais contra políticos suspeitos de corrupção. Sua concertação já estava sendo ensaiada desde 2019, com a abertura do inquérito das fake news e o referendo pela maioria do plenário — contra o voto do ministro Marco Aurélio. Mas a investigação era ainda um passo inicial, uma salvaguarda mínima para o STF nos anos de Bolsonaro. Ainda pairava a dúvida se o desenrolar das apurações contra a máquina bolsonarista, com as graves consequências que poderia ter, também teria apoio majoritário e unido do tribunal. Daniel Silveira se postou como adversário fraco num jogo amistoso que o Supremo disputaria para demonstrar sua união e entrosamento. Silveira cometeu suicídio político.

A PGR de Augusto Aras denunciou o deputado e depois pediu sua condenação pela prática dos crimes de coação no curso do processo ("usar de violência ou grave ameaça, com o fim de favorecer interesse próprio ou alheio, contra autoridade, parte, ou qualquer outra pessoa que funciona ou é chamada a intervir em processo judicial, policial ou administrativo, ou em juízo arbitral", de acordo com o artigo 344 do Código Penal) e por incitar a prática de crime previsto no artigo 18 da então vigente Lei de Segurança Nacional ("tentar impedir, com emprego de violência ou grave ameaça, o livre exercício de qualquer dos Poderes da União ou dos estados"). Silveira já respondia a processo no STF quando fez as ameaças ao tribunal e seus integrantes. E esse comportamento configuraria, na visão do Ministério Público, uma tentativa de coagir os ministros. O tribunal, por maioria, julgou procedente a acusação da PGR e condenou Daniel Silveira a oito anos e nove meses de reclusão em regime inicialmente fechado.

Nunes Marques, indicado por Bolsonaro, foi o único a não ver prática criminosa nas ameaças de Silveira. Com isso, marcava com tintas fortes e efeitos permanentes seu isolamento no tribunal.

Nenhum dos ministros esquecerá que, quando o tribunal foi ameaçado, quando seus integrantes foram atacados, ele deu um voto de alinhamento com o presidente que o indicou. Se no Supremo os ministros atuam individualmente e cada voto vale tanto quanto o outro, existem uma diplomacia interna e uma relação de longo prazo a ser estabelecida. Nunes Marques terá de apostar na passagem do tempo para que essa sua indisposição em proteger o tribunal — como definiram alguns dos seus colegas — seja esquecida.

André Mendonça não chegou a tanto. Deu um voto no meio do caminho. Condenou Daniel Silveira pelo crime de coação, mas o absolveu da acusação de crime contra a Lei de Segurança Nacional. Por isso, a pena que impôs ao réu— dois anos e quatro meses de reclusão — foi muito menor do que a que prevaleceu a partir do voto de Alexandre de Moraes.

Logo depois da sessão, quarta-feira dia 20 de abril de 2022, o celular de Mendonça começa a receber uma sucessão de mensagens no WhatsApp. O ministro, que havia deixado o aparelho no silencioso, só no dia seguinte percebeu a avalanche de críticas que vinha recebendo — inclusive de integrantes da bancada e da comunidade evangélica.

Em razão das críticas, com a convicção de que estava sendo injustamente atacado, sobretudo quando punham em dúvida sua fé (Silas Malafaia, que apoiou sua indicação, disse que o voto do ministro "envergonha o povo evangélico"), Mendonça decidiu se explicar no Twitter.

> Diante das várias manifestações sobre o meu voto ontem, sinto-me no dever de esclarecer que: [a] como cristão, não creio tenha sido chamado para endossar comportamentos que incitam atos de violência contra pessoas determinadas; e [b] como jurista, a avalizar graves ameaças físicas contra quem quer que seja. Há formas e

formas de se fazerem as coisas. E é preciso se separar o joio do trigo, sob pena de o trigo pagar pelo joio. Mesmo podendo não ser compreendido, tenho convicção de que fiz o correto.

Quando o ministro Gilmar Mendes decidiu aderir à rede social, ouviu a recomendação de um consultor de sua mais estrita confiança: não discuta seus processos e votos no Twitter. Redes sociais não são ambientes para isso. André Mendonça recebeu esse conselho tardiamente. Agora, ele era criticado pelo voto e pela atitude de se sentir obrigado a explicar por que votara diferente do que os bolsonaristas esperavam. Se não se convenceu de que cometeu um erro, afinal as críticas no seu WhatsApp cessaram, nunca mais foi à rede social para explicar seus argumentos.

Bolsonaro sempre recebia mensagens no seu celular de advogados e juízes com bizus (termo de uso militar para "dicas") para suas decisões. E com base nessas sugestões de gente que, de olho no futuro, queria estar bem com ele, Bolsonaro enviou uma mensagem, também no WhatsApp, para Bruno Bianco, o AGU, já com termos e justificativas para a concessão da graça, do perdão presidencial a Daniel Silveira.

O tema não era novo para o presidente. Durante a campanha de 2018, uma das críticas feitas a seu adversário, Fernando Haddad, era de que ele poderia, se eleito, perdoar os crimes atribuídos a Lula valendo-se do poder do presidente da República de conceder a graça.

Bianco ponderou alguns dos problemas que Bolsonaro poderia ter — a relação com o Supremo se deterioraria —, mas sabia que o presidente topava aumentar o tom contra o tribunal. Bolsonaro concedeu a graça, que veio acompanhada do estardalhaço de uma cerimônia no Palácio do Planalto, mas deixou aberta uma brecha jurídica. A condenação contra Daniel Silveira não havia transitado em julgado. Portanto, não fazia sentido juridicamente conceder o perdão a alguém que ainda não estava condenado. Silveira não foi reeleito e voltou à prisão, tendo ainda de acertar as contas financeiras com a Justiça — enquanto esteve solto, por descumprimento de ordens judiciais recebeu sucessivas multas que, somadas, alcançaram 4,3 milhões de reais.

"Quem foi que tirou o Lula da cadeia? Foi o ministro Fachin", afirmou Bolsonaro na antevéspera da eleição presidencial de 2022. O presidente agora tinha medo das urnas — e atribuía esse sentimento ao Supremo.

Fachin, indicado por Dilma para o STF, assistia resignado à jurisprudência do Supremo ser alterada pelos colegas — em especial Gilmar Mendes e Ricardo Lewandowski, anulando provas obtidas baseadas em delações premiadas e arquivando inquéritos contra políticos enroscados em esquemas de corrupção. Como consequência, a Lava Jato que ele havia herdado depois da morte de Teori Zavascki sofria restrições progressivas. A operação, antes referendada por manifestações enfáticas de todos os ministros, com a mudança na conjuntura política passou a ser desmontada.

Como relator, Fachin tinha ciência de que uma decisão teria de ser tomada: se o Supremo julgara que apenas os casos relacionados à corrupção na Petrobras deveriam ficar sob a jurisdição de Sergio Moro na 13ª Vara Federal de Curitiba, as acusações que pesavam contra Lula tinham de mudar de endereço, porque o Ministério Público não demonstrara claramente que a ação do ex-presidente tinha ligações diretas com a empresa. Assim, as condenações impostas por Moro ao ex-presidente seriam anuladas, numa reversão do quadro político digna de alterar os rumos do país.

Mas quando e como fazer isso? A resposta era, ao mesmo tempo, processual e política. Fachin dizia que a democracia brasileira deveria viver um momento de "esgarçamento". A sociedade precisaria, com a corda esticada prestes a se romper, escolher entre um projeto forte de esquerda e um de direita. O projeto de direita estava em curso com Jair Bolsonaro presidente da República; a esquerda não tinha alternativas.

Juridicamente, a decisão foi publicada no dia 8 de março de 2021 em 46 páginas de argumentação e justificativas. Pegou de surpresa todos os colegas — os que defendiam a Lava Jato e os críticos da operação —, surpreendeu a defesa de Lula, foi manchete em todos os jornais. E cada uma a interpretava de um modo. Ao julgar que a 13ª Vara não tinha competência para julgar Lula, Fachin beneficiava o ex-presidente, mas fechava-lhe um caminho cujos efeitos políticos — mais do que jurídicos — eram relevantes.

Nos meses que antecederam a decisão, o site The Intercept havia divulgado mensagens trocadas por procuradores responsáveis pela operação e o juiz Sergio Moro. Conversas que demonstraram ao tribunal que Moro não agira com a necessária isenção ao conduzir a Lava Jato. A publicação a conta-gotas das combinações e sugestões do juiz a procuradores criou a ambiência no Supremo para uma resposta contundente.

Se o STF decidisse que Lula havia sido condenado por um juiz parcial, ele teria elementos para se dizer vítima de uma perseguição político-jurídica. O argumento meramente técnico de que a 13ª Vara não tinha atribuição para julgar o caso era menos apelativo em termos políticos. Para Fachin havia um fundamento objetivo para impor esse obstáculo: a conclusão de que Moro fora um juiz parcial poderia ter consequências para todos os casos da Lava Jato. E isso ele não desejava.

Fachin não consultou os colegas antes de sua decisão nem explicou previamente suas razões e objetivos. E aí as interpretações para seu movimento foram as mais distintas. Parte dos ministros julgou ter sido uma manobra para blindar a Lava Jato de correções pelas quais a operação precisava passar. Outro grupo, que ordinariamente concordava com Fachin quando o tema era a operação, considerou que o ministro almejava as consequências político-eleitorais de sua decisão, ou seja, entenderam que Fachin queria botar Lula no jogo eleitoral para barrar a reeleição de Bolsonaro. E isso aconteceu.

O ministro, portanto, amealhou a desconfiança unânime de seus pares. Sua decisão seria mantida no plenário, mas ele não lograria apoio para proteger a Lava Jato das sequelas geradas pelo entendimento de que Moro agira com parcialidade. Lula conseguiu do Supremo as duas decisões de que precisava para recontar sua história: fora julgado por um juiz parcial e que não tinha juridicamente competência para cuidar do caso.

Ao menos uma coisa Fachin pôde controlar nesse processo, que foi o momento da decisão. A magnitude do caso era incontestede, com forte repercussão para o quadro político-eleitoral. Era importante que ele fosse decidido antes do ano eleitoral, para não tumultuá-lo, e a tempo de redesenhá-lo. Porque Lula seria solto e, sabia Fachin, fatalmente sairia candidato. Fachin avistou os fundamentos jurídicos para sua decisão com um olho no cenário político. Por sua ação, ele edificou o cenário que considerava o ideal para o país: uma eleição plebiscitária entre Lula e Bolsonaro.

O general Rui Matsuda vigiava os 22 monitores de TV posicionados numa ampla parede do Comando Militar do Planalto com imagens provenientes da Secretaria de Segurança do DF, de drones e das câmeras captadas pelo Exército.

Naquele 6 de setembro de 2021, ele monitorava a até então mais hostil ação de manifestantes contra o tribunal. Atendendo a convocações reiteradas de Bolsonaro, seus apoiadores chegaram à capital para o feriado com o intuito de atacar o Supremo.

Matsuda era amigo próximo do assessor especial de segurança do STF, o delegado Galloro. No primeiro mandato de Dilma Rousseff, os dois foram contemporâneos em Washington — o militar trabalhava na Comissão do Exército na capital americana, enquanto o delegado era adido da PF. Por essa relação, Matsuda havia estabelecido uma linha direta com o Supremo.

O general acompanhava os caminhoneiros bolsonaristas que rompiam a primeira barreira quando recebeu uma ligação do então presidente do Supremo, Luiz Fux. "O senhor está preparado para agir?", perguntou o ministro, que ligava do celular de Galloro. Quase um reflexo condicionado do ofício, sem tom de grosseria, Matsuda foi breve: "Se não estivesse, não estaria no comando".

O militar havia deixado de prontidão a 1ª Companhia do Batalhão da Guarda Presidencial e a 1ª Companhia da Polícia do Exército, caso o presidente da República autorizasse a ação militar contra a manifestação de civis. No total, cerca de quinhentos homens estavam a postos para coibir eventuais excessos.

Na composição da linha de defesa do tribunal, estava ainda o secretário de Segurança do DF, o delegado da PF Júlio Danilo, que se aproximara do general havia alguns meses e era conhecido de Galloro. O secretário tinha chamado para compor o Centro Integrado de Operações de Brasília (Ciob) militares do Exército designados por Matsuda. E o general retribuía com informações estratégicas para a segurança pública. "Foi uma boa parceria", disseram ambos.

Naquela madrugada de 6 para 7 de setembro, a Polícia Judicial (que por 24 horas "acampou" cerca de setenta servidores dentro do tribunal, mantidos à base de quentinhas improvisadas), Matsuda, Galloro e a Polícia Militar do Distrito Federal, sob o comando de Júlio Danilo, que varou a madrugada nas proximidades do Supremo, detiveram a invasão.

Se não aconteceu naquele 6 de setembro um 8 de janeiro antecipado é porque esses atores comprometidos com a ordem abafaram o bolsonarismo que medrava na PMDF e em setores do Exército. É sintoma de fragilidade institucional em defesa da democracia que o acaso de amizades recíprocas precise estar simultaneamente em ação para evitar o descarrilamento do estado de direito.

O general Matsuda, na primeira oportunidade de promoção após o Sete de Setembro de 2021, durante o governo Bolsonaro, acabou preterido e não foi alçado a general de Exército, a patente mais alta. Substituto de Matsuda no CMP, o general Gustavo Dutra seria exonerado após os ataques de 8 de janeiro, e a atuação supostamente leniente da tropa diante dos golpistas sob seu comando direto seria alvo de um inquérito policial militar. O governador Ibaneis Rocha exonerou Júlio Danilo do cargo de secretário, para o qual nomeou Anderson Torres.

Em Brasília, as manifestações se dissiparam e o discurso de Bolsonaro na Esplanada foi comedido, até pitoresco, com direito a coro de "imbrochável". Em São Paulo, tudo seria diferente naquela tarde de feriado.

Na avenida Paulista, o presidente atacou pilares do estado de direito num tom inédito até mesmo para ele. "Não podemos admitir que uma pessoa, um homem apenas, turve a nossa democracia e ameace a nossa liberdade. Dizer a esse indivíduo que ele tem tempo ainda para se redimir. Tem tempo ainda para arquivar seus inquéritos. Ou melhor, acabou o tempo dele. Sai, Alexandre de Moraes, deixa de ser canalha!", gritou. "Nós devemos, sim, porque eu falo em nome de vocês, determinar que todos os presos políticos sejam postos em liberdade. Dizer a vocês que qualquer decisão do senhor Alexandre de Moraes, esse presidente não mais cumprirá", ameaçou.

Após esse episódio, o general Matsuda analisaria a relação do governo com o STF, parafraseando Clausewitz, teórico da guerra de origem prussiana do século XIX, como dois inimigos em combate no campo: "Há um *fog of war*, uma incerteza, uma névoa que impede o tribunal de saber de antemão até onde irá Bolsonaro; e, por outro lado, impede o presidente de antecipar como o Supremo irá reagir".

Naquele Sete de Setembro de 2021, Bolsonaro avançou às cegas. E como nunca havia entendido o Supremo, subestimou sua reação.

Às 17h37 daquele dia, o cerimonial do STF criou a sala virtual, conectou os ministros e os distribuiu na tela do Zoom — nove ao todo; Toffoli não participou e a vaga aberta com a aposentadoria de Marco Aurélio ainda não havia sido preenchida. A reunião de emergência foi convocada por Fux para organizar a reação aos ataques do presidente contra o STF e a Alexandre de Moraes. Fux abre a reunião e diz que não soltará nota, que dará a resposta no plenário.

Durante o mandato de Bolsonaro, o Supremo foi pródigo em notas, coletivas ou individuais, todas ignoradas pelo Planalto. Fux sabia do peso simbólico de uma manifestação no plenário, ao vivo, especialmente na abertura da sessão de julgamentos.

Moraes concorda em deixar para o dia seguinte, "com liturgia, para jogar no nosso campo". "Nós não vamos dar entrevistas isoladas, mas só a manifestação coletiva", reforçou Lewandowski. E ressalte-se que o ministro empregou o pronome na primeira pessoa do plural, indício da união que passava a marcar a Corte. Moraes repetiu o consenso que se formara no STF sobre a natureza dos ataques do presidente: "Ele está com medo por causa dos filhos, que só aprontam".

Alvo dos ataques, Moraes foi o primeiro a falar na reunião. "A PM não aderiu, em lugar nenhum do país teve problema", avaliou. Havia expectativas de que as forças policiais dos estados, majoritariamente bolsonaristas, fornecessem tração ao movimento do feriado. "Foi menor do que achávamos. Precisamos ressaltar que o fascismo é pequeno. Vamos ser duros, elegantes, mas duros", completou Barroso. Fachin concorda com a avaliação de que os protestos foram menores, mas diz: "Não devemos minimizar".

Mendes observou a proximidade das datas entre as manifestações e a publicação da Medida Provisória do Marco Civil da Internet — editada por Bolsonaro na véspera do feriado —, uma espécie de salvo-conduto para a delinquência nas redes sociais. "A impopularidade do Supremo está sendo construída por um massacre nas redes sociais", afirmou. O texto da MP, cuja exposição de motivos foi assinada pelo então ministro Anderson Torres, proibia a exclusão, suspensão ou bloqueio da divulgação de conteúdos gerados pelos usuários das redes sociais, exceto nas hipóteses de "justa causa". E essas hipóteses também teriam de ser previamente justificadas. Uma semana depois, a ministra Rosa Weber derrubou a MP.

Na reunião de emergência, Cármen Lúcia sintetizou um sentimento dominante: "Direito à liberdade não significa direito de ser criminoso. Manifestações não devem tolerar a antidemocracia". E contou que ela e Rosa Weber ficaram ao telefone até as duas horas da madrugada do dia 7, trocando impressões angustiadas.

Indicado por Bolsonaro, Nunes Marques diz que "o momento é difícil para o Brasil", que a mensagem que transmitia era de "parcimônia" (um termo que os ministros julgaram não só inapropriado do ponto de vista institucional como de estilo) e "que era preciso ter inteligência emocional". Barroso e Mendes o interrompem, dizem que "não estão lidando com uma pessoa sã". "Kassio, temos um presidente de quinta categoria, além de desqualificado e desequilibrado, é um homem sem palavra." Às 18h55, a sala virtual foi fechada.

No dia seguinte, quarta-feira, Fux abre a sessão do plenário do tribunal e lê uma nota em nome da instituição:

O Brasil comemorou, na data de ontem, 199 anos de sua independência. Em todas as capitais e em diversas cidades do país, cidadãos compareceram às ruas. O país acompanhou atento o desenrolar das manifestações e, para tranquilidade de todos nós, os movimentos não registraram incidentes graves.

Com efeito, os participantes exerceram as suas liberdades de reunião e de expressão — direitos fundamentais ostensivamente protegidos por este Supremo Tribunal Federal.

Nesse ponto, é forçoso enaltecer a atuação das forças de segurança do país, em especial as polícias militares e a Polícia Federal, cujos membros não mediram esforços para a preservação da ordem e da incolumidade do patrimônio público, com integral respeito à dignidade dos manifestantes.

Destaque-se, por seu turno, o empenho das Forças Armadas, dos governadores de estado e dos demais agentes de segurança e de inteligência pública, que monitoraram em tempo real todas as manifestações, permitindo assim o seu desenrolar com ordem e paz.

De norte a sul do país, percebemos que os policiais e demais agentes atuaram conscientes de que a democracia é importante não apenas para si, mas também para seus filhos, que crescerão ao pálio da normalidade institucional que seus pais contribuíram para manter.

Este Supremo Tribunal Federal também esteve atento à forma e ao conteúdo dos atos realizados no dia de ontem. Cartazes e palavras de ordem veicularam duras críticas à Corte e aos seus membros, muitas delas também vocalizadas pelo senhor presidente da República, em seus discursos em Brasília e em São Paulo.

Na qualidade de chefe do Poder Judiciário e presidente do Supremo Tribunal Federal, impõe-se uma palavra de patriotismo e de respeito às instituições do país.

Nós, magistrados, ministras e ministros do Supremo Tribunal Federal, sabemos que nenhuma nação constrói a sua identidade sem dissenso.

A convivência entre visões diferentes sobre o mesmo mundo é pressuposto da democracia, que não sobrevive sem debates sobre o desempenho dos seus governos e de suas instituições.

Nesse contexto, em toda a sua trajetória nesses 130 anos de vida republicana, o Supremo Tribunal Federal jamais se negou — e jamais se negará — ao aprimoramento institucional em prol do nosso amado país.

No entanto, a crítica institucional não se confunde — e nem se adéqua — com narrativas de descredibilização do Supremo Tribunal Federal e de seus membros, tal como vêm sendo gravemente difundidas pelo chefe da Nação.

Ofender a honra dos ministros, incitar a população a propagar discursos de ódio contra a instituição do Supremo Tribunal Federal e incentivar o descumprimento de decisões judiciais são práticas antidemocráticas e ilícitas, intoleráveis, em respeito ao juramento constitucional que fizemos ao assumirmos uma cadeira nesta Corte.

Infelizmente, tem sido cada vez mais comum que alguns movimentos invoquem a democracia como pretexto para a promoção de ideais antidemocráticos.

Estejamos atentos a esses falsos profetas do patriotismo, que ignoram que democracias verdadeiras não admitem que se coloque o povo contra o povo, ou o povo contra as suas instituições.

Todos sabemos que quem promove o discurso do "nós contra eles" não propaga democracia, mas a política do caos.

Em verdade, a democracia é o discurso do "um por todos e todos por um, respeitadas as nossas diferenças e complexidades".

Povo brasileiro, não caia na tentação das narrativas fáceis e messiânicas, que criam falsos inimigos da nação.

Mais do que nunca, o nosso tempo requer respeito aos poderes constituídos. O verdadeiro patriota não fecha os olhos para os problemas reais e urgentes do país. Pelo contrário, procura enfrentá-los, tal como um incansável artesão, tecendo consensos mínimos entre os grupos que naturalmente pensam diferente. Só assim é possível pacificar e revigorar uma nação inteira.

Imbuído desse espírito democrático e de vigor institucional, este Supremo Tribunal Federal jamais aceitará ameaças à sua independência nem intimidações ao exercício regular de suas funções.

Os juízes da Suprema Corte — e todos os mais de 20 mil magistrados do país — têm compromisso com a sua independência, assegurada nesse documento sagrado que é a nossa Constituição, que consagra as aspirações do povo brasileiro e faz jus às lutas por direitos empreendidas pelas gerações que nos antecederam.

O Supremo Tribunal Federal também não tolerará ameaças à autoridade de suas decisões. Se o desprezo às decisões judiciais ocorre por iniciativa do chefe de qualquer dos poderes, essa atitude, além de representar um atentado à democracia, configura crime de responsabilidade, a ser analisado pelo Congresso Nacional.

Num ambiente político maduro, questionamentos às decisões judiciais devem ser realizados não através da desobediência, não através da desordem, não através do caos provocado, mas decerto pelos recursos que as vias processuais oferecem.

Ninguém, ninguém fechará esta Corte.

Nós a manteremos de pé, com suor, perseverança e coragem. No exercício de seu papel, o Supremo Tribunal Federal não se cansará de pregar fidelidade à Constituição e, ao assim proceder, esta Corte reafirmará, ao longo de sua perene existência, o seu necessário compromisso com o regime democrático, com os direitos humanos e com o respeito aos poderes e às instituições deste país.

Em nome das ministras e dos ministros desta Casa, conclamo os líderes do nosso país a que se dediquem aos problemas reais que assolam o nosso povo: a pandemia, que ainda não acabou e já levou para o túmulo mais de 580 mil vidas brasileiras, e levou a dor a estes familiares que perderam entes queridos; devemos nos preocupar com o desemprego, que conduz o cidadão ao limite da sobrevivência biológica; nos preocupar com a inflação, que corrói a renda dos mais pobres; e com a crise hídrica, que se avizinha e ameaça a nossa retomada econômica.

Esperança por dias melhores é o nosso desejo e o desejo de todos, mas continuamos firmes na exigência de narrativas e comportamentos democráticos, à altura do que o povo brasileiro almeja e merece.

Não temos mais tempo a perder.

Notas de repúdio, declarações e manifestações de ministros do Supremo não costumam ter impacto além da política porque o tempo do Judiciário é outro — e, principalmente, não é o tempo do mercado financeiro.

Dessa vez, foi diferente. Tão logo o discurso de Fux acabou, num sinal de que o mandato de Bolsonaro corria riscos, o índice Bovespa caiu 3%. Pressionado, o presidente aciona Michel Temer para mediar um armistício de última hora com os ministros do Supremo e, em particular, com Moraes. Passava das nove da noite do dia 8 de setembro quando o ex-presidente, cerimonioso como de costume, liga para Moraes e pergunta se poderia dar um pulo em seu apartamento, ainda naquela noite, em São Paulo. "Bolsonaro quer falar contigo, pedir desculpas", explicou. "Ele me ataca em público e quer se desculpar no privado. Que peça publicamente", retrucou o ministro. Temer explicou sua ideia: eles elaborariam uma carta para que Bolsonaro assinasse, como se ele, presidente, tivesse sido o autor.

O ex-presidente chegou tarde, munido de uma folha de papel na qual anotara alguns tópicos (como costuma citar em latim: *verba volant, scripta manent*, as palavras faladas voam, as escritas permanecem). Era o esboço da carta de capitulação a ser assinada por Bolsonaro no dia seguinte. Moraes e Temer desenvolveram os tópicos em conjunto, fizeram correções, e o item 5 chamou a atenção do ministro. "Em que pesem suas qualidades como jurista e professor, existem naturais divergências em algumas decisões do ministro Alexandre de Moraes." O anfitrião brincou: "Você está exagerando nos meus atributos, Temer". "Eu conheço o Bolsonaro", justificou o ex-presidente.

Antes de ligar para o presidente, Moraes impôs uma condição que refletia a falta de confiança provocada pelo relacionamento de Bolsonaro com a instituição. Temendo ter a voz gravada e posteriormente editada em trechos, o ministro pede a Temer que ligue de seu telefone e o ponha no viva-voz, para que houvesse testemunhas.

Mesmo assim, a despeito de mais quatro pessoas terem testemunhado o diálogo, em junho de 2022, em entrevista a Débora Bergamasco, do SBT News, Bolsonaro disse que um acordo fora firmado naquele telefonema intermediado por Temer e que "o senhor Alexandre de Moraes não cumpriu uma só das coisas que nós acertamos naquele momento". Em mensagem a um interlocutor, Moraes escreve: "Essas pessoas não me conhecem". Temer, tão logo lê a notícia, liga para o ministro e é sucinto: "Ele não dá".

Com onze ministros — e pelo menos nove unidos — o Supremo começou a reagir em frentes variadas à destruição que Bolsonaro imprimia em áreas como saúde, proteção a minorias, meio ambiente, educação e cultura. Temas caros para o STF, enfrentados em tantos e diversos processos, mas cujo denominador comum é também um amálgama da Corte. Bolsonaro foi avisado de que essa sua agenda de desconstrução sofreria reveses no STF, mas ele pagou para ver. E saiu no prejuízo.

Logo no começo do governo, a política de incentivo à cultura foi incorporada à agenda de desconstrução que o presidente havia prometido pôr em prática. A Lei Rouanet virou alvo dos bolsonaristas. A política cultural sofreu um esvaziamento completo, e o presidente passou a dizer que a Agência Nacional do Cinema (Ancine), agência reguladora, aplicaria um filtro ideológico às produções que postulavam incentivos. "Vai ter um filtro, sim. Já que é um órgão federal, se não puder ter filtro, nós extinguiremos a Ancine. Privatizaremos ou extinguiremos", ele disse.

Sob a gestão Bolsonaro, faltavam recursos para produções culturais, faltava palco para os artistas e faltava um espaço onde eles pudessem manifestar, em conjunto, repúdio à falta de política para a cultura. Em 2019, quando o governo alterou por decreto a estrutura do Conselho Superior do Cinema e regras para distribuição de recursos, a Rede acionou o Supremo com o argumento de que o decreto violava preceitos fundamentais da Constituição e tinha, como mote verdadeiro, a intenção do governo Bolsonaro de censurar produções com as quais não concordasse.

Ministros podem convocar audiência pública se considerarem importante para instruir um processo que, por exemplo, possa demandar conhecimentos de especialistas na área, como ocorreu com as células-tronco embrionárias ou os riscos na importação de pneus usados. Mas a compatibilidade de um decreto presidencial com a Constituição não parecia ser um caso típico para audiência pública.

Entretanto, Cármen Lúcia convocou os artistas para que, dentro do Supremo, eles manifestassem suas críticas. As palavras de reprovação não seriam da ministra, mas de nomes como Luiz Carlos Barreto e Caetano Veloso, transmitidas ao vivo pela TV Justiça. Ao abrir a audiência pública e deixar o microfone para os artistas, ela se limitou a dizer que o STF não admitiria a censura: "Li que este Supremo Tribunal Federal iria debater a censura no cinema. Errado. Censura não se debate, censura se combate, porque censura é manifestação da ausência de liberdades, e a democracia não a tolera". A ação da Rede nunca foi julgada. A ministra só liberou o processo para ser julgado um ano depois da audiência pública. E Bolsonaro, nesse meio-tempo, revogou os decretos que eram contestados na ação e, com isso, o conflito jurídico se extinguiu. O presidente, contudo, manteve a política de enfraquecimento da cultura até o final da gestão.

Na pauta ambiental, o governo suavizou regras, diminuiu a fiscalização contra o desmatamento e reduziu os gastos com a proteção do meio ambiente. E ações contra essas políticas foram bater no Supremo — nos gabinetes de Cármen Lúcia, Rosa Weber, Barroso, Moraes e Mendonça. Os processos, que chegaram em 2020 e 2021, contestavam decisões do governo que teriam acarretado aumento de queimadas e desmatamento na Amazônia Legal e no Pantanal, além do congelamento de recursos do Fundo Amazônia, responsável pelo financiamento de projetos de proteção ao meio ambiente. Parte dos processos foi liberada para julgamento apenas em 2022. E logo depois dessa manobra concertada, uma comitiva de artistas — alguns que também estiveram na audiência pública — voltou ao gabinete da ministra Cármen Lúcia para uma audiência com os relatores desses processos. Weber, Barroso e Moraes foram convidados para o encontro, enquanto Mendonça, indicado por Bolsonaro, ficou de fora.

Os julgamentos dessas ações, incluídas no que se chamou Pauta Verde, deu visibilidade às ações de Bolsonaro também na precarização da proteção ao ambiente. E as ações acabaram sendo julgadas em meio ao processo eleitoral. Ainda na lista de desestruturação de políticas, no início de 2019 o presidente tentou transferir da Funai para o Ministério da Agricultura um tema caro à bancada ruralista: a demarcação de terras indígenas. Ele baixou uma medida provisória, mas o Congresso barrou a mudança. E aí Bolsonaro fabricou uma derrota para o seu governo, editando nova medida provisória e insistindo na mudança. Até seus mais ferrenhos assessores e os mais aguerridos ruralistas sabiam que ele não podia fazer isso, pois a Constituição não permite a reedição de medida provisória a respeito de um assunto já rejeitado pelo Congresso naquele mesmo ano. Mas Bolsonaro o fez. Barroso deu uma liminar individual anulando a política do governo.

A decisão foi depois referendada pelo plenário do Supremo. Durante a pandemia da covid-19, Barroso foi sorteado para relatar uma das ações que deram aos ministros do Supremo um poder de imposição de políticas públicas ao governo. Como Bolsonaro permanecia inerte no combate à doença, o STF tornou-se ordenador de decisões que deveriam caber à administração pública.

Na ação, movida por partidos de oposição e pela Articulação dos Povos Indígenas do Brasil, Barroso determinou ao governo uma série de medidas para conter a disseminação do vírus nas terras indígenas, como instalar uma sala de situação para gerir as ações, apresentar planos para criar uma barreira sanitária nessas regiões, vacinar os indígenas, retirar os invasores das terras e garantir a subsistência desses povos.

Os relatos de invasões, ameaças de morte aos indígenas e risco grave à saúde desses povos mereceram de Barroso decisões sucessivas e reiteradas. Mas quando o governo Bolsonaro chegou ao fim, a despeito de todas as ordens do STF, as mortes de ianomâmis por desnutrição evidenciaram que decisões do tribunal tinham sido descumpridas. Abriu-se uma investigação para apurar se autoridades do governo Bolsonaro teriam praticado crimes como genocídio. Barroso já estava com esse tema — proteção ambiental — no horizonte desde 2020, quando foi convidado para uma conferência no XIV Congresso das Nações Unidas sobre Prevenção ao Crime e Justiça Criminal, em abril de 2020, em Kyoto, no Japão.

O congresso acabou adiado em razão da pandemia, mas nem por isso Barroso deixou o tema de lado; ao contrário, escreveu, em coautoria com Patrícia Perrone Campos Mello, um tratado sobre crimes ambientais, proteção às florestas e desenvolvimento sustentável, em que se lê:

> Existe uma lógica econômica e social na devastação da floresta. É uma lógica perversa, mas poderosa. Para que ela seja derrotada, é necessário um modelo alternativo consistente, capaz de trazer desenvolvimento sustentável, segurança humana e apoio da cidadania. A ignorância, a necessidade e a omissão estatal são os inimigos da Amazônia. A ciência, a inclusão social e a conscientização da sociedade serão a sua salvação.

A preocupação com essa pauta e as dúvidas sobre a proteção ao meio ambiente pelo Estado brasileiro o fizeram estreitar os laços com os militares. Fernando Azevedo, que havia deixado o STF para assumir o Ministério da Defesa, o convidou para uma *road trip* pela Amazônia a fim de ver de perto o trabalho dos militares na proteção à floresta. Sem agenda oficial, sem divulgação à imprensa. Barroso havia pedido essa imersão na Amazônia, queria conhecer de perto. E acomodou-se no transporte militar sem grandes confortos para visitar a selva.

Às vésperas do Natal de 2022, Dias Toffoli encontrou Bolsonaro num jantar na casa do então ministro das Comunicações Fábio Faria, do qual participaram o PGR Augusto Aras, o AGU Bruno Bianco, o ex-deputado e empresário Guilherme Mussi, Ciro Nogueira, da Casa Civil, e Jorge Oliveira, ministro do TCU.

Toffoli e Faria, os mais conhecidos "bombeiros" do Planalto, dispostos a funcionar como amortecedores na relação de Bolsonaro com as instituições, mostravam-se preocupados. O presidente estava abatido com a vitória de Lula, e seu entorno parecia cada vez mais radicalizado.

O ministro do Supremo que ciceroneou Bolsonaro no início do mandato, agora, nos estertores de seu governo, lhe estendia um flutuador. Toffoli havia recebido informações de que pessoas próximas ao presidente não só eram contrárias à desmobilização em frente aos quartéis como queriam incentivar o movimento.

De acordo com o ministro, a ideia daquela gente — e os atos de vandalismo no início de dezembro daquele mês comprovaram — era criar um pretexto para a decretação de uma operação de Garantia da Lei e da Ordem (GLO), sob o comando do Exército. Era uma visão conspiracionista, e a própria submissão da hipótese a Bolsonaro, ainda no cargo, indicava como as instituições precisariam ser recompostas.

Toffoli fez ao presidente derrotado nas urnas uma proposta de um pragmatismo político que o afastava ainda mais da rotina democrática, da admissão da derrota, da passagem de faixa para o eleito, das homenagens ao sistema eleitoral. "Presidente, sua presença na cerimônia de posse só vai mostrar um país dividido, as pessoas vão vaiar", disse o ministro. De todo modo, seria bom que Bolsonaro desmobilizasse seus apoiadores que estavam diante dos quartéis. "Quem mobilizou essas pessoas não fui eu. Então, eu também não posso desmobilizar", ele rebateu. Sendo assim, era melhor que Bolsonaro saísse do país e deixasse Lula receber a faixa presidencial de outra pessoa. A viagem serviria de recado para que voltassem para casa aqueles que aguardavam nos quartéis alguma ordem do presidente. Era a fornalha do 8 de janeiro.

5. Jurisprudência de guerra

Trinta e dois segundos. Em cerca de meio minuto Bolsonaro conseguiu a proeza de comprimir numa mensagem de áudio o negacionismo que regia o combate à covid-19 em seu governo. O destinatário era Gilmar Mendes. Só naquele sábado, 13 de março de 2021, o Brasil registrava 1940 mortes pelo vírus. Desde o início da pandemia, acumulava 277 216 óbitos. Bolsonaro era pressionado a demitir o então ministro da Saúde, general Eduardo Pazuello, e nomear uma profissional reconhecida, a médica Ludhmila Hajjar:

> Ministro, o problema que está aqui... é a questão do tratamento precoce, e ela foi contra o tratamento precoce, foi contra a cloroquina, e tem milhares de médicos que defendem o outro lado, então vou conversar com ela amanhã, e tem a questão do lockdown, pra ver se chega num acordo, tá ok?

Era como olhar a colher pelo lado côncavo — as prioridades estavam invertidas.

O STF enfrentava, desde a redemocratização, o maior desafio às suas atribuições constitucionais. Os ministros sofriam ataques virtuais nas redes, mas era o temor da morte que os assustava. No final daquele mês de março de 2021, 73,1% dos mortos por covid-19 no Brasil tinham sessenta anos ou mais. A idade média dos ministros do Supremo era 63 anos. A covid-19 os obrigou, como a muitos brasileiros, ao retiro em suas próprias casas. Mesmo afastados, o enfrentamento à pandemia foi o elemento dramático a uni-los numa jurisprudência de guerra pela sobrevivência e contra o governo Bolsonaro.

Um ano antes, os ministros haviam sido apresentados a cenários sombrios a respeito do desenvolvimento da pandemia no Brasil. Em 16 de março de 2020, o tom pausado e sereno de Luiz Henrique Mandetta, então ministro da Saúde, não combinava com o diagnóstico catastrófico que ele anunciava: com juízes em idade avançada, o vírus da covid-19 poderia provocar um desastre no Supremo. Naquela semana, o Brasil havia registrado a primeira morte pelo vírus, uma enfermeira de 57 anos. Se um dos ministros fosse infectado, poderia contaminar os demais. Sem vacina, sem tratamento e com índice de letalidade alto, o vírus poderia comprometer o funcionamento do tribunal. E Mandetta carregava nas tintas: três, quatro ministros morreriam. Como o Supremo julgaria seus processos estando reduzido quase à metade?

O Supremo Tribunal Federal funciona em três caixas de vidro que parecem aquários. Com paredes envidraçadas e sem janelas, aquelas estufas refrigeradas por aparelhos de ar condicionado eram exemplares para a disseminação do vírus. A própria sala em que Mandetta traçou o cenário macabro ilustrava à perfeição um ambiente propício à multiplicação de casos: nenhuma janela, ar condicionado e ministros sentados ombro a ombro. Apenas uma das pessoas presentes usava máscara — a então presidente do Tribunal Superior Eleitoral, Maria Cristina Peduzzi, também convidada para ouvir as orientações acerca dos cuidados necessários diante da pandemia declarada pela Organização Mundial da Saúde apenas cinco dias antes. Países que não protegerem a saúde de suas autoridades, disse Mandetta, terão um vácuo decisório. O Brasil não podia correr o risco de ficar sem decisões do STF.

O panorama distópico descrito por ele — 100 mil mortes no país, as favelas do Rio de Janeiro com corpos pelas ruas, caminhões improvisados para recolher os mortos, hospitais colapsados — alarmou os ministros (o país chegaria ao final do governo Bolsonaro com cerca de 694 mil óbitos). Fachin, lívido, questionou: o ministro da Saúde tinha dados para justificar essa projeção ou era meramente uma probabilidade? Eram estimativas baseadas no comportamento do vírus e na situação da saúde no país, disse Mandetta. "Alguém pode desligar o ar-condicionado?", pediu Cármen Lúcia, reagindo ao medo do contágio — como se desligar o aparelho fizesse alguma diferença. "Alguém precisa explicar isso ao presidente", disse Luís Roberto Barroso, àquela altura ainda confiante de que Bolsonaro seria permeável a argumentos científicos, e cuja saúde (vencera um câncer anos antes) inspirava cuidados permanentes.

A mensagem era grave, mas o mensageiro foi bem recebido. Ao final da reunião reservada, os jornalistas ouviram dos ministros elogios a Mandetta. Confiavam nele. E estavam dispostos a fazer o que estivesse ao alcance do tribunal para ajudar no combate à pandemia. A despeito de ideologias ou divisões internas, os ministros do Supremo eram uníssonos no diagnóstico de que a crise estava em ótimas mãos. Mandetta ganhara o tribunal, e isso faria toda a diferença no comportamento da Corte dali para a frente.

O STF, ante a necessidade de isolamento, suspendeu as sessões por três semanas. Fato inédito: o tribunal só havia ficado impedido de funcionar no começo da República, quando Floriano Peixoto se recusou a indicar ministros para as vagas abertas com a aposentadoria de juízes do tribunal. Sem quórum e sem previsão regimental para decisões individuais, o Supremo não podia julgar nada. Agora, mesmo sem as sessões de plenário e de turmas, ao menos as questões urgentes continuavam a ser decididas liminarmente.

Os ministros se isolaram em suas respectivas casas em Brasília, como Barroso e Gilmar Mendes, e em seus estados de origem, como Celso de Mello e Alexandre de Moraes em São Paulo. Mas os onze juízes, a despeito da distância física, da falta de convívio ou das conversas no café prévio das sessões, estariam unidos como nunca antes.

A deriva institucional dos últimos anos, que inspirou a metáfora das onze ilhas incomunicáveis no STF, cessara. O tribunal dos placares de julgamento de 6 a 5, de 7 a 4, deu lugar ao Supremo de 11 a 0 ou 10 a 1. O 1 vencido ou era de Marco Aurélio Mello, conhecido por seus posicionamentos à contracorrente, não importando o assunto, ou do primeiro indicado de Bolsonaro ao tribunal, Nunes Marques, no lugar de Celso de Mello.

O hoje ministro do STF André Mendonça era então o AGU e participou da reunião, a pedido de Mandetta. Quando ouviu a projeção de que algumas regiões do país se transformariam num cemitério a céu aberto, assustou-se tanto quanto os demais. O ministro da Saúde não expusera o cenário de absoluta gravidade nas reuniões no Planalto.

Antes mesmo de terminado o encontro no STF, Mendonça se dirige ao Planalto, palco de uma reunião para tratar do enfrentamento da crise para a qual os titulares das pastas da Saúde e da AGU haviam sido convocados. Mesmo atrasado, ele interrompeu as conversas para uma pergunta essencial: alguém já ouvira de Mandetta que o coronavírus provocaria uma catástrofe sem proporções? A resposta geral foi negativa. "Pois ele acabou de apresentar esse quadro para o Supremo", disse. Os presentes decidiram pedir um diagnóstico a Mandetta e um plano de ação, até então inexistente.

Dissociado publicamente dessas preocupações, naquele mesmo dia Jair Bolsonaro disse que estaria havendo uma "histeria" a respeito dos impactos da doença, que autoridades espalhadas pelo país não poderiam determinar restrições em razão do vírus. "Não vamos superdimensionar essa questão", disse. Com base no exemplo internacional, governadores baixavam restrições à circulação de pessoas e a atividades econômicas. Em países em que a pandemia estava mais avançada, um lockdown estrito foi adotado para conter as mortes. "Depois da facada, não vai ser uma gripezinha que vai me derrubar, tá ok?" O menoscabo pela doença cobraria seu preço. Naquele momento, Bolsonaro acabava de perder o Supremo. Enquanto isso, seu negacionismo escalava: "No meu caso particular, pelo meu histórico de atleta, caso fosse contaminado pelo vírus não precisaria me preocupar, nada sentiria ou seria, quando muito, acometido de uma gripezinha ou resfriadinho, como bem disse aquele conhecido médico daquela conhecida televisão".

As notícias de que Mandetta mantinha contato direto com os governadores iam deteriorando sua relação com Bolsonaro. Governadores de vários estados ampliavam as restrições de circulação para conter o avanço da doença: exigência do uso de máscaras de proteção, paralisação de atividades econômicas e fechamento de escolas. Em São Paulo, estado mais populoso e que registraria o maior número absoluto de infectados, as restrições impostas pelo governador João Doria, semelhantes às adotadas por outros países que enfrentavam a crise, teriam impacto na economia estadual e, portanto, afetariam todo o país. Bolsonaro reagiu, primeiro com palavras. "Tem certos governadores que estão tomando medidas extremas, que não compete a eles, fechar aeroporto, fechar rodovias. Não compete a eles fechar shopping etc." E mirou o Rio de

Janeiro, seu reduto eleitoral, governado pelo ex-aliado Wilson Witzel, naquele momento seu adversário político. "Parece que o Rio de Janeiro é um outro país. Não é um outro país. Isso aqui é uma federação", disse a seu fiel público do cercadinho em frente ao Palácio da Alvorada.

Para além do discurso, Bolsonaro agiu com os poderes de que dispunha. Em 20 de março de 2020 assinou uma medida provisória (MP 926) ambígua, porque dava mais poderes aos governadores para estabelecer regras a fim de combater a doença, mas concentrava a política nas mãos do Executivo federal. As medidas de contingência deveriam resguardar o funcionamento de serviços públicos e atividades essenciais. Não seriam permitidos limites à circulação de trabalhadores que pudessem afetar o funcionamento de serviços públicos e atividades essenciais. E quem definiria quais seriam as medidas possíveis para ambos? Apenas o presidente da República.

Naquela mesma semana, o general Braga Netto, ministro da Casa Civil, anunciou ao primeiro escalão do Planalto que, para tentar conter a covid-19, Bolsonaro fora convencido a aceitar um plano que impunha restrições, estabelecido pelo Ministério da Saúde. A fim de garantir que o presidente mantivesse sua disposição e superasse seu negacionismo, alguns auxiliares mais próximos buscaram auxílio informal no Supremo. Mendonça e Jorge Oliveira, ministro da Secretaria-Geral da Presidência, tiveram a ideia de convidar Gilmar Mendes para um café da manhã com Bolsonaro. Por duas razões: por sua experiência de atuação na crise do apagão energético, em 2001, que exigiu do governo Fernando Henrique Cardoso o planejamento e a execução de um plano nacional, e pelo fato de o presidente, até ali, ponderar as opiniões do ministro do STF.

A reunião ministerial extraordinária foi marcada para as 10h30, mas até lá Gilmar Mendes teria amansado o presidente no café combinado para as oito horas. O ministro foi pontual. Chegou ao Alvorada, encontrou-se com Bolsonaro e com aqueles que tiveram a ideia de chamá-lo para aquela audiência. Mendes e Bolsonaro foram deixados a sós. O ministro sugeriu que se montasse um gabinete de crise para acompanhar as ações e definir novas medidas de combate à doença. Fazia-se necessária uma coordenação geral, em diálogo com os governadores, para enfrentar o que estava por vir.

Bolsonaro aparentava concordar com as sugestões.

No domingo, dia seguinte à reunião, ele vai a Taguatinga, no DF, para deixar clara sua oposição aos protocolos recomendados e defendidos pelo Ministério da Saúde. Sem máscara, reúne um monte de gente ao seu redor numa demonstração política calculada para fora e para dentro do governo. No fim da tarde, diz em entrevista no Alvorada que quem manda no governo é ele.

No STF, uma disputa jurídica começou a ser travada. E o governo, disfuncional, negacionista, não tinha chances de vencê-la. No governo havia uma aposta dobrada de que a legislação dava ao poder central, à União, a liderança exclusiva para determinar quais ações poderiam ser implementadas em casos de calamidade pública, como era a pandemia da covid-19. A crença advinha de uma leitura textual do artigo 21, inciso XVIII, da Constituição, que diz ser exclusivamente da competência da União "planejar e promover a defesa permanente contra as calamidades públicas, especialmente as secas e as inundações". Havia mais uma razão para essa aposta: diante de conflitos entre estados e municípios, o Supremo costumava prestigiar os argumentos do governo federal, fosse para dar ao sistema uma centralidade no comando das políticas, fosse para conferir uniformidade às decisões em determinadas áreas, como educação, proteção ao meio ambiente e saúde.

Ao editar a primeira das medidas provisórias para concentrar em suas mãos a política de combate ao novo coronavírus, o governo se baseava na leitura que fazia da Constituição e em precedentes do STF. Quando trazia para o governo federal a definição das atividades consideradas essenciais e não suscetíveis a determinadas restrições, o governo contava ter a seu favor a mesma jurisprudência do Supremo, uma disposição centralizadora e uniformizadora.

Mas era evidente que havia um problema nesse prognóstico. A começar por uma primeira dúvida: falava-se de qual posição de governo? Da política defendida pelo Ministério da Saúde, mais condizente com as recomendações da Organização Mundial da Saúde? Das posições técnicas também da Agência Nacional de Vigilância Sanitária (Anvisa)? Ou dos discursos mirabolantes de Bolsonaro e de quem o circundava? E uma segunda dúvida estaria nos acórdãos do tribunal dali em diante: Bolsonaro estava de fato fazendo o necessário para conter a crise de saúde? Ou suas ações eram movidas por interesses políticos?

Para os ministros do Supremo, ainda estavam frescos na memória as palavras de Mandetta sobre a gravidade da crise, a necessidade de cuidado absoluto e os milhares de mortes previstas. E todos passaram a ter certeza, a cada semana e a cada iniciativa do governo federal, de que o Supremo tinha uma nova missão para além de resguardar a Constituição: o tribunal precisava fazer de tudo para que o combate à pandemia não fosse sabotado pelo governo.

Quando a primeira ação direta de inconstitucionalidade (ADI, tipo de ação que tem por objetivo a declaração de inconstitucionalidade de uma lei ou norma) contra medidas do governo Bolsonaro chegou ao Supremo, não havia dúvida sobre a decisão da Corte. Entre a política de governadores, alinhada ao discurso do Ministério da Saúde, e a postura de negação de Bolsonaro, o Supremo faria uma inflexão em sua jurisprudência e pesaria a balança em favor dos estados.

A ação direta de inconstitucionalidade movida pelo PDT (ADI 6341) foi distribuída para o gabinete do ministro Marco Aurélio Mello no dia 23 de março de 2020 às 18h33. O processo questionava a medida provisória n. 926 e, mais especificamente, o trecho que indicava caber ao governo federal a exclusividade para determinar quais atividades consideradas essenciais poderiam sofrer restrições. No dia seguinte, no escritório de sua casa, às 10h30, o ministro assinou sua decisão para deixar claro que municípios, estados e governo federal tinham competência concorrente para legislar sobre proteção à saúde. A medida provisória deveria, então, ser lida desta forma. Assim, Bolsonaro não detinha o comando absoluto sobre as políticas que poderiam ser adotadas.

A liminar de Marco Aurélio foi liberada de imediato ao plenário do STF. Com as sessões de julgamento suspensas, porém, em razão do isolamento, o plenário só pôde se debruçar sobre o assunto no dia 15 de abril. E o tribunal, por unanimidade, reconheceu que estados e municípios também podiam determinar medidas restritivas, como fechamento de comércio, suspensão de aulas ou obrigatoriedade no uso de máscaras.

Cada voto proferido era um recado direto ao governo federal, a explicação e a percepção de como o Supremo avaliava a condução da crise por parte de Bolsonaro. Nas palavras do ministro Edson Fachin,

> As regras constitucionais não servem apenas para proteger a liberdade individual e, sim, também, para o exercício da racionalidade coletiva, isto é, da capacidade de coordenar as ações de forma eficiente. [...] O pior erro na formulação das políticas públicas é a omissão, sobretudo a omissão em relação às ações essenciais exigidas pelo art. 23 da Constituição Federal. É grave do ponto de vista constitucional, quer sob o manto de competência exclusiva ou privativa, que sejam premiadas as inações do governo federal,

impedindo que estados e municípios, no âmbito de suas respectivas competências, implementem as políticas públicas essenciais.

O ministro Alexandre de Moraes, que ainda não tinha se tornado o alvo preferencial dos bolsonaristas, disse que o pior que podia acontecer naquele momento dramático de crise era uma guerra federativa.

> É lamentável que na condução dessa crise [...], sem precedentes recentes no Brasil e no mundo, [...] mesmo em assuntos essencialmente técnicos, de tratamento uniforme em âmbito internacional, haja discrepâncias políticas entre entes federativos, haja discrepâncias políticas e de opiniões ou do "achismo" como alguns vêm denominando, entre autoridades do mesmo âmbito, e falte cooperação, falte coordenação.

A culpa, sentenciou o ministro, não era dos estados e municípios, mas do governo federal ausente:

> Se há excessos nas regulamentações estaduais e municipais, isso deve ser analisado. Mas a verdade é que, se isso ocorreu, foi porque não houve, até agora, uma regulamentação geral da União sobre a questão de isolamento, sobre o necessário tratamento técnico-científico dessa pandemia gravíssima, que vem aumentando o número de mortos a cada dia.

Todos os votos carregavam mensagens no mesmo sentido. Com estilos diferentes, argumentos semelhantes, construções de raciocínio próprias. Mas as palavras que viralizaram naquele julgamento vieram de Gilmar Mendes. Ele já havia dito o mesmo em entrevista concedida ao portal UOL no dia 8 de abril de 2020, mas os mesmos argumentos, naquele dia e no ambiente institucional, ganharam outro peso: "Já até disse, esses dias, comentando todo esse desarranjo no âmbito da administração, que o presidente da República dispõe de poderes, inclusive, para exonerar o ministro da Saúde, mas não dispõe de poder para exercer política pública de caráter genocida".

Fosse um governador de estado adotando medidas semelhantes e irresponsáveis, acrescentou o ministro, haveria a possibilidade de intervenção por parte do governo federal e com base na Constituição. Mas se é o governo federal o autor das decisões inconsequentes, o que restaria a ser feito? O recurso ao Supremo. E isso se repetiu durante todo o enfrentamento da pandemia.

No domingo que antecedeu o julgamento, o ministro da Saúde concedeu uma entrevista exclusiva para o programa *Fantástico*, da Rede Globo. As declarações não foram diferentes daquelas que vinha fazendo sobre o combate à pandemia e a disfuncionalidade do governo na política de saúde: "Eu espero que a gente possa ter uma fala única, uma fala unificada. Porque isso leva para o brasileiro uma dubiedade. Ele não sabe se escuta o ministro, o presidente, quem ele escuta". Enquanto ele defendia o isolamento social, pregava o uso de máscara e contestava as informações sobre tratamento precoce, Bolsonaro insistia na tese de imunidade de rebanho.

Mas o local da entrevista — a casa do governador de Goiás, Ronaldo Caiado — foi o argumento que faltava para Bolsonaro, à espera de uma gota d'água, demitir Mandetta. E a demonstração de que o ministro estava mais próximo dos governadores do que do governo federal serviu de pretexto ao presidente. A troca de Mandetta pelo médico Nelson Teich, e depois pelo general Eduardo Pazuello, consolidou o discurso de Bolsonaro como a posição de governo. Nas palavras do próprio Pazuello: "É simples assim: um manda e o outro obedece", referindo-se a Bolsonaro.

O governo insistia na disputa com os estados e não porque

quisesse pôr em prática um plano nacional de controle da pandemia — que nunca apresentou —, mas porque buscava repassar para outros agentes a culpa pelas consequências negativas e inevitáveis da crise (econômicas e sociais).

Um sinal disso foi a insistência do governo federal em tentar reverter decisões dos estados quanto à suspensão de atividades econômicas, em prol do isolamento social. Bolsonaro reclamava e inundava o WhatsApp de ministros do STF com exemplos de decretos estaduais ou municipais que estabeleciam limitações à circulação de pessoas ou atividades econômicas. Numa dessas mensagens, enviou o print de uma publicação em que o governador do Ceará, Camilo Santana, supostamente dizia que, se preciso, pagaria um auxílio de mil reais à população do estado. E ainda: "Quem manda no Ceará sou eu, seu égua", ele teria dito. Assim que enviou a foto da publicação, a qual depois se verificou ser falsa, Bolsonaro mandou ao celular de alguns juízes do STF a seguinte mensagem: "Srs. ministros, alguém deve ter o comando". Era começo de março de 2021.

Passados alguns minutos, Bolsonaro recebeu uma resposta, também no celular. De Gilmar Mendes. "Sim, presidente! O SUS dispõe de um sistema integrado pelo Ministério da Saúde e pelas secretarias de saúde estaduais e municipais. É preciso ativar esse sistema via Ministério da Saúde." Dias depois, nova mensagem do presidente, via WhatsApp, endereçada a alguns dos juízes da Corte. Reclamando dos governadores, mais uma vez. A mensagem tinha como título "Novo decreto no TO terá monitoramento de redes sociais, rastreio de aparelhos celulares e multa de até R$ 20 mil". O governo do estado buscava reduzir aglomerações como forma de prevenir o contágio pelo vírus. E mais uma vez Gilmar Mendes retrucou em mensagem direta: "Presidente, bom dia! Se não houver vacina, a solução será o distanciamento. Os estados não têm vagas nos hospitais". Dessa vez, Bolsonaro respondeu:

"Muitos diminuíram o número de leitos". E Mendes o lembra outra vez de que cabe ao Ministério da Saúde centralizar esse controle e as ações.

"Para decretos de governadores e prefeitos o Art. 5 da Constituição não existe mais" — essa a mensagem que o presidente mandou para o celular de integrantes do STF. Fux recebia a torto e a direito as mensagens reencaminhadas por Bolsonaro. Não respondia. Toffoli tampouco. Mas Toffoli é sempre muito comedido no WhatsApp. Gilmar Mendes não deixava mensagens sem resposta. "Presidente, bom dia! Como sabe, desde o começo faltou coordenação; o SUS exige uma boa coordenação entre os três entes. Se tivesse havido uma coordenação nacional não teríamos chegado ao ponto em que chegamos", ele rebateu em duas mensagens seguidas.

O Supremo, antes desgastado e dividido, recuperaria parte de sua reputação graças ao negacionismo de Bolsonaro. A instituição fez o mínimo fundamental para conter o avanço mais grave da doença. Decisões incontroversas, com placares largos. Como a liminar dada pelo ministro Alexandre de Moraes, em abril de 2020, derrubando limites impostos por Bolsonaro à Lei de Acesso à Informação durante a pandemia. Liminar referendada unanimemente pelo STF. Uma decisão fácil mas crucial do período.

Na economia interna, o STF se uniu, promovendo mudanças estruturais para reduzir os efeitos de um de seus mais graves e notórios vícios — o excesso do individualismo — e proferindo julgamentos que revelavam grande coesão.

Por outro lado, a irracionalidade do governo e a disfuncionalidade do Congresso e da Procuradoria-Geral da República, que não punham um freio em Bolsonaro, deixaram o Supremo isolado em Brasília. Por mais corretas e racionais que fossem as decisões, elas alimentaram o discurso bolsonarista de negação da realidade. Na gestão da pandemia, como em outros assuntos em seu governo, Bolsonaro abriu mão de decidir e fomentou críticas e ataques a quem por ele assumia a responsabilidade.

A jurisprudência da pandemia no STF devolveu ao tribunal a imagem de racionalidade, temperança e segurança. As decisões do Supremo evitaram uma crise ainda mais grave na saúde. O Brasil, sob a gestão de Bolsonaro, registrou aproximadamente 694 mil mortes pela doença. Não fosse a ação de governadores e as decisões do Supremo, o número certamente teria sido mais elevado.

Nesse cenário apocalíptico, mesmo ministros em baixa na opinião pública devido a decisões do passado se reergueram. Ricardo Lewandowski, por exemplo. O julgamento do mensalão, em 2012, acabou por lhe impor prejuízos. Enquanto Joaquim Barbosa, relator do caso, condenava todos os investigados e era aplaudido, Lewandowski votou pela absolvição de figuras importantes do PT. E isso eclipsou posições que outrora lhe renderam bons frutos junto à opinião pública. Foi ele quem mais enfaticamente defendeu a constitucionalidade da Lei da Ficha Limpa, a constitucionalidade das cotas raciais nas universidades públicas e relatou o processo que julgou inconstitucional o nepotismo na administração pública. Mas o ministro ficou definitivamente marcado por seus embates com Joaquim Barbosa e os ataques que sofreu por suas posições controversas nesse julgamento contaminado por interesses políticos.

Quando veio a pandemia e uma leva de ações começou a chegar ao Supremo para contestar iniciativas do governo federal contra a imunização da população, inclusive de crianças, Lewandowski foi sorteado relator de uma delas e acabou recebendo em seus gabinetes todas as ações sobre esse ponto. Ele passou a ter a prerrogativa de julgar casos semelhantes, para relatar as demais que tratassem do mesmo assunto. Os pedidos sucessivos para intervir na política errática de saúde do governo o transformaram no "ministro da Saúde" dentro do STF. Coube a ele, por isso, a missão de impor limites e derrubar iniciativas do governo contra a vacinação em massa da população.

Em outubro de 2020, diante da corrida mundial pela compra das vacinas que começavam a ser oferecidas, Bolsonaro disse que, no Brasil, a imunização contra a covid-19 não seria obrigatória. "Meu ministro já disse claramente que não será obrigatória essa vacina e ponto-final. Tem um governador aí que está se intitulando o médico do Brasil, dizendo que ela será obrigatória. Repito que não será", ele afirmou.

A crítica era dirigida ao governador de São Paulo, João Doria, que liderou a corrida no país pela obtenção de uma vacina. A CoronaVac, primeiro imunizante a ser aplicado entre nós, foi desenvolvida por laboratório chinês e comprada pelo governo de São Paulo. A oferta da vacina ao governo federal, pela administração Doria, foi ignorada — foram enviados três ofícios, nenhum deles respondido. Quando o Ministério da Saúde enfim anunciou a aquisição de 46 milhões de doses da vacina para distribuir aos estados, o presidente foi às redes e disse que seu governo não compraria uma vacina chinesa.

O Supremo foi provocado pela Rede Sustentabilidade numa primeira arguição de descumprimento de preceito fundamental (ADPF 754). Um dia depois, noutra ADPF, outros cinco partidos de oposição também protestaram: PCdoB, PSOL, PT, PSB e Cidadania. Esse tipo de ação, a ADPF, originalmente pensada para permitir ao Supremo o controle de constitucionalidade de atos ou leis anteriores à Constituição, foi ganhando novo desenho no tribunal. Como a ação também serve para evitar lesão a um preceito fundamental que resulte de ato do poder público, o tribunal ampliou o escopo desse tipo de processo. As ADPFs são muitas vezes temáticas e permitem ao ministro do Supremo controlar uma política pública por meio de decisões judiciais numa única ação. Essas ADPFs propostas a Bolsonaro pela oposição e que caíram no gabinete de Lewandowski eram exemplos prontos e acabados desse fenômeno.

"O presidente Jair Bolsonaro pretende privar a população brasileira de uma possibilidade de prevenção da covid-19 por puro preconceito ideológico ou, até pior, por motivações estritamente políticas", argumentaram os advogados da Rede. O Supremo, pedia a ação, deveria determinar ao governo que comprasse as vacinas chinesas e todas as que estivessem disponíveis e que fossem aprovadas pela Agência Nacional de Vigilância Sanitária.

Lewandowski não chegou a tanto. Determinar que o governo comprasse uma vacina seria "indevida intromissão" numa decisão de exclusiva atribuição do Poder Executivo. A autocontenção vinha com um recado, porém: "Isso não significa, contudo, que o rompimento de um acordo com determinada instituição, por parte do Ministério da Saúde, para a compra de imunizantes, que porventura tenha gerado custos ou causado prejuízos, não possa ser submetido ao crivo da jurisdição ordinária para apuração de responsabilidades".

No dia 12 de dezembro, o governo enviou ao Supremo um Plano Nacional de Operacionalização da Vacinação contra a covid-19 e um cronograma provável da vacinação. O plano só foi oficialmente divulgado pelo ministro da Saúde no dia 16 de dezembro. A pasta assumiu também o compromisso, diante do tribunal, de encaminhar mensalmente ao STF as atualizações detalhadas do plano.

As ações judiciais permaneceram abertas porque o desarranjo do governo na área de saúde parecia insolúvel sob a gestão Pazuello. "Presidente, a gente ainda não consegue avaliar o que foi essa gestão Pazuello. Ele não comprou vacina e legou-nos o caos. Vamos chegar a 5 mil mortos por dia. Não dá", Gilmar Mendes escreveu a Bolsonaro em abril de 2021, um mês depois da demissão de Pazuello.

Mas o presidente insistia. "Somos o 5º país que mais se vacina no mundo", respondeu o presidente numa primeira mensagem.

"Muitos óbitos como causa 'suspeita de covid'", continuou. "Não negamos haver mortes, mas no Brasil compramos vacinad (sic) em setembro de 2020. A Anvisa só liberou em janeiro. São mais de 1 milhão de vacinados por dia. Demos bilhões para estados e municípios. Eles pagaram folhas atrasadas e outras despesas. Quase nada fizeram para equipar hospitais. Aí o problema", era a última das nove mensagens. "Presidente, esse quadro é desastroso e temos que trabalhar para corrigir o atraso", rebateu Mendes. Bolsonaro então ficou em silêncio.

Em janeiro de 2021, o aumento abrupto de casos em Manaus, o crescimento das mortes e as imagens de pacientes morrendo por falta de oxigênio e de respiradores chegaram às manchetes e a Lewandowski, em novo pedido de intervenção urgente do Judiciário feito pelos partidos de oposição nas mesmas ações que já estavam em seu gabinete. Pazuello admitia o cenário de caos, mas sua gestão não dava respostas satisfatórias. Lewandowski demonstrava, pelas palavras e formatação de suas decisões (passou a grifar trechos de suas manifestações), sua estupefação com o governo. Ele foi abandonando a sua característica autocontenção verbal conforme o quadro ia se agravando. Suas decisões passaram a, retoricamente, atribuir ao governo federal, de modo claro e objetivo, a responsabilidade pelas mortes provocadas pela doença.

As decisões eram unanimemente referendadas pelos colegas. E as ações, tão amplas nos pedidos, permaneciam abertas, verdadeiro guichê permanente para corrigir os rumos do governo na crise. No total, apenas nesse processo, foram catorze os pedidos de liminar contra ações ou omissões de diversas áreas do governo no combate à pandemia.

O Supremo foi acionado pelo PT — na 16ª liminar demandada por partidos políticos contra o governo numa única ação, desta vez a ADPF 754 — com pedido para que a vacina de crianças entre cinco e onze anos fosse incluída no Plano Nacional de Vacinação.

Lewandowski deu 48 horas para o governo se manifestar, mas não concordou com os argumentos jurídicos do Executivo:

> Resta claro, portanto, que constitui obrigação do Estado, inclusive à luz dos compromissos internacionais assumidos pelo Brasil, proporcionar a toda a população indicada o acesso à vacina para prevenção da covid-19, de forma universal e gratuita, em particular às crianças de cinco a onze anos de idade, potenciais vítimas — aliás, indefesas —, e propagadoras dessa insidiosa virose, sobretudo porquanto já há comprovação científica acerca de sua eficácia e segurança, como se verá adiante, atestada pelo órgão governamental encarregado de tal mister, qual seja, a Agência Nacional de Vigilância Sanitária — Anvisa.

Agora, um ponto havia preocupado Bolsonaro. E ele seria enfrentado na mesma decisão por Lewandowski. A vacinação seria compulsória? Os pais que decidissem não vacinar seus filhos poderiam ser multados?

"Quando começaram as notícias de que a vacina seria obrigatória, e que iriam multar os pais, eu liguei pessoalmente para o ministro Lewandowski", disse Bolsonaro em entrevista à rádio Jovem Pan. Lewandowski era dos poucos ministros por quem Bolsonaro nutria alguma admiração. Uma das razões era o passado militar de ambos. Lewandowski se formou em 1967 no Curso Preparatório de Oficiais da Reserva de São Paulo, com estágio no 17º Regimento de Cavalaria de Pirassununga, e foi para a reserva como segundo-tenente. Ele conhecia a língua e o costume militares. E, apesar das estreitas ligações com os governos do PT e de sua atuação no julgamento do mensalão, o presidente o via como ponderado, flexível e acessível. Gostava sobretudo que Lewandowski o ouvisse sem julgamentos prévios.

Por telefone, Bolsonaro expôs sua preocupação e a visão de

que ninguém deveria ser obrigado a se vacinar ou vacinar um filho. Ele não acreditava na vacina. Achava todo o processo açodado, pensava que as pessoas estavam sendo submetidas a tratamentos experimentais. Confiava nas teorias que circulavam em seus grupos de WhatsApp. E desconfiava do mainstream científico e dos órgãos regulatórios.

Lewandowski explicou a ele que era obrigação do governo tornar a vacina disponível para as crianças. Era um ponto indiscutível. E que a legislação já estabelecia a possibilidade de vacinação obrigatória. O Supremo, lembrou o ministro, havia feito a distinção entre obrigatoriedade e compulsoriedade. Lembrou ainda que o Estatuto da Criança e do Adolescente previa textualmente a obrigatoriedade da vacinação de crianças nos casos recomendados pelas autoridades de saúde, inclusive com a imposição de multa para quem não cumprisse seu dever de tutela ou guarda da criança. O Supremo não faria, portanto, nada do que estivesse fora das regras já em vigor.

Bolsonaro desligou o telefone satisfeito. "Lewandowski deixou bem claro que não há intenção por parte dele de autorizar prefeitos e governadores a buscarem pais para aplicar sanções", celebrou, apesar de a decisão abrir caminho para que o Ministério Público eventualmente processasse pais que se recusassem a imunizar os filhos ou escolas que exigissem a vacinação como condição para frequência às aulas. Bolsonaro estava satisfeito porque o escutaram e porque podia dizer a seu grupo de apoiadores que tentou interceder junto ao Supremo.

Em 15 de março Pazuello foi demitido, embora a oficialização no *Diário Oficial* só tenha ocorrido cerca de dez dias depois. "General Pazuello foi um grande atraso. Ele movimentava muito e não sabia aonde ia. A isso o Roberto Campos chamava de cabritismo", tripudiou Gilmar Mendes na conversa com Bolsonaro, citando o economista e diplomata morto em 2001.

O presidente precisava achar um substituto. E a dra. Ludhmila Hajjar foi cotada para o cargo. A mesma médica que havia atendido Toffoli quando ele esteve a ponto de ser intubado. Um nome da saúde para corrigir os erros dos últimos anos. Foi nessa ocasião que Bolsonaro enviou o áudio de 32 segundos a Gilmar Mendes, no qual reforçava que, fosse quem fosse o ministro, era ele que "mandava" na Saúde. Mendes rebateu: "Presidente, aqui se oferece uma chance de corrigir um grave erro e confiar o assunto da saúde a quem entende. O atual gestor conseguiu produzir essa montanha de mortos e caminha para aumentá-la. Se continuar assim, eu não sei se não será inevitável uma interdição no MS [Ministério da Saúde]". A "interdição" não ocorreu; Bolsonaro nomeou o médico Marcelo Queiroga para o cargo e o manteve até o final de sua gestão.

No dia 3 de abril de 2021, Bolsonaro tem enfim uma decisão do Supremo para de fato comemorar. O ministro Nunes Marques, indicado por ele, aquele de quem dizia ser "10% de mim dentro do Supremo", proibiu que estados e municípios coibissem o funcionamento de templos e igrejas. A decisão foi proferida num sábado, véspera da Páscoa, com o país contabilizando mais de 330 mil mortes por covid-19. Pelo WhatsApp, Bolsonaro espalhou, inclusive para os seus contatos no Supremo:

CELEBRAÇÕES RELIGIOSAS
Ministro Nunes Marques/STF concede medida cautelar para o fim de determinar que:
Estados, DF e Municípios se abstenham de editar ou de exigir o cumprimento de decretos ou atos administrativos locais que proíbam completamente a realização de celebrações religiosas presenciais.

A decisão de Nunes Marques tinha muitos problemas — e ele, diga-se, não inovava, apenas reproduzia um modus operandi que até então não era estranho ao Supremo. O primeiro era a escolha do momento para conceder uma liminar urgente. A ação foi protocolada em 2020 e ficou sob a relatoria do ministro Celso de Mello. Quando este se aposentou, Nunes Marques, que preencheu a vaga aberta, herdou o processo. Mas isso era ainda novembro de 2020, e o ministro jamais sinalizara que considerava o problema urgente. Poderia ter liberado o processo para julgamento pelo plenário, mas o represou. Esperou quatro meses e então, no fim de semana, na véspera do feriado de Páscoa, concedeu a liminar, que é uma decisão proferida em caráter de urgência — sem que nenhum instrumento estivesse disponível para reverter a decisão.

Outro problema da decisão foi apontado pelo próprio governo Bolsonaro. A AGU argumentou nessa mesma ação que o processo não deveria nem sequer ser considerado pelo STF. Por uma razão jurídica evidente, como se verá. E foi essa a mensagem que Bolsonaro recebeu em seu celular logo depois de aplaudir a decisão de Nunes Marques.

A autora da ação acatada por Nunes Marques não tinha legitimidade para acionar o Supremo. A Constituição elenca quem está autorizado a acionar o STF para promover o controle de constitucionalidade das leis: o presidente da República, as mesas da Câmara e do Senado, governadores, o PGR, a OAB, partidos políticos com representação no Congresso e confederações sindicais ou entidades de classe de âmbito nacional.

A ação estrategicamente decidida por Nunes Marques era assinada pela Associação Nacional de Juristas Evangélicos (Anajure), que não constava da lista. "A decisão dificilmente subsistirá", antecipou Mendes ao presidente, que ainda vibrava com a "vitória", verdadeiro passe-livre para aglomerações em igrejas.

Bolsonaro então admite o problema técnico. Diz que estava

buscando algum partido para ajuizar uma ação no STF, a fim de liberar o funcionamento das igrejas. "Ok... estava providenciando uma ação idêntica com partido político", devolveu a mensagem. Ele já havia dito ao ministro que era a favor da abertura das igrejas. "Eu apoio integralmente a abertura das igrejas. Hoje eu estive numa delas", desafiou Bolsonaro. "Eu quero que abra tudo que possa ser aberto com autorização médica", rebateu Mendes.

O ministro era relator de um processo que também tratava da vedação temporária de realização de cultos e celebrações em igrejas em razão da pandemia. Mas a ação que estava sob seu estudo havia sido proposta pelo PSD em 19 de março de 2021, depois, portanto, de protocolado o processo analisado por Nunes Marques. E, sendo Gilmar Mendes relator de caso assemelhado, ele pôde antecipar a Bolsonaro que a decisão do colega não permaneceria de pé. Nunes Marques não ficaria bem no plenário. "Ele [Nunes Marques] próprio reconhece a falta de legitimidade da requerente...", escreveu. E acrescentou em outras três mensagens: "Vai sair machucado. Essa coisa exige preparo e cuidado. Do contrário, ao invés de ajudar atrapalha". Havia muito subtexto no diálogo com Bolsonaro. O ministro se apresentava, mais uma vez, crítico do governo, mas também como alguém apto técnica e politicamente a auxiliar Bolsonaro.

Antes da decisão de Nunes Marques, Mendes recebeu lideranças evangélicas que insistiam numa decisão rápida. O decreto venceria em poucos dias, o ministro ponderou, e talvez a limitação aos cultos não fosse renovada. Não seria necessário acionar o STF. Empurrava com a barriga. Eles ouviram as ponderações do ministro, mas recorreram a Nunes Marques para conseguir o que queriam. E então Mendes se viu forçado a canetar.

Na segunda-feira depois da Páscoa, Mendes assinou sua decisão sobre o assunto, contrapondo-se a Nunes Marques. O ministro rejeitou o pedido de liminar para derrubar o decreto baixado por Doria, que proibia a celebração de cultos religiosos no estado. Entre duas decisões individuais — uma liberando as celebrações religiosas e outra mantendo o decreto estadual —, coube ao colegiado definir quem estava com a razão. E era absolutamente previsível o resultado.

Quando Nunes Marques concedeu sua liminar, seus colegas o criticaram. No Poder em que antiguidade é um ativo, Nunes Marques, como o mais novo, apertava os botões que só os mais antigos se atreviam a acionar. O comportamento individual ao extremo só seria comparável ao que Marco Aurélio consolidou, mas depois de décadas de tribunal. Como se a imperfeição ou licença para se "ilhar" fosse uma concessão adquirida, uma promoção por tempo de serviço.

Em pouco tempo o ministro recém-egresso se isolou dos colegas. E sua situação era ainda mais delicada do que a de Marco Aurélio. Ele ainda não tinha relação pessoal ou proximidade com os demais ministros. Foi empossado com o tribunal em reclusão, com sessões virtuais. "Não tenho nem o cafezinho do intervalo da sessão para conversar", lamentava. A despeito disso, o ministro topava se imolar no tribunal para ser, como definiu um dos colegas mais próximos dele, o "cão de guarda do Bolsonaro".

Nunes Marques apostava, diziam os colegas, na reeleição de Bolsonaro em 2022. Nesse caso, ele seria o ministro mais forte do STF na relação com o Executivo, o que lhe garantiria portas abertas no Planalto e no Congresso, e lhe daria um enorme poder de influência nas indicações para todos os tribunais do país. Sua bênção seria valiosa para qualquer candidato a ministro ou desembargador. E se o cálculo desse errado, se Bolsonaro não se reelegesse, ele teria tempo para se reconstruir. Afinal, ele fora nomeado com 48 anos, podendo ficar no cargo por 27 anos, até chegar à idade expulsória de 75 anos. Num tribunal de altos e baixos, em que a opinião pública avalia os ministros pelo mérito de suas decisões

— e não pelos argumentos jurídicos ou pelo comportamento técnico —, um juiz criticado hoje pode ser venerado amanhã.

Naquele intervalo de tempo, Nunes Marques teria de lidar com a irritação do decano. Gilmar Mendes pediu que sua liminar fosse julgada no plenário naquela mesma semana. Nunes Marques sabia que ia perder. Bolsonaro sabia que o Supremo o derrotaria. Para tentar impedir o novo revés — e assim angariar apoio de evangélicos para o seu plano de tornar-se ministro do STF —, o PGR decidiu agir. Augusto Aras acionou a Presidência do Supremo, pedindo que o processo fosse retirado das mãos de Mendes. Um comportamento contraditório, porque Aras já havia pedido a Mendes que decidisse o caso com urgência; depois que Nunes Marques deu sua decisão, ele mudou sua estratégia. E Mendes o censurou em sessão do plenário na quarta-feira, dia 7, em tintas fortes e pouco usuais quando se trata de confrontar o procurador.

> Não posso deixar de observar, senhor presidente, que a postura cambiante do Parquet, de ora requerer tutela de urgência a este relator, ora suscitar-lhe sua indevida distribuição, parece flertar, no mínimo, com o exercício de uma deslealdade processual. Ressalto que não me parece haver espaço para que um representante maior do Ministério Público Federal, na condição de fiscal da lei, ultrapasse os limites da sua função em sede de controle abstrato de constitucionalidade para aderir aos interesses do autor ao ponto de adotar estratégias processuais que, com todas as vênias, beiram a litigância de má-fé.

Por essas e por tantas outras, nunca um parecer vindo da Procuradoria-Geral da República valeu tão pouco para os ministros do Supremo. Se, no passado, alguns ministros transcreviam os argumentos do PGR para embasar suas decisões, agora o que vinha de Aras e sua equipe era olhado com desconfiança ou descrédito.

Enquanto isso, Bolsonaro chamou André Mendonça para despachar o caso com ele. Em ações de controle de constitucionalidade, como era o caso, o AGU é ouvido pelo Supremo, e Bolsonaro queria saber o que ele iria dizer. O presidente estava dando tanta importância ao caso que disse a Mendonça que, se dependesse da sua vontade, ele mesmo iria para o púlpito do plenário do STF defender a abertura de igrejas. Ou seja, André Mendonça deveria funcionar como a sua boca, falar por ele, falar como se fosse ele. Não era para fazer um discurso em cima do muro, morno. Bolsonaro exigiu do AGU que subisse o tom na sustentação dos argumentos. E então completou: "Sua indicação [para o Supremo] depende dessa sustentação". Na véspera, o Brasil havia batido o recorde diário de mortes em razão da covid-19: 4211 óbitos em um dia.

Com a missão que o presidente lhe dera, pondo em risco sua indicação para o STF, Mendonça, que também é pastor evangélico, incorporou uma personagem na sustentação que fez na sessão virtual. Os argumentos técnicos que ele costumeiramente usava, como advogado público de carreira, doutor em direito e tecnocrata compenetrado, foram substituídos por um discurso religioso e recheado de "bolsonarices".

> A verdade é que sabemos que o STF delegou aos estados o poder de estabelecer medidas restritivas às atividades das comunidades, mas até que ponto essa delegação foi um cheque em branco? O governador e o prefeito podem fazer qualquer medida sem sequer passar pelo Poder Legislativo local? Não existe controle? Não se tem que respeitar proporcionalidade? Não se impedem medidas autoritárias e arbitrárias? Se autoriza rasgar a Constituição? Se autoriza prender um vendedor de água ambulante e espancá-lo no meio da rua enquanto em grandes supermercados isso é feito legitimamente? Por que o pobre não pode vender bens de primeira necessidade? Por que uma pessoa não pode praticar esporte na sua

praia e seguir para a sua casa, onde pessoas, mulheres e jovens estão sendo presas? Até que ponto, até quando, até quando medidas abusivas, até quando polícias, guardas municipais agredindo cidadãos e trabalhadores, sacando suas armas simplesmente porque eles estão trabalhando?

O AGU mimetizou Bolsonaro. Ao longo da pandemia, esse tipo de argumento animou as redes bolsonaristas. O próprio Mendonça, valendo-se de comparações comumente feitas pelo chefe, questionou:

> Vamos comparar situações fáticas similares. Como estão nossos ônibus, nossos trens, nosso transporte aéreo? Nossas secretárias do lar continuam passando uma hora, uma hora e meia, duas horas em ônibus, trens e metrôs superlotados para servirem nos nossos lares. Hoje, nós vamos tomar um avião, tomamos cautela para entrar no aeroporto, mantemos distanciamento e sentamos como uma lata de sardinha, um colado no outro, dentro dos aviões. Foram impedidas reuniões presenciais de trabalho? Os governadores fecharam os sindicatos para suas reuniões, fecharam as associações? Fecharam-se partidos políticos? Por que somente as igrejas? Por que essa discriminação?

Enquanto falava aos ministros, que confidenciaram depois terem achado extravagantes aquele tom e os argumentos usados, André Mendonça olhava para o celular sobre a mesa. Alguém lhe telefonava insistentemente. Um inconveniente para quem tinha a tarefa de defender tema tão delicado em plenário tão ilustre. Mas... era o próprio Jair Bolsonaro que estava do outro lado do aparelho. Ainda queria lhe falar sobre o julgamento — aquele mesmo que estava ocorrendo naquele momento e que ele, naturalmente, não estava acompanhando pela televisão.

"Não há cristianismo sem a casa de Deus, não há cristianismo sem o dia do Senhor. É por isso que os verdadeiros cristãos não estão dispostos jamais a matar por sua fé, mas estão sempre dispostos a morrer para garantir a liberdade de religião e de culto. Que Deus nos abençoe, tenha piedade de nós, e eu começo por mim." Mendonça sabia que não seria digno da piedade dos ministros do Supremo por aquela sustentação oral tão fora de esquadro. Sua oração aos juízes, encomendada naquele tom, agradou ao presidente. Bolsonaro estava preocupado que seu governo falasse com seus apoiadores, para fora das instituições. Aqueles argumentos nada tinham de jurídicos, não havia a menor chance de que os ministros se convencessem. A tribuna do Supremo serviu de palco ao presidente, com a participação de um AGU de olho na vaga do STF.

Essa manipulação não passou batido pelos ministros. Ao contrário. Gilmar Mendes, que lia um voto extenso feito à véspera, parou a leitura, olhou para a câmera de seu computador, franziu o cenho e, de dedo em riste, levantou a voz e começou a falar, imprimindo pausas que só aumentavam a ênfase de seu recado para André Mendonça.

> Não posso deixar de fazer um breve registro em relação à fala do advogado-geral da União. Quando sua excelência fala dos problemas dos transportes no Brasil, especialmente no transporte coletivo, e fala do problema do transporte aéreo, com a acumulação de pessoas, eu poderia ter entendido que sua excelência teria vindo agora para a tribuna do Supremo de uma viagem a Marte, e ele estava descolado de qualquer responsabilidade institucional com qualquer assunto no Brasil. Mas sua excelência, fui verificar aqui, gugar, como dizem aqui os mais jovens, e verifiquei que ele era ministro da Justiça até recentemente e tinha responsabilidades institucionais, inclusive de propor medidas. À União cabe legislar, diz o artigo 22 [da Constituição], sobre diretrizes da política nacional

de transportes, sobre trânsito e transporte. Vejo, portanto, que está havendo aí um certo delírio neste contexto geral. É preciso que cada um de nós assuma a sua responsabilidade. Isso precisa ficar muito claro.

Para em seguida marcar uma posição que no futuro André Mendonça custaria a desfazer em sua corrida pelo Supremo: "Não tentemos embair, não tentemos enganar ninguém. Até porque os bobos ficaram fora da Corte". Recado mais direto não havia.

Depois de Augusto Aras e de André Mendonça, era a hora de atacar os argumentos e, mais especificamente, o comportamento judicial de Nunes Marques. E Gilmar Mendes foi detalhista em seu voto. Primeiro, lembrou que liminares monocráticas, isto é, decisões individuais e não do colegiado, em ações de controle de constitucionalidade, como era o caso, precisam ser liberadas imediatamente para julgamento no plenário. Foi o que ele, Gilmar Mendes, fez. E cobrou do colega a mesma postura. "Liminar dada, liminar submetida ao plenário. Assim diz a lei 9868, assim diz a lei 9882, assim deve ser. E fui eu que escrevi esses textos, participei de sua feitura."

Mendes, ao longo de décadas de STF, valeu-se em diversos casos das regras regimentais ou de suas lacunas para manejar os processos e escolher o melhor momento para julgar uma ação conforme sua visão. Alguns desses casos se tornaram notórios, como o pedido extenso de vista que adiou a decisão do tribunal sobre o financiamento de campanhas eleitorais por empresas privadas. Também concedeu liminares politicamente polêmicas, que nunca foram submetidas ao plenário, como aquela que impediu a nomeação de Lula para integrar o governo Dilma Rousseff.

Mas o caso de Nunes Marques era diferente. Porque o valor constitucional que estava em jogo era outro. E mesmo Mendes, que assume suas polêmicas em vinte anos de STF, não admitiria aquela manobra. Nunes Marques concedeu uma liminar para além do que foi pedido. Sua decisão valeria para todo o território nacional, mas apenas algumas cidades e dois estados integravam o processo (João Monlevade-MG, Macapá-AP, Serrinha-BA, Bebedouro-SP, Cajamar-SP, Rio Brilhante-MS e Armação dos Búzios-RJ, além dos estados do Piauí e de Roraima). "Deve-se destacar, portanto, o próprio ministro Nunes Marques, ao decidir monocraticamente, reconheceu que sua decisão estava se estendendo para além do pedido inicial, abarcando estados e municípios que 'não participam da demanda'. E se há uma coisa que é um dogma entre nós aqui é o princípio do pedido nos processos de caráter objetivo", observou Gilmar Mendes.

No mérito, Mendes lembrou que restrições a atividades religiosas foram impostas por vários outros países democráticos ao redor do mundo (Dinamarca, Alemanha, Romênia, Reino Unido, Itália, França, Turquia, entre outros). E que houve exemplos em outros países de eventos de supercontaminação, reuniões religiosas inclusive:

> O caso mais marcante e dramático ocorreu na Coreia do Sul, em meados de fevereiro de 2020. O país tinha apenas trinta casos confirmados do novo coronavírus, até que no dia 16 daquele mês, uma paciente contaminada participou de uma cerimônia religiosa com cerca de mil pessoas em uma das sedes da Igreja de Jesus Shincheonji (SCJ) na cidade de Daegu.

Havia um consenso internacional mínimo de que o funcionamento das igrejas poderia aumentar o número de casos de covid-19. Não por menos o próprio Vaticano celebrou a Páscoa de 2020 com a praça de São Pedro esvaziada.

Impedir, temporariamente, o funcionamento de templos religiosos, com o fundamento maior de proteção à vida em detrimento do também fundamental direito de liberdade de religião, era um dever do Estado. Como a União não tomava a frente no combate à pandemia, o Supremo dizia que estados e municípios podiam adotar também essas medidas de restrição. O Brasil, com apenas 2,7% da população mundial, dimensionou Mendes, era responsável por 27% das mortes por covid do mundo.

"Diante desse cenário, faz-se impensável invocar qualquer dever de proteção do Estado que implica a negação à proteção coletiva da saúde. Com as devidas vênias, ainda que qualquer vocação íntima possa levar à escolha individual de entregar a vida pela sua religião, a Constituição Federal de 88 não parece tutelar um direito fundamental à morte", disparou Gilmar Mendes, que incluiu esse trecho em seu voto — praticamente pronto no dia anterior — depois de ouvir o fecho da sustentação oral de André Mendonça.

O Supremo estava diante de mais uma tentativa do governo Bolsonaro de fraturar as bases do constitucionalismo. Enquanto o presidente dizia que jogava dentro das quatro linhas da Constituição, o Supremo, por sua maioria, mais uma vez sustentava que o governo estava na verdade querendo miná-la. O tribunal estava disposto a resistir. "A essa sutil forma de erodir a normatividade constitucional deve mostrar-se cada vez mais atento este Supremo Tribunal Federal. Quanto mais se o abuso do direito de ação vier pelas vestes farisaicas, tomando o nome de Deus para se sustentar o direito à morte", concluiu o ministro Gilmar Mendes. Seu voto, fazendo frente à opinião de Nunes Marques, foi seguido por todos os ministros. À exceção de Dias Toffoli que, sem detalhar as razões, acompanhou Nunes Marques. Depois, ele argumentaria que sua decisão foi algo de política interna: para não deixar Nunes Marques mais isolado do que já estava. Mas seus colegas o viam sobre o muro, ainda flertando com Bolsonaro.

O AGU ouviu tudo resignado. Ele tinha consciência de que havia cruzado a linha. Para o seu propósito, a estratégia funcionou. Bolsonaro telefonou-lhe (depois de ignorá-lo enquanto estava no púlpito do STF, o ministro o atenderia mais tarde) para elogiar pelo cumprimento da missão. Sua indicação estava garantida. Tão ou mais importante: lideranças evangélicas encheram seu telefone com mensagens de aplausos. O apoio sólido dos evangélicos à sua candidatura para o Supremo estava assegurado, e esse suporte se mostrou depois crucial para a sua aprovação no Senado. Porque André Mendonça, no meio da corrida pelo STF, foi abandonado pelo presidente, pressionado que era por seus filhos, em especial pelo senador Flávio Bolsonaro. Foi também abandonado pelo governo, com políticos que temiam sua posição mais dura em matéria criminal. Quem segurou sua mão até o final e exigiu a manutenção de seu nome foram as igrejas evangélicas. Mendonça agradeceu a Bolsonaro pela indicação, mas tinha ciência de que a sua aprovação pelo Senado, e, portanto, o fato de ser ministro, deveu-se aos evangélicos.

André Mendonça, que incorporou 100% de Bolsonaro para ser indicado, seria uma fração do pensamento do presidente no STF.

6. Paredes são de vidro

"Merda?" O pacote havia passado pelo raio X e a massa amorfa seguia sem identificação. Endereçada à Presidência do Supremo, a encomenda embalada em fino papel de presente alertou a equipe de segurança do tribunal. Não é incomum a remessa de objetos suspeitos para os ministros.

Dias antes, um embrulho havia sido interceptado por vigilantes ainda na esteira do raio X. O monitor exibia o contorno de uma imagem que se assemelhava a um Pikachu. E, de fato, era um bicho de pelúcia que estava dentro da embalagem. Enviado para análise, constatou-se que o boneco estava contaminado por uma forte substância alergênica.

Dessa vez o volume foi submetido a um espectrômetro de massa, equipamento que identifica moléculas de interesse por meio de sua massa e estrutura química, que detectou a presença de matéria orgânica. Aberto num compartimento no subsolo do tribunal, o conteúdo do pacote se confirmou: fezes de animal. Hoje, nenhum volume é encaminhado aos gabinetes antes de receber um carimbo que ateste sua segurança.

Essas interceptações são exemplos de menor gravidade de um fluxo constante de ameaças reais à vida dos ministros, fenômeno que adquiriu nova urgência durante o governo Bolsonaro. Em sua defesa, o Supremo precisou se armar para resistir a ataques físicos e se antecipar às maquinações de violência organizadas na internet. Deve-se ao ministro Fux a mudança de patamar na estratégia de blindagem do STF.

Indicado ao cargo de secretário de Segurança do Supremo pelo ministro Celso de Mello, o mais apegado às tradições da Corte (recomendou-o por carta), Marcelo Schettini é um ex-oficial da Força Aérea Brasileira (FAB), servidor federal da Justiça do Trabalho em São Paulo. Ao decano, pareceu talhado para a guerra híbrida que se desenhava com a ascensão de Bolsonaro.

Com cursos na Abin e no Exército na área de inteligência e de segurança de dignitários, curso no Bope do Rio, Schettini ainda é instrutor de tiro e recebeu o título de mestre com a dissertação *Redes sociais e a inteligência no sistema de segurança do Poder Judiciário*. Por designação de Fux, ele executaria no Supremo algo de que o tribunal não dispunha plenamente — uma doutrina de segurança, um conjunto de critérios e ações coordenadas na defesa do STF e seus ministros.

Pouco antes da nomeação de Schettini, Fux havia chamado o ex-diretor da PF Rogério Galloro para integrar o seu gabinete. O STF nunca havia contado com um policial na assessoria especial da presidência. O delegado tinha no currículo a coordenação da PF nos eventos-chave para a segurança pública brasileira — a Copa de 2014 e a Olimpíada de 2016, ambas bem-sucedidas do ponto de vista de segurança. E esteve ao lado da ministra Rosa Weber quando, ao compor o TSE nas eleições de 2018, ela foi ameaçada por militantes bolsonaristas.

Antes de chegar à superfície, o ódio é cultivado nas redes. Para aqueles juízes analógicos — embora alguns se atrevessem no

Twitter —, era difícil imaginar como o discurso divisivo de Bolsonaro excitava os canais de comunicação das plataformas a ponto de coagular grupos violentos ou atos ofensivos solitários.

Formou-se no tribunal um núcleo de inteligência com um perito da PF, mestre em cibersegurança, mineração de dados (a busca nas profundezas das redes) e curso de análise e observação de comportamentos suspeitos. Há ainda um profissional com mestrado na Espanha em operações de inteligência e contrainteligência.

Ao longo dos últimos anos, uma dezena de atos preparatórios de violência foi detectada e informada às autoridades com base no escarafuncho das redes sociais. Certa vez o STF se viu obrigado a divulgar nota sobre uma alteração de agenda de ministro a partir de recomendações da segurança. Era maio de 2022, e Fux, então presidente da Casa, daria uma palestra em Bento Gonçalves, numa feira de vinhos. Naqueles dias, a área de segurança e inteligência do STF recorria ao software Maltego (emprestado pelo TSE), utilizado para fins de inteligência forense.

O programa traduz em gráficos a análise de vínculos entre alvos, temas e palavras recorrentes, minera expressões-chave, faz uma radiografia de ameaças. Afora declarações de empresários da cidade contrárias ao Supremo, no subterrâneo descobriu-se algo potencialmente mais grave. A intensidade e os níveis de violência anti-Fux cresceram tanto a ponto de o sistema plotar alguns alvos dispostos a cruzar a fronteira do teclado para o gatilho.

A viagem foi cancelada e o Supremo divulgou uma nota inédita pelo teor:

> Por procedimento padrão, toda viagem, visita — institucional ou protocolar — do presidente do Supremo é precedida de uma análise de riscos, levando em conta, principalmente, as áreas, instalações e acessos aos locais dos eventos. No caso de Bento Gonçalves,

a palestra coincidiria com a montagem de um grande evento naquele município. Considerando que a segurança não teria como controlar o acesso e o trânsito dos convidados, a Secretaria de Segurança do STF contraindicou a ida do ministro Fux.

A vida dos ministros havia mudado para sempre.

Nem sempre foi assim. Até 1960, havia só um período do ano — entre fevereiro e março — em que a segurança merecia atenção redobrada. Ainda sediado no Rio de Janeiro, sem orçamento próprio e dependendo da boa vontade do Executivo para os recursos necessários para o seu funcionamento, o STF — que não contava com nenhum efetivo de segurança — recomendava a seu zelador que mantivesse as luzes apagadas e as portas fechadas para evitar a entrada de foliões que quisessem aproveitar a localização privilegiada para assistir à passagem dos blocos de carnaval.

Desde o século XIX o Supremo já se enchia de advogados, jornalistas e cidadãos interessados em acompanhar os julgamentos mais tormentosos. Ainda em 1892, os jornais registravam o plenário apinhado, sem nenhum esquema de segurança. O máximo de preocupação era com os apupos contra ou a favor dos votos dos ministros. Quando o tribunal se mudou para Brasília, em abril de 1960, nem essa preocupação existia. O prédio ficava no canto da praça dos Três Poderes, com passagens restritas (hoje o trânsito nas vias que o circundam é muito mais intenso devido à construção de novos acessos e edifícios para abrigar tribunais e conselhos). Nos fins de semana e à noite, reinava um silêncio absoluto.

Os ministros viviam em apartamentos funcionais ou casas alugadas, sem necessidade de segurança ou cuidado extraordinário. Iam trabalhar dirigindo o próprio carro; mais tarde, motoristas do Supremo iam apanhá-los. Mas no início dos anos 1960 o STF teve, pela primeira e única vez, um de seus integrantes sequestrado.

Em 1963, o tribunal julgaria se sargentos poderiam se candidatar a cargos eletivos. A conclusão do plenário, negando a pretensão às urnas da categoria, provocou a revolta dos praças. Os militares se rebelaram e fecharam um dos acessos ao aeroporto de Brasília, caminho obrigatório para o ministro Victor Nunes Leal no trajeto de sua casa para o tribunal. Quando seu carro foi parado, ele se identificou, pedindo para ser liberado porque precisava dar expediente no STF. Era um prêmio para os manifestantes, que estavam justamente revoltados contra o Supremo. O ministro permaneceu sob a guarda da tropa até que o movimento fosse debelado. Na ocasião, o jornal *Luta Democrática*, de 13 de setembro de 1963, trouxe na primeira página: "A revolta foi contra o Judiciário".

Durante a ditadura militar, a estratégia de grupos de esquerda que aderiram à luta armada de sequestrar autoridades atemorizou os ministros. Convocou-se uma reunião administrativa para discutir a situação, pois havia quem receasse que eles pudessem ser vítimas de sequestro. O Supremo, que nessa época só contava com os préstimos de um policial militar — ao mesmo tempo segurança e porteiro —, pediu reforço ao Exército. Pedido negado. Mas na verdade os ministros não corriam nenhum risco de sequestro por militantes de esquerda. Somente em 1969, alguns deles, recém-cassados, se tornaram alvos, mas dos militares. Foi o caso de Evandro Lins e Silva, Victor Nunes Leal e Hermes Lima, que deixariam Brasília diante da violência institucional a que foram submetidos. Contudo, os sucessivos telefonemas para a casa dos três indicavam que os militares e os aparelhos de repressão poderiam interceptá-los e levá-los para "registro". A intervenção junto ao governo do então decano da Casa, Luiz Gallotti, garantiu a incolumidade dos três.

Na década de 1990, as sessões se tornaram mais tumultuadas e a segurança entrou na pauta das preocupações dos ministros do

Supremo, mas nada que alterasse a rotina deles. Quando o julgamento do presidente Fernando Collor de Mello estava sendo preparado, o ministro Ilmar Galvão recebeu uma carta anônima. Havia quem apostasse que ele, por ter sido indicado por Collor, votaria para absolvê-lo de qualquer acusação. Dentro do envelope, uma folha com letras recortadas de diferentes jornais e revistas (como uma cena de cartum) lhe fazia uma expressa ameaça de morte. O ministro pegou o papel e o guardou. O que fez para se resguardar? "Nada, não fiz nada", ele disse. E a ameaça tampouco se realizou.

O anonimato dava aos ministros o privilégio de serem reconhecidos apenas nos círculos de poder. Nos fins de semana, podiam voltar para casa ou viajar sem risco de serem importunados por alguém que quisesse lhes passar uma descompostura em razão de algum julgamento. Moreira Alves, o mais notório dos ministros das décadas de 1980 e 1990, e também o mais aguerrido entre os magistrados em plenário, nunca foi abordado em aeroportos ou na rua por quem discordasse de uma de suas decisões conservadoras.

Quando o projeto da TV Justiça foi encampado por Marco Aurélio, alguns de seus colegas temeram pela espetacularização dos julgamentos e os impactos que a transmissão poderia gerar na vida e na segurança deles. O mesmo Ilmar Galvão que havia recebido a ameaça de morte dizia que, nos fins de semana, gostaria de voltar para seu apartamento no Rio sem receio de que seus habeas corpus pela manutenção do encarceramento de um traficante lhe fossem cobrados com violência. Mas os apelos e as críticas não barraram o projeto. E os ministros passaram a ser reconhecidos pelo público.

A cobertura jornalística do STF mudou, se democratizou, se popularizou. Ministros começaram a dar mais entrevistas. O tribunal, que já merecia atenção e espaço nos jornais, vinha figurando como protagonista na cena política. A partir de 2002, com a chegada de Gilmar Mendes, e de 2003, com a saída de Moreira Alves, a âncora conservadora, além do ingresso de ministros indicados por Lula, o tribunal também mudou sua cara juridicamente.

O termo "ativismo judicial", nunca antes empregado por senadores para questionar o comportamento de candidatos ao STF em suas sabatinas, virou chavão a partir de então. O Supremo passava a ser visado e, por consequência, seus ministros seriam cobrados por seus votos e opiniões.

Eros Grau foi dos primeiros a sentir os efeitos da mudança. Depois de votar pelo reconhecimento de que a Lei de Anistia beneficiara agentes de Estado acusados de tortura, o ministro seguiu para o aeroporto, acompanhado da mulher. "Veio uma maluca gritando: 'Aí, está protegendo torturador'", lembrou aos autores.

Emergia uma coisa nova. E os ministros precisavam tomar suas precauções. Num primeiro momento, a preocupação não era que a crítica fosse uma antessala da ameaça ou de algum ato de violência: juízes, pelo ofício que exercem, não querem se ver acossados por suas opiniões jurídicas. Mas depois essa também passou a ser uma inquietação.

Quando se aposentou, Eros Grau se disse — também pelo que passou — contrário às transmissões de sessões pela TV Justiça. Mas os argumentos que ele verbalizou alarmaram seus antigos colegas de tribunal. "Isso só vai acabar [as transmissões] no dia em que um maluco que se sentir prejudicado agredir ou der um tiro num ministro. Isso pode acontecer em algum momento. Até que isso aconteça, haverá transmissão. Depois não haverá mais", disse em entrevista à imprensa. A simples menção a essa possibilidade, reclamaram ministros, poderia servir de inspiração a malucos de plantão.

Entrar no prédio do Supremo era fácil. Para acompanhar a sessão do plenário, bastava a pessoa se identificar e pronto. Não havia detectores de metal ou qualquer dispositivo de segurança. Do lado de fora, seguranças portavam revólveres com os quais, alguns diziam, nunca puderam dar um tiro num estande de treinamento. Abre-se uma brecha para acidentes — uma das agentes de segurança, sem saber manejar a arma que portava no coldre, deixou-a destravada e, por acidente, disparou um tiro contra uma das lixeiras do prédio em plena luz do dia. O Supremo, evidentemente, era vulnerável.

A tarefa primordial dos poucos seguranças que ficavam no plenário era chamar a atenção de quem ia assistir às sessões e acabava cochilando durante a leitura dos votos. Dormir no plenário não era permitido. Também ficavam atentos para que não tirassem fotos durante as sessões ou à altura das saias das visitantes. E o alerta máximo tocava quando alguém atendia ao celular, interrompendo os votos. A pessoa era logo convidada a continuar a conversa do lado de fora.

Quando o caso do terrorista italiano Cesare Battisti começou a ser julgado, diante da sensibilidade política do tema e da paixão que provocava em grupos de esquerda, o tribunal teve uma mostra de sua fragilidade. Um grupo de mulheres, já de certa idade, ergueu-se no começo da sessão, abriu faixas em defesa de Battisti e começou a gritar pela liberdade do réu. Elas se recusaram a sair ou parar de gritar. E os seguranças expulsaram-nas à força. Lá dentro, os ministros não comentaram o ocorrido. Mas ficou claro que o tribunal precisava se adequar à nova realidade.

Carlos Alberto Menezes Direito — que ficou no STF por pouco tempo, vitimado por um violento câncer no pâncreas — às vezes agia como um bedel dos bons costumes. Quem fosse falar com ele deveria agir com a maior compostura. Certa ocasião, vendo um advogado que se esparramava na cadeira, na primeira fila, fez um sinal com os olhos para um dos seguranças abordá-lo e pedir que sentasse corretamente. Em outra, mandou um dos agentes de segurança abotoar o paletó. Com educação, o segurança negou-se a cumprir a ordem. O ministro, surpreso com o atrevimento, perguntou por que ele não lhe obedecera: "Porque se alguém vier ameaçar o senhor, até que eu abra o paletó para pegar a arma, o senhor já estará morto", disse o agente. "Vocês andam armados?", o ministro perguntou, surpreso. Sim, havia sido uma decisão recente.

No julgamento do mensalão, com a expectativa de que centenas de pessoas quisessem acompanhar presencialmente as sessões, montou-se um esquema para evitar que se repetisse o tumulto ocorrido no caso Battisti. Limitaram-se as vagas no plenário, aumentou-se o número de cadeiras extras. A fim de prevenir dissabores, as cadeiras foram amarradas umas às outras, para que ninguém as arremessasse contra os ministros.

Foi então que Ayres Britto passou a andar com um segurança armado. E outros juízes o imitaram. Ricardo Lewandowski também teria de se adaptar à nova realidade. No final do ano, depois de sessões do esquema do mensalão petista, o ministro foi comprar um presente num shopping do centro. Chegou cedo, para evitar muito movimento. Mesmo assim, logo que entrou ouviu algumas descomposturas e precisou ser retirado às pressas por um assessor — que se tornou uma espécie de segurança do ministro.

O cenário de polarização política incluía o Supremo. Se antes não se associava o ministro ao presidente que o havia indicado, hoje essa referência é obrigatória, como a sugerir sua vinculação a um determinado governo.

A interferência do tribunal na política e as suspeitas de sua politização — mesmo que exploradas pelas redes sociais ou misturadas a notícias deliberadamente falsas — passaram a expor os ministros como nunca até então. A TV Justiça ou a cobertura dos jornais não eram a fonte primeira para o "escracho": memes, postagens no WhatsApp, no Telegram, com suas edições maliciosas, atingiram todas as camadas da população, até mesmo aquelas alheias à política e a temas judiciários.

Alguns juízes já não podiam andar sem segurança, em Brasília ou no exterior. Um simples almoço num restaurante passou a ser precedido de uma incursão de dois agentes que permanecem no local o tempo todo, mesmo afastados, de olho no movimento das outras mesas. Uma caminhada sozinho perto de casa, num domingo qualquer, foi inviabilizada. Na casa ou apartamento em que moram, seguranças armados se postam nos pilotis, avaliando quem chega e quem sai. Um simples serviço de troca do aparelho de TV a cabo é acompanhado de perto, para garantir que nenhum aparelho de escuta será maliciosamente instalado.

E mesmo nas férias, fora do país, o cuidado é permanente e a rotina teve de ser alterada. Fux, que costumava ir a Nova York, já não frequenta o bar com rock ao vivo do qual era freguês, dada a proximidade das mesas.

Nos deslocamentos aéreos, os magistrados são sempre posicionados longe do corredor, continuamente acompanhados de seguranças disfarçados. No Rio de Janeiro e em São Paulo, carros blindados são alugados para o trânsito corriqueiro, com exigências bem específicas. Se os veículos forem equipados com dispositivos de bloqueio automático de ignição, corte de corrente ou combustível em caso de colisão, todos deverão ter seus sistemas desativados durante todo o período da locação, inclusive os dispositivos de bloqueio por satélite ou outro sistema de rastreamento à distância, de modo a não impedir a fuga com o veículo em caso de colisão ou abalroamento proposital.

A cada ministro é designada uma "célula de segurança". A segurança é de 24 horas por dia, efetuada em turnos de quatro horas de mulheres e homens armados com pistolas .380. Trata-se de um grupo preparado para a segurança de dignitários, do qual participam quatro faixas pretas de jiu-jítsu que treinam no subsolo do STF, numa academia com tatame. Aulas de krav magá (defesa pessoal israelense), instrução de tiro e direção defensiva também fazem parte do pacote.

Parcela do arsenal da segurança do STF é composta de fuzis M16 com mira laser. Cada ministro é classificado numa escala de cores que sinaliza alvos com maior ou menor exposição a risco. Rosa Weber, a discreta magistrada, em 2022 viu-se catapultada da categoria "laranja" para a "vermelho". Moraes sempre foi "vermelho".

A visibilidade de ministros de supremas cortes trouxe junto a vulnerabilidade. Nos Estados Unidos, o Congresso aprovou previsão de despesas extras com a segurança dos *justices* e de seus familiares. Em junho de 2022, a polícia prendeu no meio da noite um suspeito armado que viajara de um lado a outro do país para assassinar o juiz Brett Kavanaugh. À polícia, o homem disse estar "com raiva" das decisões da Corte americana em casos que mudaram a jurisprudência referente ao direito ao aborto e ao uso de armas.

Hoje o STF conta com uma estrutura de câmeras que possibilita emitir relatórios com horário, data, local do acesso e credencial de quem acessou uma porta, catraca ou cancela. Há ainda kits para controle de distúrbio civil, compostos de armadura de proteção corporal completa (membros e tórax), capacete e escudo. As armaduras são revestidas de um material capaz de retardar chamas e contra-ataques de coquetéis molotov. Todo esse arsenal, operações de inteligência e softwares de vigilância de potenciais ofensores são essenciais à segurança dos ministros e do Supremo. Mas, como mostrou o 8 de janeiro, esse é um tópico que deve preocupar todas as instituições.

Para ampliar o perímetro de proteção ao STF, foram adquiridos 2500 metros de gradis de isolamento e contenção, não sem antes haver uma disputa judicial com o MPF. A Procuradoria e o Iphan argumentavam que a instalação da barreira feria o tombamento da praça dos Três Poderes. Na sentença de primeira instância, a

Justiça Federal entendeu que razões de ordem prática justificariam as cercas, "especialmente devido ao crescente açodamento da política nacional". Na decisão, registra-se que era de conhecimento geral que em várias oportunidades houve enfrentamentos das forças de segurança e "tentativa de invasão, pichação e depredação dos prédios".

O Ministério Público recorreu, pedindo que as grades fossem instaladas e retiradas antes e depois das manifestações. O procedimento demoraria quatro horas, inviabilizando "a instalação num prazo reduzido diante de aglomerações de grupos organizados ou de ações individualizadas, cada vez mais inopinadas". Apenas em 6 de abril de 2022 o plenário da Justiça Federal decidiu pela manutenção das grades, afinal estava "demonstrada a situação de excepcionalidade noticiada nos autos, revelada pela reiterada e constante deflagração de movimentos sociais de notória hostilidade às instituições públicas, notadamente em relação aos membros do colendo Supremo Tribunal Federal".

7. Dez por cento

Flávio Bolsonaro usava uma máscara cirúrgica preta quando chegou ao plenário da Comissão de Constituição e Justiça. No Senado, o uso das máscaras era obrigatório. Um senador, Major Olimpio, havia morrido de covid-19. As conversas entre os senadores — em volume ampliado em razão da necessidade de manter uma distância segura — criavam uma neblina sonora no ambiente fechado. A barreira visual, que não permitia ler os lábios, e o pavoneio dos senadores resguardaram o comentário que o filho do presidente fez ao pé do ouvido de André Mendonça quando sua sabatina para uma vaga no Supremo Tribunal Federal estava começando. Ele se aproximou para cumprimentar o candidato e sussurrou: "Não precisa se levantar. É só para as câmeras registrarem".

O momento carecia de testemunhas. Porque nos quatro meses que separaram a indicação de Mendonça e a sabatina, o senador trabalhou com afinco contra a escolha do pai. Fosse defendendo, junto a Bolsonaro, que retirasse a indicação e escolhesse outro nome, fosse construindo barreiras para que Mendonça fosse rejeitado. Seus problemas na Justiça, com investigações sobre esquema de corrupção na Assembleia Legislativa do Rio de Janeiro, levaram-no a defender a indicação de alguém que, em troca, prometesse salvá-lo, alguém que ele acreditasse disposto a resolver a sua vida uma vez sentado à bancada do STF. Seu candidato era Augusto Aras, o procurador-geral da República.

Embora integrasse o governo desde o primeiro dia, André Mendonça não lhe inspirava confiança. O passado na Controladoria-Geral da União, como assessor especial durante o governo Michel Temer, firmando acordos para punir empresas envolvidas nos escândalos de corrupção desvendados pela Operação Lava Jato, sugeria que, uma vez no tribunal, ele poderia se alinhar à bancada que impusera derrotas à classe política na seara criminal. Daí sua preferência por outro perfil, e ele dizia isso ao pai. Jair Bolsonaro bem que queria proteger a si e aos filhos, pois suspeitava que, caso não fosse reeleito, seu destino seria definido pelo Judiciário. Mas ele havia assumido um compromisso.

Em maio de 2019, quando participava da 46ª Assembleia Geral da Convenção Nacional das Assembleias de Deus, Ministério Madureira, em Goiânia, Bolsonaro perguntou: "Será que não está na hora de termos um ministro do Supremo Tribunal Federal evangélico?". No dia 10 de julho, num culto na Câmara dos Deputados e depois em sessão solene em homenagem aos 42 anos da Igreja Universal do Reino de Deus (IURD), comprometeu-se — agora sem interrogações — a escolher para o STF alguém da religião. "Reafirmo o meu compromisso aqui. O Estado é laico, mas nós somos cristãos. Entre as duas vagas que terei direito a indicar para o Supremo, um deles será terrivelmente evangélico." Cinco dias depois, e dois anos antes de a vaga no STF ser aberta, Bolsonaro revelou seu candidato em outra sessão solene na Câmara, dessa vez em homenagem ao aniversário do Comando de Operações Especiais do Exército: "Prezado ministro-chefe da Advocacia-

-Geral da União, André Mendonça", faz uma pausa breve e sorri como se cometesse uma inconfidência: "... um ministro terrivelmente evangélico".

Bolsonaro estava amarrado a esse compromisso. Teria de escolher um evangélico para o Supremo. E o seu nome de preferência, naquelas circunstâncias de 2019, era André Mendonça. Se quisesse se desvencilhar de sua promessa ou pensar em nomes diferentes, teria consequências a enfrentar, algumas das quais confessadas abertamente pelas lideranças evangélicas. A cena protagonizada por Flávio para as câmeras da TV Senado durante a sabatina era a demonstração cabal de que ele e seu pai não tiveram alternativa. Bolsonaro se tornou refém de sua incontinência verbal.

André Mendonça foi apresentado a Jair Bolsonaro ainda no governo de transição, por intermédio de Wagner Rosário — seu colega na CGU naquele período —, que levou seu nome ao principal assessor de Bolsonaro, Jorge Oliveira. Mendonça foi ao Centro Cultural Banco do Brasil, sede do governo de transição, em novembro de 2018, para uma reunião com Bolsonaro, e mais o general Augusto Heleno, Jorge Oliveira, Célio Faria Júnior, que seria assessor-chefe da Presidência, e Pedro Cesar Nunes Ferreira Marques, nomeado chefe de gabinete de Bolsonaro no começo do governo.

A primeira pergunta que Bolsonaro fez a Mendonça foi sua idade: "Você já está com mais de quarenta?". Mendonça, nascido em 27 de dezembro de 1972, passou pelo primeiro critério constitucional: ter mais de 35 anos. Bolsonaro então faz um movimento com a cabeça, como se pedindo ao interlocutor para se apresentar. Mendonça disse que o governo teria três grandes desafios. O primeiro, na área econômica, com o baixo crescimento dos últimos anos, as contas públicas frágeis e as dificuldades do presidente em implementar seu plano de campanha, com venda de estatais e redução do Estado. O segundo, político, porque Bolsonaro queria romper a lógica do presidencialismo de coalizão e seria um desafio encontrar um substituto — aprovar esse plano sem uma base parlamentar coesa e bem definida seria difícil. O terceiro, o desafio jurídico: mesmo com apoio político, mesmo que medidas voltadas à economia fossem baixadas, Bolsonaro precisaria enfrentar disputas em torno de sua agenda no Supremo. Daí a necessidade de uma Advocacia-Geral da União forte e atuante. Mendonça sabia que o presidente tinha uma "agenda de costumes" a ser implementada, com propostas que enfrentariam resistência de um Supremo que vinha se notabilizando por decisões progressistas.

O candidato à AGU então sugeriu que essa agenda ficasse para um segundo momento, já que o STF respaldaria medidas econômicas liberais, mas imporia resistência a propostas conservadoras relacionadas a direitos individuais e garantias constitucionais — a tal pauta de costumes. Misturar as duas agendas seria pedir para sofrer derrotas. Bolsonaro ouvia tudo calado. "Estou falando demais, presidente?", teria perguntado Mendonça. Ao que o presidente simplesmente respondeu: "Você está num bom jóquei". Vendo no outro a expressão de dúvida, Bolsonaro explicou: "Você não é da área militar, não é? A expressão 'bom jóquei' a gente usa quando o cara tá indo bem". Augusto Heleno e os demais fazem algumas perguntas, mas Bolsonaro só ouve. Então o presidente se dirige a todos: "E aí?". Mendonça pergunta se deve deixar a sala para que ele discuta com seus assessores. "Não, fica aí." Jorge Oliveira então rompe o silêncio e diz que André Mendonça era o nome do grupo. Um a um, todos referendam o nome de Mendonça, e aí Bolsonaro, enfatizando a marca do novo governo, da comunicação direta com o povo em rede, diz: "Prepara o tuíte do rapaz aí. É o novo advogado-geral da União".

Naquele mesmo dia, horas depois, Bolsonaro iria se reunir com lideranças e parlamentares evangélicos que queriam um evangélico para o primeiro escalão do governo. Como aquele era o assunto do momento, Mendonça, ainda na sala, achou por bem avisar Bolsonaro. "Presidente, apenas para o senhor saber, eu também sou evangélico, sou pastor da Igreja presbiteriana." Mas Bolsonaro o interrompeu: "Você não entra nessa cota".

Mendonça assumiu a AGU quando a estrela do governo no campo jurídico era Sergio Moro. O ex-juiz federal que comandou a Lava Jato foi anunciado ministro da Justiça no primeiro grande fato político depois das eleições. Ele seria a demonstração do compromisso de Bolsonaro em combater a corrupção tão enfaticamente atribuída aos governos anteriores do PT. E mandava uma mensagem subliminar para a classe política: Moro era uma arma engatilhada que o presidente punha na mesa. Poderia ser usada contra inimigos, valendo-se para isso da Polícia Federal — subordinada ao Ministério da Justiça — para investigar adversários e quem mais se antepusesse aos projetos. Bolsonaro nunca disse isso nem demonstrou que o faria, mas a classe política, diante das ações da Lava Jato, tinha a convicção de que isso aconteceria com Moro no comando do ministério.

O meio político, da esquerda à direita, sequelado pela Lava Jato, incorporaria ao artigo 101 da Constituição — que estabelece os requisitos aos candidatos a uma vaga no STF, como idade, notável saber jurídico e reputação ilibada —, um parágrafo único, tácito: ser crítico da operação.

Numa das primeiras reuniões ministeriais, todos os assuntos jurídicos eram direcionados a Moro, dada a sua proeminência na equipe, mesmo que a maioria não fosse de sua atribuição. Ele dava seus pitacos, mas por deferência fazia gestos para que consultassem André Mendonça. Era evidente que uma vaga no STF seria de Moro. A outra entraria na disputa tradicional — com ministros do STJ se candidatando abertamente, desembargadores dos tribunais de Justiça ou dos tribunais regionais federais fazendo de tudo para pular degraus, advogados se voluntariando para ajudar o governo e seus integrantes e assim angariar credores. Mendonça só seria lembrado como um supremável porque o STF tinha em sua composição na ocasião dois ex-advogados-gerais da União, Gilmar Mendes, indicado por FHC, e Dias Toffoli, nomeado por Lula. A AGU, assim como a PGR foi no passado, é um passaporte que garante ao menos um lugar na fila para o tribunal.

Na defesa de um governo que se propunha reformista e liberalizante, como prometeu Bolsonaro, o AGU é uma figura estratégica, como foi Gilmar Mendes no governo FHC ao enfrentar as batalhas judiciais para reformar o Estado. Mendonça teria uma vantagem em relação a Mendes. Primeiro: ele encontraria um ambiente propício para uma agenda liberal. Da composição do STF, apenas três ministros — Rosa Weber, Ricardo Lewandowski e Edson Fachin — se opunham à ideologia liberal quanto à economia. Os demais estavam em sintonia com a agenda proposta pelo governo, com redução do Estado, privatizações e reformas estruturantes, como a trabalhista, da Previdência e administrativa. Simpatizavam com Paulo Guedes, escolhido para a pasta da Economia. Segundo: o Supremo já era um tribunal sensível aos argumentos do governo e disposto a ajudar o Executivo, dando decisões importantes para a governabilidade do país. A composição com a qual Bolsonaro teria de lidar era ainda mais consciente dos desafios e propensa a contribuir para a condução dos assuntos do governo. E terceiro: o presidente do tribunal, Dias Toffoli, além da disposição de manter pontes com o governo recém-eleito, vinha da AGU e fora chefe direto de André Mendonça entre 2007 e 2009, inclusive nomeando-o para postos de direção dentro do ministério.

Faltava a Mendonça conquistar a confiança dos ministros do STF. Mas isso poderia ser sanado no dia a dia, com os despachos junto aos ministros, a lealdade nos processos (ou seja, não esconder o que de fato o governo queria em cada caso em disputa) e o respeito. O governo tem peso no STF, consegue ser ouvido e sempre obtém vitórias importantes, mesmo em questões controversas, independentemente da orientação ideológica do Executivo. E o AGU, representante dessa força institucional que é o governo, tem portas abertas no tribunal. Só precisa saber usá-las e mantê-las. O desafio de Mendonça não era cultivar a boa relação com os ministros ou defender os interesses da União nos julgamentos: o que lhe causava problemas era a guerra interna do governo.

Esse transtorno também seria enfrentado por seus sucessores. Bolsonaro estava cercado de AGUs, diria Bruno Bianco, que sucedeu Mendonça no cargo. Cercado não de outros advogados-gerais da União, mas de "agitadores-gerais da União". Um despacho do advogado da União com o presidente para definir a solução pacífica para um conflito jurídico em curso no Supremo ou mesmo com o STF podia ser sucedido pelas manifestações raivosas dos agitadores-gerais que despachavam no Palácio do Planalto ou acessavam o presidente pelo WhatsApp. Bolsonaro então mudava de ideia, e o STF teria de repetir todo o discurso já feito para, de novo, convencer o presidente a não agravar as crises ou optar pelo caminho do conflito infrutífero.

No primeiro ano de governo, um assunto caro à base ideológica de Bolsonaro bateu na AGU. Uma lei do município de Londrina, aprovada em 2018, proibia "a adoção, divulgação, realização ou organização de políticas de ensino, currículo escolar, disciplina obrigatória, complementar ou facultativa, ou ainda atividades culturais que tendam a aplicar a ideologia de gênero e/ou o conceito de gênero". A ação foi distribuída para o ministro Barroso, que concedeu liminar suspendendo a lei municipal em dezembro de 2019 e depois intimou a AGU a se manifestar sobre a constitucionalidade ou inconstitucionalidade da lei.

O tema da doutrinação nas escolas estava por trás de uma das principais fake news espalhadas pela campanha pró-Bolsonaro em 2018. Quando Fernando Haddad era o titular do Ministério da

Educação, um material didático que serviria para combater o preconceito nas escolas foi descaracterizado pelas redes conservadores e ganhou dos detratores o apelido de kit gay. Era uma lei municipal, mas que seus apoiadores gostariam de ver aplicada em todo o país — o assunto, aliás, era um dos preferidos do presidente. Mas havia uma questão técnica que se sobrepunha à discussão sobre o mérito da lei, à disputa ideológica em torno do tema. Conforme a Constituição, compete apenas à União legislar sobre as diretrizes e bases da educação. Ao tratar do assunto, o município violara a competência da União. A lei era portanto inconstitucional.

Mendonça disse a Bolsonaro que defenderia no Supremo a inconstitucionalidade da lei em razão desse argumento jurídico. E o convenceu do acerto dessa posição quando lembrou que decisões em sentido oposto poderiam ser tomadas em prefeituras comandadas por partidos de esquerda. Se a União dividisse a sua competência privativa para definir as diretrizes da educação, a esquerda poderia estabelecer seus próprios critérios. Mendonça enviou ao Supremo manifestação nesse sentido. E em seguida os agitadores foram ao presidente criticar a posição da AGU. Mendonça teve de repetir os argumentos para então o governo virar a página. Mas a ala ideológica nunca se esqueceria desse caso.

Para se equilibrar no cargo diante das crises do Executivo com o Supremo, para evitar o fogo interno e permanecer no governo (o que consequentemente lhe garantiu vaga na lista de supremáveis), Mendonça fez concessões, aceitou adotar determinadas posturas e defender decisões controversas no clima anti-STF que o presidente alimentou durante os quatro anos de mandato. André Mendonça se fiava à contabilidade para justificar suas ações: o que ele fazia era muito menos relevante do que ele ajudava o governo a não fazer. Na sua conta, mais relevante do que a adesão às pautas bolsonaristas eram as crises que ajudava a contornar ou os discursos e decisões conflituosas que os "agitadores-

-gerais da União" tentavam convencer o presidente da República a patrocinar.

Ministros do Supremo tinham ciência desse desafio de Mendonça e daqueles que o sucederam no cargo, mas nem por isso o eximiram de críticas. Para alguns, ele foi longe demais ao conviver e sustentar juridicamente o governo — como a defesa que fizera da abertura de igrejas durante a pandemia, o habeas corpus impetrado em favor do então ministro da Educação, Abraham Weintraub, que xingou integrantes do STF, o uso da Lei de Segurança Nacional contra críticos de Bolsonaro. Porém, reconheceram a postura de pacificação e colaboração com o tribunal quando Mendonça se tornou ministro da Justiça, depois do pedido de demissão de Sergio Moro.

Logo depois de assumir a pasta, ele foi surpreendido pela existência de dossiês produzidos pelo ministério contra servidores públicos federais e estaduais, sobretudo professores, tidos como adversários ou críticos ao governo. O Supremo foi acionado para proibir a utilização da máquina pública para ações de investigação e perseguição a esses servidores. A ministra Cármen Lúcia, duas semanas depois de receber o processo em seu gabinete, liberou o caso para julgamento e o apresentou diretamente ao plenário para uma decisão rápida. Era mais um caso fácil para o Supremo, a uni-lo, tamanha a aberração da ação estatal. O STF aproveitava esses momentos de alinhamento natural para verbalizar para a opinião pública e deixar registradas em seus acórdãos as censuras ao governo. "A República não admite catacumbas. A Democracia não se compadece com segredos. Direitos fundamentais não são concessões estatais, são garantias humanas conquistadas antes e para além do Estado. Seu objeto é possibilitar o sossego pessoal e a dignidade individual", enfatizou a ministra Cármen Lúcia nesse julgamento. "É que 'o poder arbitrário, sem o freio das leis, exercido no interesse do governante e contra os interesses dos governados, [...] o medo como princípio da ação traduzem, no dizer de Hannah Arendt, as marcas registradas da tirania", criticou Rosa Weber.

"A Administração Pública não tem, nem pode ter, nenhum ministério tem, nem pode ter, o pretenso direito de listar inimigos do regime. Só em governos autoritários é que se podem cogitar essas circunstâncias", também disparou Fachin. "Uma investigação enviesada, que escolhe pessoas para investigar, revela uma inegável finalidade intimidadora no próprio âmbito de investigação", cravou Luiz Fux. Toda essa máquina de inteligência voltada contra a liberdade de expressão e de pensamento estava operando no Ministério da Justiça, que acabava de passar ao comando de Mendonça. Na definição de responsabilidades, era evidente que quem deveria responder pelos fatos era quem estava no comando do ministério quando essa operação foi iniciada, ou seja, Sergio Moro.

Para além desse fato objetivo, Mendonça também contava com a compreensão do tribunal e com o benefício de já ter estabelecido pontes com o Supremo e demonstrado sua disposição de atuar como um advogado-geral de Estado e não de governo — ao menos até aquele momento. Na pandemia, como se viu, a confiança trincou. André Mendonça, que chegou a falar com Bolsonaro sobre entregar o cargo diante do escândalo, ouviu dos ministros do Supremo votos de confiança que, lá na frente, seriam importantes para o sucesso de sua indicação. Todos recusaram o pedido feito pela Rede para que um inquérito fosse aberto contra Mendonça por suposta responsabilidade pela elaboração dos dossiês. Como justificou o ministro Edson Fachin,

> Desde que essa matéria chegou aos nossos gabinetes, ao menos ao meu gabinete, pelo Tribunal, ao contrário, o senhor ministro da Justiça e Segurança Pública, dr. André Mendonça, tem prestado

importantes informações nesta matéria. [...] Sabe-se, bastando folhear os periódicos do dia 24 de abril deste ano. E, portanto, não era ainda ministro da Justiça o dr. André Mendonça.

"Também pude entender dos elementos, além da má qualidade, como bem observou o ministro Alexandre de Moraes, que o ex-advogado-geral da União dr. André Mendonça não teve qualquer ligação com esses eventos, porque os fatos seriam anteriores à sua própria designação", reforçou o ministro Luís Roberto Barroso. E Luiz Fux enfatizou:

> Também aqui, é preciso, até por uma questão de justiça da nossa jurisdição, verificar, efetivamente, como já se explicou e remeteu toda a documentação ao Supremo, a total isenção do ministro André Mendonça, que não foi o artífice deste documento que tem a denominação de relatório de inteligência.

"Dou testemunho de quem conhece esse servidor público da maior qualidade há vinte anos. Como presidente do Supremo Tribunal Federal, registro a atuação de sua excelência: atuou da maneira mais correta que pôde e deu toda a transparência a este Supremo Tribunal Federal", asseverou Dias Toffoli.

O compromisso de Bolsonaro com os evangélicos, a disposição em ajudar o governo, assumindo o Ministério da Justiça depois da crise gerada pela saída de Moro, a expressão de confiança de ministros do Supremo, tudo levava a acreditar que naquele momento sua indicação para o STF, a primeira de Bolsonaro, seria relativamente tranquila. Em outubro de 2020, três meses antes de a vaga no Supremo ser oficialmente aberta, Bolsonaro convocou Mendonça e Jorge Oliveira a seu gabinete. Se Mendonça era o "terrivelmente evangélico" na hora certa e no lugar certo, Jorge Oliveira era o homem de confiança de Bolsonaro e foi o primeiro interlocutor do novo governo com o Judiciário, ainda durante a transição.

Depois da saída de Sergio Moro, os dois se tornaram os nomes naturais para as duas vagas que seriam abertas no STF com as aposentadorias de Celso de Mello e, depois, de Marco Aurélio Mello. Bolsonaro queria avisar que, para a primeira vaga, ele não indicaria nenhum dos dois: já tinha um nome na cabeça. Um candidato que não estava sendo aventado por ninguém. Mesmo no sigilo de seu gabinete e diante de dois subordinados de confiança, Bolsonaro não revelou quem era. Os dois, obviamente, não se atreveram a perguntar. "Não vou dizer para vocês porque quero esse nome fora do radar", explicou o presidente.

A escolha do piauiense Kassio Nunes Marques passa por Flávio Bolsonaro e seus problemas judiciais. A convivência em fins de semana para despretensiosamente assistir a jogos de futebol — Marques é flamenguista; Bolsonaro, palmeirense — estreitou a relação entre o presidente da República e o juiz do Tribunal Regional Federal da 1ª Região, em Brasília, alçado de uma advocacia de projeção apenas no seu estado para a magistratura pela então presidente Dilma Rousseff com o apoio de Wellington Dias, também petista e na época governador do Piauí. "Tinha uns dez currículos na minha mesa. Eu ia optar por um. E eu até falei: olha, esse cara tem que tomar uma cerveja ou tubaína comigo. Eu não vou indicar um cara só pelo currículo. Vai chegar lá, vai ser o dono de si", disse Bolsonaro. "Ele tem que ser independente, tudo bem, mas ele tem que ter essa afinidade comigo, que ele tem através da tubaína ou da coca-cola", acrescentou. A indicação de ministros para o STF, que não podem ser demitidos nunca (eles só deixam o tribunal se sofrerem impeachment pelo Senado), é a mais singular para um presidente, quando o acerto ou erro da escolha acompanhará o mandato presidencial a lembrá-lo da decisão. Bolsonaro não prestigiava a independência judicial, o que ele procurava era confiança. Não que seja sequer raro um presidente nomear alguém de suas relações ou de extrema confiança. Fernando Henrique Cardoso nomeou Nelson Jobim, seu ministro da Justiça; Lula indicou Toffoli, então AGU; Michel Temer escolheu Alexandre de Moraes, seu ministro da Justiça. E Lula, de novo, indicou alguém de suas relações, Cristiano Zanin, seu advogado na Lava Jato, para a vaga aberta com a aposentadoria de Lewandowski em abril de 2023. Mas Bolsonaro, por seu comportamento imoderado, expressou algo que nenhum presidente da República ousou dizer: que estava indicando ministros do Supremo com objetivos políticos.

A escolha de Nunes Marques não desencadeou resistências severas (as ressalvas viriam depois de empossado). Em parte pelo efeito surpresa — Bolsonaro manteve sigilo até a última hora —, em parte porque as expectativas criadas eram as piores possíveis — alguns assessores defendiam uma figura ideológica, radical e sem os requisitos para o cargo, como a deputada Bia Kicis ou Arthur Weintraub, irmão do ministro da Educação. Nunes Marques, o Gordinho, como os mais próximos o chamam, era uma personagem lisa, que voava sob o radar.

No dia 29 de setembro de 2020, Bolsonaro pediu a Davi Alcolumbre, presidente do Senado, que telefonasse a Gilmar Mendes e lhe dissesse que queria apresentar o indicado ao Supremo; o presidente estava disposto a ir à casa do ministro para anunciar o nome pessoalmente. Chamaria Toffoli também. Quando Bolsonaro chegou à casa de Mendes, junto com Nunes Marques, a reação do anfitrião foi positiva. O indicado já estivera com o ministro semanas antes, no gabinete dele. Fora levado pelo filho de Mendes, Francisco Schertel, a quem amigos do desembargador haviam pedido ajuda em sua campanha por uma vaga no STJ.

A indicação foi uma surpresa para ele também. Era conhecido dos círculos de poder entrelaçados que compõem o sistema brasiliense — que podem funcionar como uma cama elástica para pretendentes a cargos — como alguém que pretendia alcançar o STJ e não o Supremo.

A surpresa de Gilmar Mendes foi essa. Logo depois da reunião, ele telefonou para o filho: "Você me trouxe o Kassio para ser ministro do STJ e agora ele vai ser meu colega". Nunes Marques, por sua vez, telefonou a um amigo, o advogado Marcus Vinicius Furtado Coêlho, para pedir ajuda com os senadores. A notícia foi recebida com certo ceticismo: "O Bolsonaro não tá com pegadinha com você, não?". Quando ele explicou que já tinha sido apresentado como indicado para dois ministros do Supremo e para o presidente do Senado, o amigo se convenceu de que não estava sendo vítima de um trote.

Nunes Marques já integrava o TRF, portanto tinha alguma experiência na magistratura. Não era um "bolsominion", o que já era de bom tamanho, pensava Gilmar Mendes. Toffoli teve reação semelhante. Como presidente do Conselho Nacional de Justiça, ele havia mantido conversas com Nunes Marques, que, àquela altura, era vice-presidente do TRF. O indicado era alguém do mesmo habitat, um pragmático. O gesto de apresentá-lo antes de tornar pública a indicação foi uma deferência de Bolsonaro a Mendes e a Toffoli, não uma consulta. O nome estava escolhido. Nenhum dos ministros do Supremo, portanto, faria qualquer questionamento sobre a escolha. Nem cabia a eles opor objeção. Ainda mais na frente do candidato. Tentativas de veto a nomes ao Supremo geralmente ocorrem em fases anteriores, quando os cenários estão sendo testados. Com o nome já definido, só resta aguardar o processo transcorrer no Senado.

Quando o nome vazou para a imprensa — furo do colunista Lauro Jardim, de *O Globo* —, as reações foram positivas. Nada inédito. Enquanto o presidente não define seu candidato, a disputa subterrânea é violenta, com dossiês, estratégias de comunicação, notas plantadas na imprensa contra adversários e a busca ostensiva por apoios políticos. Depois de feita a escolha, as resistências cessam — as chances de uma indicação do presidente ser barrada no Senado são mínimas, ninguém quer inimizade ou conflito político com quem pode assumir uma cadeira no STF.

As críticas, esparsas, não tinham CPF. Vinham da própria base de apoiadores e atacavam a escolha de um não evangélico ou criticavam as ligações do candidato com o PT. Nenhuma objeção foi adiante porque quem bancava o nome era o filho do presidente da República e por razões pessoais. O indicado pegara um atalho único até o Supremo, a ponto de aliados agirem para abafar insatisfações com a escolha abrupta que contornou outros pretendentes. O então líder do governo no Senado, Fernando Bezerra, que, para traçar uma estratégia para levar o desembargador a ocupar uma vaga no STJ, estivera semanas antes com Nunes Marques e um grupo de advogados — quando deram conta de uma caixa de seis garrafas do vinho chileno Don Melchor —, se surpreendeu. Ao ler a nota no site de O Globo, ligou para Flávio Bolsonaro, ciente de que ele era o padrinho daquela indicação, e disse: "Avisa para o seu pai ligar para o Aras e fazer um agrado, ele pode não gostar".

Aras teria pela frente apenas mais um ano como PGR, de um mandato total de dois anos. Seus planos de ascender ao STF eram sabidos. A sabatina de Nunes Marques no Senado foi também um condensado do que são esses processos. Nas três semanas que separaram a data da sabatina determinada pela CCJ do Senado, o único obstáculo que surgiu à sua aprovação foi a denúncia de que teria plagiado a citação de um trabalho acadêmico na dissertação que lhe garantiu o título de mestre pela Universidade Autônoma de Lisboa. De resto, Nunes Marques driblou as perguntas feitas pelos senadores da CCJ.

Nenhuma questão que pudesse servir aos senadores ou à sociedade para desvendar seu perfil jurídico foi respondida na lata. Nunes Marques valeu-se de dois expedientes para não se deixar sabatinar: sacou o argumento tradicional de que não poderia comentar processos em tramitação no Supremo que eventualmente tivesse de julgar, mas acrescentou um novo: como juiz, não poderia comentar qualquer outro processo em curso no Judiciário porque o Conselho Nacional de Justiça poderia puni-lo. Blindou-se. E os senadores aceitaram passivamente. Um deles, o experiente Esperidião Amin, disse que a função dos senadores naquele processo era apenas avaliar se algo obstava a indicação. Não caberia ao Senado, ele disse, avaliar se a escolha era boa ou não para o tribunal e para a defesa da Constituição. Mal comparando, o Senado equivaleria a um cartório em que se busca um "nada consta" ou um serviço de proteção ao crédito. Uma combinação que transformou a sabatina numa cerimônia cansativa e de pouca funcionalidade.

Nunes Marques foi aprovado na CCJ com 22 votos favoráveis e cinco contra. Horas depois, no mesmo 21 de outubro de 2020, o plenário do Senado confirmou seu nome — 57 votos favoráveis, dez contrários e uma abstenção. Um processo tranquilo, sem surpresas, condizente com um governo ainda popular, um candidato que se amoldava aos interesses da política (de não intervenção e deferência aos políticos), que chegava ao topo da carreira abonado por forças do Centrão, e com o beneplácito de quem Bolsonaro mais queria proteger naquele momento: seu filho, Flávio. Em razão da pandemia, a cerimônia oficial de posse, no dia 5 de novembro daquele ano, foi diferente das anteriores.

Sempre disputadas com a presença massiva de advogados, parlamentares, governadores (especialmente da região de origem do ministro), juízes e desembargadores, as posses são um sinal do prestígio e da vida pregressa do ministro que está assumindo. Servem de radiografia das relações pessoais e profissionais dos entrantes. Entretanto, apesar de festeiro, expansivo e das múltiplas relações com a política, Nunes Marques teve uma cerimônia simples e sóbria, por videoconferência, com a presença no plenário do presidente da República, dos presidentes da Câmara e do Senado, do procurador-geral da República e de sete ministros do STF. Outros quatro assistiram à cerimônia por vídeo. Dois meses antes, mesmo com o avanço da doença e a falta de tratamento e de vacinas, Luiz Fux promoveu sua posse como presidente do Supremo nos mesmos moldes de tempos normais. Apesar do uso de máscaras, exigido pelo cerimonial, e por tubos e mais tubos de álcool em gel, alguns convidados se contaminaram. Um deles, o advogado e ex-ministro do STJ Hamilton Carvalhido foi hospitalizado e morreu meses depois.

Nunes Marques se relacionou com os colegas no ambiente virtual das sessões remotas e por telefonemas para conversar sobre julgamentos. Foi só em março de 2022 que o Supremo retomou as sessões presenciais. O novo ministro, acostumado ao colegiado do TRF, sabia da diferença que faziam o contato pessoal com os colegas e a chance de expor, mesmo que de pé na conversa prévia à sessão, seu ponto de vista sobre um ou outro caso. A falta desse "rapport", ele dizia, marcaria seus primeiros anos de tribunal. Sua dissintonia com o colegiado que passava a integrar era, porém, mais profunda do que a frieza dos debates por vídeo poderia explicar. Até porque, com poucos meses de casa, ele já tinha na cabeça um mapa das forças e movimentos internos no tribunal.

Segundo ele, Gilmar Mendes, pelas críticas que fazia quanto à condução do combate à pandemia, esticava sem motivo a corda na relação com Bolsonaro. Do mesmo modo, achava Alexandre de Moraes incisivo demais em decisões que podiam provocar atritos com o governo — fosse ele o relator de certos processos, adotaria um tom abaixo. Ou seja, enquanto o tribunal assumia uma posição de resistência ao projeto de Bolsonaro, Nunes Marques dizia que a casa estava agravando desnecessariamente a crise pela qual o país passava. Seu mote era "tranquilidade e discrição". Os colegas empregariam expressões menos lisonjeiras. Seu isolamento jurídico era perceptível nos placares de qualquer julgamento polêmico. O mais emblemático foi a reabertura das igrejas e templos religiosos no auge da pandemia. Mas a sua divergência sobre a postura institucional do STF em relação ao governo Bolsonaro seria verbalizada na reunião entre os ministros quando das ameaças ao Supremo insufladas por Bolsonaro no dia 7 de setembro de 2021.

O que a indicação de Nunes Marques teve de mais do mesmo, a de André Mendonça teve de ineditismo. E não só pelo critério adicional não previsto pela Constituição, a saber, a religião evangélica. Nunca um presidente antecipou tanto sua indicação e, portanto, nunca um candidato passou tantos meses no sereno sendo minado por adversários. Nenhum presidente abandonou seu indicado como fez Bolsonaro. Nunca as lideranças governistas no Congresso trabalharam tão abertamente contra a escolha do governo. Não há registro na história de um presidente da CCJ se recusar a promover a sabatina de um candidato escolhido como fez Davi Alcolumbre. Nenhum presidente da República se deixou pressionar tanto para manter uma escolha para o tribunal ou desfazê-la. E nunca um candidato saiu desse processo podendo se desconectar tão rapidamente do governo que o indicou.

Como Bolsonaro indicou um católico para a primeira vaga, seu compromisso com a bancada evangélica estava pendente. Todos sabiam a respeito de André Mendonça, mas não havia decisão tomada ou papel assinado. Ou seja: o presidente ainda podia escolher outro nome, sem contudo romper o compromisso com a comunidade evangélica.

Iniciou-se então uma cruzada evangélica em Brasília. Advogados e juízes passaram a procurar integrantes do governo ou parlamentares. Quem fez frente à indicação de Mendonça, porém, não foi um evangélico, mas alguém que se definia como um sincrético, alguém com uma profunda curiosidade e abertura para diferentes religiões — Augusto Aras. Até Bolsonaro assinar a indicação, muitos desses evangélicos — inclusive um juiz que trabalhava no gabinete do ministro Luís Roberto Barroso — correram por fora. Mas quase todos abandonaram a corrida depois que o nome foi enviado ao Senado. Menos o presidente do Superior Tribunal de Justiça, Humberto Martins, da Igreja Adventista do Sétimo Dia, que poucas chances tinha e logo abandonou a postulação, e aquele que mais trabalhou contra Mendonça: Augusto Aras.

Espécie de Zelig, personagem de Woody Allen com incrível capacidade de se confundir com qualquer pessoa de quem se aproxima, Aras tinha uma genealogia petista, herdeiro de uma tradição política mais à esquerda (seu pai, Roque Aras, chegou a ser candidato ao Senado pelo PT na Bahia) e integrante da banda escanteada do Ministério Público para a categoria de preferido do clã Bolsonaro ao Supremo. Foi um caminho com método, iniciado com sua nomeação para a PGR.

Para esse primeiro passo, Aras, que jamais trocara palavra com Bolsonaro, cuidou dos detalhes, aproximando-se de personagens-chave do entorno do presidente e construindo uma bem-sucedida história para dar ares de imprevisto do destino e assepsia ao início de sua jornada rumo à cúpula do MP. O PGR costuma contar em detalhes como, por acaso, encontrou num restaurante de Brasília o deputado Alberto Fraga, um PM do Distrito Federal e amigo pessoal de Bolsonaro. Na ocasião, retomou uma relação antiga e perdida no tempo e anunciou ali seu desejo de ser procurador-geral. A história real, embora não contenha ilicitude, envolve um laborioso produtor de dossiês da capital, alguém do lusco-fusco do poder, que produz suas investigações entre a legalidade e o lado de lá. Foi esse personagem quem aproximou Aras de Fraga. Naquele momento inicial, porém, ele não julgava conveniente se aproveitar do prestígio de Fraga, que tinha pendências na Justiça, só resolvidas nos anos seguintes.

A escolha do chefe do Ministério Público é uma atribuição do presidente, que submete o nome ao Senado. Desde 2003, quando Lula referendou uma eleição da categoria que apontara Claudio Fonteles como o preferido dos procuradores, a tradição se renovava: o primeiro colocado da lista tríplice entre os mais sufragados era o escolhido a seguir a escrita. Aras tinha uma meta, o Supremo, e nada poderia macular a trajetória.

"Cavalo, tenho uma indicação para a PGR", disse Fraga ao telefone a Bolsonaro, a quem chamava pelo apelido desde os anos 1980, quando foram contemporâneos na Escola de Educação Física do Exército. "Pancrácio, traz ele aqui", devolveu Bolsonaro, chamando o amigo pela alcunha que remetia ao nome da antiga luta grega. Iniciou-se uma série de visitas ao presidente —Aras era escoltado por Fraga, que o conduzia em seu carro, um Chrysler preto com vidros recobertos de películas escuras totalmente fora das normas de trânsito. Ninguém os via entrar no Alvorada nos fins de semana, para as "sabatinas" que o presidente conduzia. Se havia risco de ser visto, Aras se acomodava no banco traseiro e se inclinava para ocultar ainda mais o perfil corpulento. "Você não vai me foder?", perguntou Bolsonaro ao candidato a procurador-geral. Beletrista, com uma linguagem às vezes barroca, Aras apenas meneou a cabeça.

Um PGR atuante, e os anos Lula e Dilma são testemunhas, é uma usina de problemas para o presidente e seu governo, pois o MP é, na linguagem do direito, o titular da ação penal pública, o órgão com previsão constitucional para oferecer denúncias por infração à lei. E cabe ao PGR, que está no topo da instituição, manejar esse poderoso instrumento contra todos aqueles com foro privilegiado no STF — entre esses, o presidente, ministros, senadores e deputados federais. "Não me fode", insistiu Bolsonaro.

Antes seria preciso passar pela sabatina das redes sociais bolsonaristas. "Deixa o passarinho voar", dizia o presidente, tão logo pipocaram mensagens de que o candidato era petista. "Vamos ver se sabe voar." Baiano de Salvador, Aras não era propriamente um trânsfuga; aproximava-se dos opostos do espectro político num vaivém conforme a situação e seu objetivo permanente: ser ministro do Supremo. Mas antes deveria chegar ao topo da carreira e ser nomeado chefe do MP.

Quando seu nome despontou como provável indicado para a PGR, em agosto de 2019, o UOL publicou uma reportagem sobre uma festa que ele dera para petistas com a presença de José Dirceu. A reação veio rápido e Bolsonaro avisou: "Se articula".

Com seu projeto pessoal em perigo, Aras passou a atuar em duas frentes: no front público, concedeu ao jornal *Folha de S.Paulo* uma entrevista em que expôs seu lado cristão, de católico conservador, sob medida para sofrer recortes, edições e replicações nas redes sociais; nos bastidores, acionou padrinhos ocultos muito próximos de Bolsonaro. Reuniu em sua casa no Lago Sul, um lugar ajardinado com amplas salas envidraçadas, sempre mantidas fechadas por temor de escutas clandestinas, o então embaixador de Israel em Brasília, Yossi Shelley, político e empresário sem experiência diplomática que chegara ao Brasil em 2017, e o empresário da construção civil Meyer Nigri, dono da Tecnisa.

Simpático, agradável, informal, o linguajar coalhado de palavrões pronunciados com forte sotaque gringo, Yossi logo se aproximou de Bolsonaro e de sua agenda pró-Israel. Recebia o presidente na residência oficial em Brasília, e numa dessas visitas ambos foram fotografados comendo lagosta, alimento proibido na dietética judaica por não ser kosher. A foto foi divulgada com uma grosseira alteração, trazendo um borrão sobre o crustáceo.

Meyer Nigri é uma liderança no setor econômico e atuante na comunidade judaica paulista. Na pré-campanha ao Planalto, com o apoio e o entusiasmo do advogado e empresário Fabio Wajngarten, ele ofereceu seu apartamento nos Jardins para aproximar o então pré-candidato Jair Bolsonaro da comunidade judaica. Mas nunca alcançou o prestígio de Elie Horn, dono da Cyrela, nem força dentro da Conib, a Confederação Israelita do Brasil, entidade com forte atuação política, na ocasião muito afinada aos tucanos de São Paulo.

Aras e Nigri tinham alguns interesses e amizades em sintonia. O construtor sustentava a necessidade de aperfeiçoar o sistema de TAC, Termo de Ajustamento de Conduta, proposto pelo Ministério Público do Trabalho em parceria com construtoras para garantir boas condições de trabalho e regras para a terceirização de serviços em obras. Aras, por sua vez, tentava reunir o maior número possível de apoiadores a seu projeto pessoal — e o endosso de Nigri era bem-vindo. Menos de dois meses depois de Aras tomar posse, Yossi expunha a cisão na comunidade judaica quanto ao governo Bolsonaro. O embaixador não compareceu (assim como Nigri) ao jantar da 50ª Convenção da Conib e disse que o presidente da entidade "fala mal de Bolsonaro". Ambos foram padrinhos eficientes.

Aras nunca escondeu seu desejo de ser ministro do STF. Um dos assessores mais próximos de Bolsonaro, sempre envolvido em disputas por vagas em tribunais, costumava ser lembrado com uma frequência indesejável que a caneta do PGR poderia causar muitos problemas ao governo Bolsonaro. Lembrança que vinha da própria Procuradoria e que não era somente um alerta — era recebida por integrantes do governo como uma ameaça.

Há um grande pecado cometido por muitos daqueles que sonham ocupar uma cadeira no Supremo: definir suas ações tendo em vista a cadeira. Um equívoco bastante comum, descrito por todos aqueles que passaram pelo Planalto ou pelo Ministério da Justiça e que observaram de perto os processos de indicação nos últimos anos. Não é romantizar a máxima de que vaga no Supremo não se nega nem se ambiciona, porque essa frase não é verdadeira, especialmente nos últimos anos. Talvez seja repetida por quem já chegou lá, e que de alguma maneira também cobiçou a vaga, mas não admite; por quem não chegou, e acha nesse mantra um consolo; por quem acredita que essa posição não deveria ser projeto pessoal, mas resultado de um processo republicano e impessoal. Há muitos riscos para quem toma decisões mirando a vaga no STF. Primeiro porque as chances de sucesso de uma estratégia como essa são mínimas. É impossível um candidato manobrar todas as variáveis, tantos são os fatores que interferem na decisão do presidente. Depois, porque essa decisão, sendo subjetiva e política, não vai necessariamente levar em conta sequer os ativos pessoais ou o grau de colaboração do candidato. Os presidentes não escolhem candidatos com base em provas de títulos. E cada chefe de Estado tem critérios próprios e bem distintos.

Outro problema para quem se aventura nessa corrida é ser anulado quando o poder muda de mãos. Um ministro do Superior Tribunal de Justiça que tenha feito acenos de colaboração com o governo recém-inaugurado e que, depois de preterido na disputa pelas vagas, assume uma posição de crítica ferrenha ao presidente que não o nomeou mostra-se pouco confiável e venal. O advogado que flerta com o governo da vez corre o risco de ficar carimbado pelas siglas do partido e depois se ver diante de problemas em sua vida profissional, com clientes o abandonando em razão das possíveis resistências que sofrerá por sua escolha político-partidária. Esse problema se acentua quando quem está agindo ou, sobretudo, deixando de agir é o PGR, cuja missão é ser o fiscal da lei.

Desde que foi nomeado, em 2019, a atuação de Aras fez lembrar os tempos em que a procuradoria era uma mistura de Ministério Público com AGU. A Constituição de 1988 deu autonomia funcional para o MP e para o PGR. O escolhido para chefiar a PGR não poderia mais ser demitido a qualquer hora. Isso só poderia acontecer — e nunca aconteceu — se houvesse votos da maioria absoluta do Senado. Garantia-se assim a independência da atuação do procurador. Mas para Bolsonaro nomeá-lo para o STF, ele não poderia entrar em conflito com o presidente, mesmo se a posição de PGR o obrigasse a fazê-lo se a lei estivesse sob ameaça. De perfil autocrático e mania de perseguição, Bolsonaro exigia fidelidade dos seus. Aras manteve-se, segundo a maioria dos ministros do STF consultados, inerte diante das ameaças do presidente contra as instituições democráticas; não agiu para conter os desmandos da política mortífera de Bolsonaro na pandemia da covid-19; não fez frente às manobras com recursos públicos efetuadas pelo presidente para tentar vencer as eleições. E se deixou de fazer tudo isso, foi porque teve a conivência da classe política, inclusive da oposição. O mundo político queria um contraponto à atuação desmedida de Rodrigo Janot à frente da PGR durante os anos da Lava Jato. Aras era, para todos os partidos, do Centrão à esquerda, o antídoto contra o que consideravam criminalização da política, interpretada como avanço sem limites do Ministério Público contra partidos, deputados e senadores. Investigações que eram abertas, diziam, sem indícios mínimos da prática de crimes e que visavam, em suma, desmoralizá-los. Com Aras, a atribuição da Procuradoria de investigar parlamentares foi relegada — um misto de conivência e proteção, sobretudo a aliados do governo. Nas palavras da ministra Rosa Weber, Aras foi comparado a um "espectador-geral da República".

Sua inação não escondeu os efeitos de sua atuação noutro campo. Aras foi apontado como responsável pelo desarranjo do desenho institucional do Ministério Público. Sua suposta omissão se tornou um obstáculo para responsabilizar autoridades suspeitas de crimes, e isso pôs em xeque o sistema acusatório como base do processo penal brasileiro, de acordo com ministros. Para driblar essa barreira, o Supremo passou a admitir a ação de outros atores, como partidos políticos, parlamentares ou mesmo a AGU. Em manifestação lida no plenário do STF em 26 de outubro, véspera do segundo turno das eleições de 2022, Gilmar Mendes fez um pronunciamento direcionado.

> Nos últimos anos, diversos fatores políticos, econômicos e sociais têm dado azo ao recrudescimento do discurso populista, sem que seja tarefa simples identificar as causas da decadência democrática no país. Uma delas, entretanto, é fácil de apontar: omissões calculadas e conivências oportunistas das autoridades constituídas. Agentes e instituições que possuem o dever de agir, de proteger o Estado Democrático de Direito. Agentes e instituições para os quais a República concedera papel altivo — falta-lhes, entretanto, o brio necessário. Cobiçam papéis que não lhes foram dados. E assim instaura-se um ambiente de rapinagem institucional, no contexto do qual muitos avistam a percepção de dividendos. A muitos interessa um Supremo Tribunal Federal fraco.

Após os atos do dia 8 de janeiro de 2023, com a invasão e destruição dos três Poderes, quem pediu a prisão do secretário de Segurança do DF, Anderson Torres, não foi a PGR, mas o senador Randolfe Rodrigues. Pedido deferido pelo relator Alexandre de Moraes. Essa omissão também deu maior proeminência à Polícia Federal. Moraes, mais uma vez, passou a tocar os processos sob sua relatoria em contato permanente com a PF, diante das resistências da Procuradoria. Na tentativa de cooptação das instituições operada por Bolsonaro, saltou aos olhos uma contrapartida sem nuanças — a proteção minha e dos meus. Daí essa rotina de indicações para o STF e a PGR tão fora da curva.

O mandato de Aras se uniu à agenda de Bolsonaro de desmonte das instituições de controle. Em busca de seu objetivo, Aras, dizem os colegas, também usou seu poder administrativo para desmantelar forças-tarefas, desestruturar ações conjuntas — mesmo que sem estrutura formal — de procuradores na defesa do meio ambiente, por exemplo, além de ter usado sua força no Conselho Nacional do Ministério Público, órgão de controle e fiscalização dos trabalhos dos membros do MP. Em editorial publicado no início de março de 2023, *O Globo* afirmava: "PGR virou anexo do Planalto na gestão Bolsonaro", ao comentar a reportagem que revelava que um levantamento no STF verificou que

> de 186 peças analisadas, a PGR pediu a extinção de 134 e acatou sem recorrer a decisão do próprio STF de extinguir outras 32. Houve ainda dez iniciativas para retirar ações da esfera do ministro Alexandre de Moraes, desafeto do bolsonarismo. Ao todo, em 95% das manifestações a PGR atendeu a interesses de Bolsonaro, seja para arquivar processos, seja para ajudar a família.

No dia 8 de janeiro, em nota, Gilmar Mendes adotou tom ainda mais forte. "Com efeito, a maior responsabilidade pelos atos de hoje (responsabilidade inclusive criminal) recai sobre as autoridades constituídas que, há tempos, deveriam — por dever de ofício — atuar para combater esse neofascismo tupiniquim", escreveu horas depois dos ataques. Aras pediu ao STF a abertura de investigação contra os envolvidos. Foram centenas de denúncias, pedidos de prisão, diligências, quebras de sigilo. Mas ninguém no Supremo acreditava que o PGR estivesse disposto a responsabilizar quem estava no topo da organização dos ataques. Foram contundentes as reações a seu discurso no dia 1º de fevereiro, após a reconstrução do Supremo. Aras disse que trabalhou "estrategicamente" e de "forma discreta" nos últimos anos para conter radicais. "Patético", escreveu um ministro no WhatsApp. "Fim melancólico", disparou outro.

Parlamentares não queriam mais perfis como de Barroso ou de Fachin, sempre alinhados em julgamentos envolvendo criminalidade política. Políticos próximos ao presidente, a começar por Flávio Bolsonaro, queriam no STF um juiz confiável e aberto às suas demandas ou expectativas. Aras passou em todos os testes. Era o candidato dessa classe política que via o Supremo também como espaço de negociações.

Mas Aras não era evangélico. E essa lacuna em seu currículo não poderia ser corrigida de uma hora para outra. Ou podia? O postulante acreditava que sim: manifestou a vontade de se batizar numa igreja evangélica, não via nenhum problema na conversão tardia. Afinal, ele também era cristão, como atestavam os santos barrocos espalhados em seu gabinete. Nessa aproximação com o bolsonarismo, Aras tentou adicionar um conteúdo bibliográfico ao seu neobolsonarismo. Leitor diligente, buscou na literatura russa críticas ao regime soviético, ao comunismo. Selecionou *O mestre e Margarida*, de Mikhail Bulgákov, que descreve a chegada do diabo em pessoa a Moscou, no fim dos anos 1920. Tão logo o personagem Woland, a personificação do demônio, se apresenta, Aras largou o livro: "Tenho medo do diabo", disse a um assessor. O mesmo acontecera com Fausto, de Goethe.

A sugestão de apostasia, mesmo para quem transitou do PT ao bolsonarismo, era exagerada. Aras procurou lideranças da bancada evangélica: se ele se convertesse, eles o apoiariam na corrida para o Supremo? Um desses parlamentares lhe sugeriu abandonar a ideia. Os evangélicos sabem quem é e quem não é evangélico raiz. O parlamentar comentou depois com colegas: a simples cogitação de se batizar em busca de apoio para um projeto político era uma ofensa à inteligência da comunidade.

Aras se movimentava porque havia obtido sinal verde do presidente.

Num fim de semana, Bolsonaro chamou Gilmar Mendes para uma conversa no Alvorada. O ministro aproveitou para rifar Aras e tirou da manga o nome do deputado Marcos Pereira, ligado à IURD — um evangélico, pois. Político hábil, sem arestas no Congresso, advogado e mestre em direito, Pereira reunia condições para uma indicação ao STF (era próximo a Mendes, estudara na faculdade ligada ao ministro, em Brasília). Saindo do encontro, Mendes telefonou ao parlamentar, disse que seu nome fora mencionado, e isso bastou como senha para que Pereira começasse a se mexer.

Apesar de todas as pressões internas e de sua própria indiferença pelo escolhido, Bolsonaro se viu preso à promessa aos evangélicos não ligados à Igreja Universal. Havia outros nomes de magistrados e advogados evangélicos — alguns chegaram a ir ao Planalto para se apresentar e tentar uma aproximação com o presidente; outros foram aos jornais falar de Justiça e religião. Contudo, a candidatura de Mendonça já estava consolidada na bancada. Bolsonaro pagaria um custo muito alto se quisesse rever isso.

No dia 6 de julho de 2021, Bolsonaro convocou Mendonça para um encontro privado e insistiu: "Eu vou anunciar que vou te indicar. Você está preparado? Sabe o que vai enfrentar?". "Sim, presidente. Estou preparado." Na reunião ministerial daquela semana, Bolsonaro comunicou que estava oficializando sua indicação. Muitos ministros a consideravam um erro, mas não podiam fazer nada além de trabalhar contra a aprovação ou não ajudá-lo no processo. Foi o que aconteceu. "Presidente, um militar como o senhor, diante das dificuldades, está preparado para a guerra.

Eu não fiz academia, mas estou preparado para a cruz", agradeceu Mendonça.

Bolsonaro disse a Mendonça que seu papel se extinguia ali. A partir daquele momento, o indicado estaria por conta própria. Em outras palavras, ele nada faria para auxiliá-lo. Adicionalmente, em conversa com Augusto Aras, disse que cabia a ele, Aras, viabilizar-se como candidato — fosse obtendo apoio político em torno de seu nome, fosse articulando a rejeição ao nome de Mendonça. A escolha de André Mendonça virou uma luta de vale-tudo. O presidente da CCJ, senador Davi Alcolumbre, que não aprovava o nome, passou a defender Aras para o STF. Líderes do governo e ministros do Executivo também atuaram contra a aprovação de Mendonça.

Nunca um presidente havia indicado alguém e deixara seus principais aliados trabalhando contra. Nada surpreendente vindo de um Executivo com tantas derrotas no Legislativo e no Judiciário. Bolsonaro utilizava suas derrotas para ativar suas bases com o discurso falso de que não o deixavam mudar o país. Ele não tinha compromisso com os resultados das votações no Congresso, e a indicação de Mendonça era a síntese de seu modo de governar. "Eu não indico para o STF, eu indico para o Senado", admitiu publicamente em outubro. Essa declaração não convencia ninguém, muito menos as lideranças evangélicas que ouviram essa frase da boca do presidente num encontro em Brasília.

No dia 15 de setembro alguns dos pastores mais influentes da comunidade viajaram à capital com um recado para Bolsonaro: se ele não trabalhasse pela aprovação de Mendonça, poderia perder o apoio dos evangélicos. Ficaria claro que o presidente tinha outro projeto. Silas Malafaia foi às redes sociais em outubro com ameaças a três integrantes do governo que trabalhavam contra Mendonça. Um deles era Ciro Nogueira, ministro-chefe da Casa Civil, que lançou a candidatura de um apadrinhado político, Alexandre Cordeiro, presidente do Conselho Administrativo de Defesa Econômica. Os outros dois alvos foram Fábio Faria e Flávia Arruda. "Povo abençoado do Brasil, é inacreditável. Ministros de Bolsonaro, cujos gabinetes ficam no palácio do governo e são ministros políticos, são contra a indicação de André Mendonça para o STF? Quero reafirmar peremptoriamente: nós não indicamos, líderes evangélicos, André Mendonça. O presidente nos perguntou se ele era alguém terrivelmente evangélico. A indicação é do presidente Jair Messias Bolsonaro", disse Malafaia. E depois reagiu à tentativa de Ciro Nogueira de patrocinar outro nome para o STF: "Estão pensando que vão chegar para o presidente com um nome qualquer, mas o presidente vai perguntar pra gente, e vamos dizer 'não, não reconhecemos esse cara' [...]. Não adianta esses caras armarem alguma coisa, dizendo que João ou Manuel ou sei lá quem é terrivelmente evangélico que nós vamos dizer ao presidente sim ou não".

Mendonça recebeu apoio das mais diversas denominações. E foi a união dessas lideranças que garantiu que seu nome fosse mantido, que a sabatina fosse realizada e que Bolsonaro, ao menos na última hora, trabalhasse verdadeiramente por sua aprovação. Na manhã do dia da sabatina, Bolsonaro chamou Mendonça e os senadores Eduardo Gomes, Fernando Bezerra (líder do governo) e Flávio Bolsonaro para um café. E enfatizou que era preciso aprovar Mendonça. Mas a poucas horas da sabatina, Bezerra ainda testava o candidato, perguntando-lhe, em reservado, o que achava dos abusos cometidos (Bezerra fora denunciado e teve bens bloqueados pela Lava Jato). Diante de uma classe política refratária ao Ministério Público justamente pelos erros da Lava Jato, levantar o tema era atingir o ponto fraco de Mendonça.

E foi isso que Bezerra fez em sua primeira pergunta na sabatina. À tarde, na sessão da CCJ, lideranças evangélicas ainda pressionavam o presidente da República diante das incertezas sobre haver ou não votos pela aprovação de Mendonça. Na comissão o nome foi aprovado por dezoito votos contra nove. No plenário, seriam necessários os votos de 41 senadores, maioria simples, portanto. Bolsonaro foi instado a disparar telefonemas, na frente dessas lideranças, para cobrar apoio. Quem não o atendesse estaria sujeito a retaliações. Daí o gesto de Flávio para as câmeras da imprensa no início da sabatina e a decisão de abrir mão do sigilo de seu voto em plenário para que lideranças evangélicas vissem que de fato votava a favor de André Mendonça.

Enquanto a votação transcorria, Mendonça assistia à sessão ao lado da família e da primeira-dama, Michelle Bolsonaro. Todos reunidos no gabinete do senador Luiz do Carmo (MDB-GO), também pastor evangélico, num clima de disputa futebolística. O risco de ser rejeitado existia, já fora prenunciado por Fábio Faria, por ocasião da discussão de nomes para uma agência reguladora. Pouco antes de Rodrigo Pacheco encerrar a votação em plenário e abrir o painel para anunciar o resultado, um dos apoiadores de Mendonça disse em voz alta qual a expectativa de votos a favor da indicação. "Vamos lá, 51." Mendonça foi aprovado com 47 votos, apenas seis além do necessário. E 32 senadores votaram contra ele, um recorde histórico de rejeição.

Uma radiografia da votação indica que o apoio de defensores da Lava Jato — filiados ao Podemos, por exemplo — foi crucial. E também que o governo não entregou ao candidato todos os votos que podia. Senadores da base de Bolsonaro votaram contra. O que só confirmou uma avaliação que o próprio Mendonça fez ao presidente antes da votação: se o governo não garantisse pelo menos cinquenta votos, a sua aprovação não se deveria a Bolsonaro, mas a outros atores. E foi o que aconteceu. André Mendonça foi o primeiro a levantar, comemorando com os dois braços estendidos para cima. Michelle Bolsonaro agradece a Deus, pulando. Pastores e parlamentares oram. O novo ministro do Supremo abraça a mulher e os dois filhos, puxa Michelle para si e chora.

Sem a indicação de Bolsonaro, Mendonça não seria ministro do Supremo. Mas, se dependesse apenas do presidente, ele também não seria. Mendonça sabe que é o primeiro caso de um ministro do STF que deve sua indicação e aprovação essencialmente ao trabalho da bancada evangélica. É possível que, em algum momento, se convença disso.

O tempo joga a favor do STF, desamarrando os liames que ligam ministros a presidentes. A atuação independente decorre da estatura de quem é indicado. Todos têm instrumentos e garantias para isso, a Constituição os protege. Mas é preciso reparar as engrenagens do processo de indicação e corrigir os problemas de funcionamento do tribunal. Algumas propostas em discussão não atacam as disfunções mais evidentes. Mesmo que algumas tenham seus méritos e defensores, como o debate sobre mandato para ministros, outras talvez não passem de tentativas de maior controle da política, como o compartilhamento de escolhas com o Congresso, num modelo idêntico ao TCU.

Sem corrigir a atomização do plenário, a amplitude das ações políticas dos ministros, a mistura de Justiça com poder cotidiano, o filtro frouxo das sabatinas, essas propostas não farão do STF uma instituição melhor. Antes, algumas podem ser uma tentativa camuflada da política de introduzir modificações na essência da missão do Supremo e assim enfraquecer um de seus poderes, que é de impor, quando necessário, certas limitações ao Executivo e ao Legislativo para que a Constituição seja resguardada.

8. Japona não é toga

"Nos salve, Exército!" "Intervenção militar, já!" Palavras de ordem somadas a orações invadiam o Salão Guararapes, no QG do Exército, em Brasília. O alarido proveniente do acampamento golpista se espalhava como aluvião pelo espaço que abriga tapeçarias, o busto em bronze do duque de Caxias e a peça em alumínio esmaltado com o brasão da Força. No salão, duas dúzias de generais acompanhavam a solenidade de posse do novo chefe do Centro de Comunicação Social do Exército. Mais antiga autoridade presente, o general Valério Stumpf, chefe do Estado-Maior do Exército, dirigiu-se ao púlpito perto das amplas janelas de vidro que delimitam o salão da varanda com vista para o ajuntamento bolsonarista e tentou, em vão, discursar.

Incomodado com os gritos pedindo golpe de Estado, Stumpf ordenou que as janelas fossem fechadas. A simples presença dos manifestantes em um local sob a guarda do Exército era o mais evidente sinal da instabilidade institucional da Força durante o governo Bolsonaro.

Nos dias que se seguiram às eleições, Stumpf, integrante do

Alto-Comando do Exército, órgão de assessoramento ao comandante da Força, viu sua foto convertida em memes que o descreviam como um "general melancia". A extrema direita costuma empregar essa imagem, "melancia", para aludir a militares que eles julgam comunistas: verdes por fora — numa alusão à cor da farda —, vermelhos por dentro.

Naquele novembro de 2022, o general testemunhou o apagamento das fronteiras entre o ódio propagado nas redes sociais e a violência do mundo real — sua filha havia sido hostilizada por um grupo bolsonarista em Porto Alegre. O pretexto: a suposta influência do pai no Alto-Comando contra um golpe fardado a favor do presidente. Na maquinação conspiratória, incluía-se o fato de o então chefe do Estado-Maior ser amigo de José Levi, ex-AGU de Bolsonaro e, na ocasião, braço direito do ministro Alexandre de Moraes no TSE.

"Resultado legítimo, sem fraude, faz parte da democracia, tem que seguir o jogo", disse Stumpf numa cerimônia na embaixada do Reino Unido, em dezembro de 2022. Às vésperas das eleições, chegaram mensagens tranquilizadoras a alguns poucos integrantes do STF que mantinham interlocução com os militares. Alexandre de Moraes recebeu uma delas. "O senhor acha que vai ter golpe agora? Não há nada comparável a 64, quando as Forças Armadas tinham o apoio da imprensa, dos Estados Unidos. Agora, só têm apoio dos doidos. O resto do mundo vai nos boicotar", disse o general Tomás Miguel Ribeiro Paiva, então comandante militar do Sudeste, nomeado comandante do Exército em 21 de janeiro de 2023.

Se as respostas e gestos de repúdio a planos golpistas eram categóricos, por que a mensagem não chegava clara e sonante a todos no STF? Por que havia dúvidas se o Exército embarcaria num plano golpista? A licenciosidade com que os generais acomodaram na frente dos quartéis os manifestantes contrários ao resultado das urnas; as inúmeras vezes em que Bolsonaro se referia "ao meu Exército", com ênfase no pronome possessivo, não como sinal de pertencimento, mas de dono; a instrumentalização do Ministério da Defesa para fustigar o TSE com o argumento de que o voto eletrônico não era confiável, num movimento de desestabilização da democracia, tudo isso adicionou salsa à desconfiança de setores do STF e de parcela da sociedade sobre o real comprometimento dos militares com a democracia.

Com discrição, para evitar um desafio à autoridade de Bolsonaro (de acordo com o artigo 84 da Constituição, o presidente é o comandante supremo das Forças Armadas, que devem ao ocupante do Planalto lealdade e respeito à hierarquia) e também impedir que o Exército fosse instrumentalizado pela oposição, os generais repetiam a integrantes do Supremo o compromisso com a democracia. A portas fechadas, o discurso era audível. Porta afora, o que se ouvia eram palavras medidas, nem tão fortes, para não dar munição à oposição, nem tão fracas, para não passar a ideia de alinhamento com o bolsonarismo. Diante da algazarra das redes bolsonaristas, o que os militares falavam estava tons abaixo da frequência ouvida pela sociedade. Assim, para muitos, os militares pareciam calados.

Bolsonaro atuava na brecha entre o barulho e o silêncio, criando a sensação de que tinha as Forças Armadas à mão para o que fosse necessário. A cada visita aos quartéis, a cada foto posada ao lado de fardados, ele se apoderava de um naco da instituição para seus planos político-eleitorais.

Na avaliação de generais entrevistados, a intenção inicial do presidente era provocar sensação e não atuação — mais luz que calor, para animar reacionários e atemorizar a oposição, como se respaldado pelas Forças Armadas. Nos últimos quatro anos de governo Bolsonaro, ouvimos dezenas de generais do serviço ativo sobre temas que preocupavam ministros do Supremo. As entrevistas ocorreram sempre na véspera ou depois de um evento relevante, concedidas sob o manto do anonimato — o Regulamento Disciplinar do Exército, decreto 4346/2002, diz constituir transgressão militar "Discutir ou provocar discussão, por qualquer veículo de comunicação, sobre assuntos políticos ou militares, exceto se devidamente autorizado". As declarações pouco variaram. Ainda em abril de 2021, logo após o Supremo anular as condenações que impediam Lula de ser candidato, perguntamos: "Se Lula for eleito, toma posse?". "Claro." E, questionamento frequente: "Vai ter golpe?". "Não, de jeito nenhum." Então, o que explicava o ruído na captação da mensagem democrática, e até que ponto ela expressava o éthos da Força?

Um integrante do Alto-Comando, com palavras concretas, justificou que o Exército não se comporta como numa novela, em que todo dia é preciso levar ao público um capítulo novo. A instituição tem suas características próprias que inclusive explicam essa falta de sinais espalhafatosos para a opinião pública. De acordo com generais, o que se pedia à Força era algo que a aprofundaria na espiral que dragava sua legitimidade: para se desvencilhar da armadilha que Bolsonaro criava, havia quem cobrasse do Exército manifestações contra o governo, o que por si só já seria uma inversão de valores. Afinal, as Forças Armadas são parte do Estado — e não instrumento de oposição ou do governo de ocasião.

Mas se era exigido um capítulo novo a cada ameaça de violação da ordem patrocinada por Bolsonaro era porque o Exército havia entronizado o papel de personagem do enredo bolsonarista — e só sairia com um prejuízo de sua imagem.

"Pujol, não quero ninguém fardado na manifestação", disse o então ministro da Defesa, Fernando Azevedo, em telefonema ao comandante do Exército, Edson Pujol. "Tem um monte de maluco aqui pedindo o AI-5", respondeu o comandante, referindo-se aos cartazes em defesa do mais brutal ato da ditadura, em frente ao QG, em Brasília, naquele domingo 19 de abril de 2020, Dia do Exército. Sim, houve pedidos de fechamento do Supremo. Fernandinho, como é conhecido entre os colegas, havia recebido naquela manhã um telefonema do Alvorada informando que Bolsonaro iria à manifestação. O ministro declinou, mas alertou o comandante. Azevedo e Pujol seriam depois demitidos por Bolsonaro (além dos comandantes da Marinha e da Força Aérea) por impor resistência aos desejos do presidente.

Pressionado pelo presidente a mobilizar tropas do Exército nos estados em favor de comerciantes que desejavam abrir seus negócios durante o período de restrição imposto pelo combate à pandemia, Fernando Azevedo resistiu e avisou a Bolsonaro que a ideia não encontrava amparo na Constituição. A exoneração do general do cargo de ministro da Defesa, em março de 2021, ilustrava à perfeição o abismo que separava Bolsonaro do alto oficialato. Na segunda-feira, 29 de março, o presidente recebeu Azevedo no Palácio do Planalto. "Preciso do seu cargo", ele disse, sem sequer se levantar da poltrona presidencial, como se lê no livro *Sem máscara*, de Guilherme Amado.

As FA também foram atingidas pelo bolsonarismo. Se muitos ganharam seus DASS, complementos financeiros em razão dos novos cargos, o Exército como instituição se viu diante do desafio de reafirmar — silenciosa e discretamente — seu compromisso com o Estado democrático de direito. O silêncio dos militares era, na verdade, consequência de fazer ouvidos moucos ao presidente. Ignorar as manifestações de Bolsonaro parecia à opinião pública avalizá-las. Aquele golpe clássico, com tanques nas ruas, repressão, prisões de civis, isso não era parte da cartilha militar. Mas o teatro de operações de Bolsonaro não era esse. O que o presidente promovia era mais sutil, com a cooptação de instituições, como a Polícia Rodoviária Federal e setores da PF, com a tentativa insistente de quebrar a cadeia de comando que mantinha unida a oficialidade intermediária das Forças. Os meios poderiam ser distintos, o cenário era diferente — golpe se dá na rua, desinstitucionalização se dá por dentro —, mas o objetivo era permanente e imutável: continuar no poder. Bolsonaro operava na dessensibilização das instituições, tensionando-as para deixá-las cada vez menos reativas. No caso do Exército, isso envolvia fundir-se com a Força.

A Superquadra 102, na Asa Norte, com seus prédios revestidos de pastilhas brancas e verdes, tão em voga nos anos 1970, reúne um dos maiores contingentes de oficiais superiores e generais do Exército na capital (fora de uma área militar). É um ecossistema com um comportamento particular. Lá, mesmo depois de 8 de janeiro, bandeiras do Brasil permaneciam nas janelas, em maior número que em qualquer outra área da região. As narrativas que ingressam na caserna demoram para entrar e mais ainda para sair. Na 102, num colégio que serviu de seção eleitoral nas eleições de outubro de 2022, 73% dos votos válidos foram dirigidos a Bolsonaro. Ali estava a matemática do alinhamento ideológico da tropa. Prova ainda mais contundente quando se examina o mapa completo de votação: foi somente na Asa Norte que Lula teve alguma vitória em Brasília, com 51% dos votos.

O acampamento em frente ao QG era um ponto de encontro de oficiais da reserva e parentes de militares da ativa. Mais de uma vez a mulher do general Villas Bôas, Maria Aparecida, confraternizou com os acampados. Instalada na área do QG, a Fundação Habitacional do Exército, um prédio moderno, tornou-se um espaço de apoio logístico a manifestantes considerados VIPs, que usavam seus banheiros privados e não aqueles químicos do acampamento. Internamente, esse serviço de resort do golpe foi questionado por assessores que prestavam serviço à Fundação. A resposta foi de que eram "clientes" da Poupex, instituição gerida pela FHE.

O acampamento havia se tornado um clube recreativo para alguns integrantes da "família militar", um sistema semicerrado que cultiva valores e forja sua coesão em hábitos compartilhados. E em muitos apelidos, sinal de camaradagem: Bolsonaro é "Cavalo" ou "Cavalão"; o general Heleno, "Gordo"; o general Luiz Eduardo Ramos, "Parafuso".

Um ministro do STF com interlocução na Força ouviu de comandantes regionais que havia ordem do Ministério da Defesa para não incomodar os acampamentos. Não incomodar é uma coisa, vigiar é outra: foi justamente a designação de militares para atuar como vigias que aumentou a desconfiança do Supremo e do TSE em relação à categoria.

Parte da boa vontade que o ministro Barroso dirigia aos militares provinha de sua passagem como instrutor na Escola de Comando do Estado-Maior do Exército, a ECEME. "Eles são disciplinados, comprometidos", avaliava Barroso. Os militares também o cobriam de elogios. Em 2005, o ministro foi escolhido "Professor Emérito", junto com Jarbas Passarinho, coronel e ex-ministro do Trabalho que justificou a decretação do AI-5 com a frase: "Às favas, senhor presidente, neste momento, todos os escrúpulos de consciência". "Barroso é o maior constitucionalista do Brasil", afirmou o general Fernando Azevedo.

A desenvoltura com que Barroso percorria o prédio da escola na Praia Vermelha, no Rio, era acompanhada à distância por um "urso". "Ele, Barroso, não sabia, mas sempre tinha um 'urso' com ele", disse a pessoas próximas o general Braga Netto, candidato a vice-presidente na chapa com Bolsonaro. "Ursos" são os militares escalados para pajear os "paisanos" que ministram aulas dentro das escolas militares. Foi exatamente a designação de um bando de ursos, de militares cuja missão era vigiar Barroso e seus sucessores no TSE, que serviu como conduíte do discurso golpista de Bolsonaro de que as urnas eletrônicas poderiam ser fraudadas de dentro do TSE.

Em setembro de 2021, sob a presidência de Barroso, a corte eleitoral instituiu a Comissão de Transparência das Eleições (CTE) e chamou as Forças Armadas para fazer parte. Não parecia um movimento arriscado, pois as FA haviam participado da criação das urnas eletrônicas. A comissão designada pelo TSE na década de 1990 para estudar como tirar das mãos humanas o registro e a contagem dos votos era composta de militares da Marinha, do Exército e da Aeronáutica. E as Forças sempre foram parceiras na logística eleitoral. Sem os militares, as urnas dificilmente chegariam a regiões do país em que aviões de carreira ou caminhões de transportadoras não transitam. Mas o momento era diferente. Barroso botou os ursos na sala.

Ele justificou o convite argumentando que sua ideia era chamar para o TSE um almirante altamente capacitado para a missão e da sua estrita confiança. Não havia risco de um militar casca grossa e radical ser infiltrado. "Esquece, eles vão nomear quem eles quiserem", alertou Moraes. E coube a Braga Netto, então ministro da Defesa, indicar os integrantes da comissão. Os ursos estavam a caminho e abririam a maior crise de relacionamento do STF com os militares.

"Ao convidar as Forças Armadas para acompanhar e opinar sobre a organização eleitoral, apostando na construção de um consenso sobre a lisura das eleições, a Justiça deu a Bolsonaro a oportunidade de que carecia para se valer da credibilidade dos militares junto aos radicais para desacreditar o processo eleitoral", escreveram Christian Lynch e Paulo Henrique Cassimiro no livro *O populismo reacionário: Ascensão e legado do bolsonarismo.*

O ingresso dos militares na CTE, portanto, seria para dissipar dúvidas sobre a integridade das urnas, alimentadas por bolsonaristas e pelas redes de fake news. Dúvidas às vezes primárias, sem fundamentação, mas que serviam de combustível a quem buscava deslegitimar as eleições.

Se no topo das FA o prestígio do processo eleitoral e das urnas eletrônicas permanecia inabalado, nos estratos inferiores — sobretudo nas polícias militares — a confiança na inviolabilidade das urnas murchava.

O Instituto Ideia, segundo reportagem do site UOL, após sondagem realizada com 150 policiais militares de São Paulo, Rio de Janeiro, Goiás, Rio Grande do Sul, Ceará e Pernambuco, ao longo dos últimos quatro anos, constatou um descrédito crescente com as urnas eletrônicas.

Uma das estratégias mais bem-sucedidas de Bolsonaro de ataque às instituições consistiu na irradiação, para além de suas bolhas, de temas abafados ou nem sequer detectados pelo mainstream científico ou político. Foi assim com seu discurso antivacina — a ponto de, segundo estudo da Fiocruz de outubro de 2022, a taxa de vacinação infantil no país ter recuado de 93,1% para 71,49% em poucos anos, situando o Brasil entre os dez piores países em taxas de cobertura vacinal. O processo eleitoral, escorado no sucesso e na confiabilidade das urnas eletrônicas, tampouco saiu incólume. De acordo com o Ideia, em estudo publicado em junho de 2019, 35% dos policiais militares ouvidos em seis estados disseram não confiar na urna eletrônica; em abril de 2022, o índice de desconfiança atingiu 57%.

Orientados pelo ministro da Defesa, Paulo Sérgio Nogueira, que substituiu Braga Netto no comando da pasta, militares, em especial do Exército, começaram a submeter o TSE a uma série de questionamentos diversionistas. Perguntas que não tinham fundamento, que até demonstravam certa incompreensão do equipamento, mas que aumentavam as suspeitas sobre o processo eleitoral. Assim que assumiu a presidência do TSE, em dezembro de

2021, Fachin já não podia mais tirar os militares da comissão. Teria de lidar com o ministro da Defesa, teria de matar as sementes de desconfiança que Nogueira plantava. Numa inversão de papéis, agora era Fachin que tinha de vigiar os militares.

O ministro nunca escondeu sua resistência aos militares — e vice-versa. Nas Forças, há posições jurídicas de Fachin que sofrem rejeição, como o processo que envolveu Lula ou sua posição sobre a ampliação das demarcações de terras indígenas. Mesmo assim, o ministro enviou, durante a sua presidência, emissários para saber qual a disposição dos comandantes das regiões. Ouviu que nenhum deles partilhava dos planos antiurna. Foi aí que Fachin percebeu com clareza que o ministro da Defesa não era uma ameaça. Não precisava mais de diplomacia para evitar a escalada de uma crise, não precisava ficar respondendo a perguntas impertinentes ou atrasadas. Nogueira era tão somente o militar da reserva, ou seja, um civil designado por Bolsonaro para ecoar suas teorias conspiratórias e diversionistas sobre as urnas. Foi então que, em maio de 2022, Fachin, na condição de presidente do TSE, disse após sucessivos questionamentos dos *ursos* e ataques de Bolsonaro às urnas que quem trataria das eleições seriam "as forças desarmadas".

Documento reservado de autoria de Nogueira, preparado ao longo de seus estudos na ECEME, a mesma escola onde Barroso havia ensinado direito constitucional, ajuda a explicar seu perfil, sua obsessão por ofícios desgastantes enviados amiúde, quase uma guerra psicológica travada contra o TSE, estratégia que irritou bastante Fachin. No documento ("Emprego dos meios da Força Terrestre Brasileira na estratégia da lassidão em defesa da integridade territorial da Amazônia"), o general escreveu que esse artifício é "uma estratégia indireta, cujo esforço principal não residirá no campo militar, mas, predominantemente, no campo psicológico". O ministro da Defesa enfrentaria, porém, um adversário paciente com a eleição de Alexandre de Moraes para a presidência do TSE, em agosto de 2022.

"Quanto mais o Paulo Sérgio se aprofundava na ignorância do Bolsonaro, mais eu tinha o apoio do Alto-Comando do Exército", avaliava Moraes. Com o respaldo dos generais mais antigos, ele dobrou a aposta para neutralizar os sucessivos relatórios que os militares enviavam ao tribunal, repletos de pedidos e questionamentos de informações ou providências.

"Paulo, é pegar ou largar. Eu sou amigo de vocês, não vou esculachar vocês em público, porque se eu der uma entrevista falando das perguntas que vocês fazem, que é o básico, será vergonhoso, que vocês perderam até o prazo para pedir acesso ao código-fonte", disse Moraes, segundo testemunhado por assessores.

"Alguém pode instalar um programa espião numa urna se tiver acesso ao código e pode ser que isso influencie", argumentou o ministro da Defesa.

"Ô, Paulo Sérgio, é o seguinte: pode existir o programa espião, pode eventualmente ser instalado e não é certeza nem que faça diferença. É isso que você está me falando?"

"É."

"E se for instalado numa urna só, qual a diferença?"

"Mas alguém pode fazer em todas", insistiu Nogueira.

"Quem vai fazer em todas? Ô, Paulo Sérgio, pode ser que caia um meteoro e destrua a Terra. Tenha a santa paciência."

"É... mas, veja, no primeiro turno em algumas unidades da Federação a diferença entre os votos era de quatro minutos e caiu para dois minutos."

"E?", perguntou o presidente do TSE.

"Isso pode indicar que o mesário..."

Moraes o interrompeu:

"Ô, Paulo Sérgio, o mesário pode fraudar lá ou no voto caso fosse em papel. Mas isso o partido do presidente tem que fiscalizar. E, mesmo assim, seriam de dez a quinze votos... Para com isso. Paulo Sérgio, vou te falar como amigo: vai passar a eleição e você vai se desmoralizar, vai tomar uma ação de improbidade, porque o Tribunal de Contas da União está em cima de você, e mesmo que o Bolsonaro ganhe ele vai te esquecer. Você vê quantos generais ele já mandou embora", referindo-se à auditoria nas urnas e ao trabalho dos militares na comissão criada por Barroso.

O TCU observava se os militares estavam usando recursos públicos indevidamente para gerar dúvidas sobre o processo eleitoral. E o tribunal cobrava do Ministério da Defesa, pelas mãos do ministro Bruno Dantas, que apresentasse o relatório sobre as urnas no dia das eleições. Documento que, já se sabia, não traria nenhuma conclusão apontando falha nos equipamentos.

Das propostas que os militares fizeram ao TSE para aumentar a segurança das eleições, só uma foi rejeitada. E por uma avaliação de que ela poderia esbarrar na Lei Geral de Proteção de Dados Pessoais. Outras dez foram acolhidas total ou parcialmente, como uma feita pelo próprio ministro da Defesa, para que mais urnas fossem submetidas ao teste de integridade — sorteiam-se as máquinas para passar por uma simulação de votação que testará se o software está funcionando, o que é feito em toda eleição. E cinco outras recomendações ou propostas serão analisadas nas próximas eleições, porque tratam de etapas do processo eleitoral que já passaram.

Como Moraes disse ao ministro, a Defesa não pediu nem sequer o código-fonte para analisar as linhas de programação do equipamento (não que ele não tenha sido auditado, inúmeros outros institutos técnicos o municiaram). Os militares só foram pedir acesso ao código em agosto de 2022, a dois meses das eleições. E estampando o carimbo vermelho de "urgentíssimo" no ofício enviado ao TSE. O código estava disponível desde 2021 para quem quisesse apurar sua integridade.

A Defesa entrou no jogo da política. Bolsonaro traça um script conhecido, baseado no conflito permanente e cada vez mais barulhento. Ele precisa do conflito para governar e se manter no poder. Sem isso não há engajamento, ele perde a sua maior força. Quem disse isso foi ele próprio. E se a urna é uma máquina feita justamente para eliminar o conflito, ela entra na linha de tiro, no fogo cruzado.

As urnas eletrônicas foram o antídoto que o TSE desenvolveu na década de 1990 contra as fraudes eleitorais que maculavam o processo de apuração dos votos. As cédulas em papel, preenchidas à caneta pelos eleitores — numa época de taxa de analfabetismo ainda elevada — e depois contadas uma a uma por milhares de pessoas em milhares de mesas dispersas pelo país e sem fiscalização adequada, tornavam a contagem dos votos lenta, imprecisa. E sobretudo subjetiva — se o eleitor escrevia o nome de seu candidato com um erro de grafia, o voto valia? Cabia aos fiscais decidir se o voto mal escrito era válido ou não.

Em 1970, na noite profunda, em Ituiutaba, Minas Gerais, milhares de cédulas em branco foram roubadas e preenchidas com o nome de candidatos para as eleições locais. O caso chegaria depois à mesa de um jovem juiz federal — Carlos Velloso, mais tarde ministro do Supremo e presidente do TSE. As evidências eram imensas, impossível escondê-las. E também era evidente que um colega de Velloso de magistratura havia participado dessa fraude. O juiz responsável por fiscalizar as eleições foi, no mínimo, omisso diante de esquema tão escandaloso. Velloso condenou o juiz por não coibir ou denunciar a fraude. "Aquilo me impressionou, me martirizou até", disse Velloso.

Mais de vinte anos depois, em 1994, um dos maiores escândalos de fraude foi descoberto no Rio de Janeiro. O esquema envolvia pagamento de propina para que a contagem dos votos fosse manipulada em favor de determinados candidatos. Em córregos da cidade, encontraram-se urnas inteiras com cédulas preenchidas; nas ruas, votos descartados, cédulas em branco preenchidas por fraudadores na hora da apuração. Se isso acontecia num dos grandes centros do país, com toda a atenção da imprensa local e nacional, o que não ocorreria em estados mais distantes e cidades pequenas?

Quando chegaram a Carlos Velloso as notícias de fraudes nas eleições do Rio de Janeiro, ele estremeceu. Sobretudo porque iria tomar posse como presidente do TSE e seria responsável por presidir as eleições seguintes. Se foi assim no Rio, imagina no resto do Brasil. A possibilidade de termos uma "nova Ituiutaba", agora em escala nacional e sob a sua batuta, assombrava o ministro.

A fim de acabar com as fraudes, o TSE resolveu informatizar a Justiça Eleitoral. Pela primeira vez na história, todos os votos seriam contabilizados de forma digital. Para tentar achar uma solução... Velloso foi jogar tênis. A única pessoa que poderia ajudá-lo era seu rival nas quadras do Clube Naval, Paulo Camarão. Um tremendo nerd, um físico nuclear apaixonado por informática. Além de trabalhar no Serviço Federal de Processamento de Dados (Serpro), Camarão era o autor do *Glossário de informática* brasileiro — foi ele que catalogou e abrasileirou mais de 17 mil termos de informática, vários do quais nós usamos até hoje. "Reinicializar"? É dele.

Todos os tribunais regionais eleitorais foram equipados com supercomputadores, montou-se uma rede própria para a transmissão de dados, contratou-se um sistema operacional, software, banco de dados e servidores de impressão. Era o que havia de mais moderno na época.

Carlos Velloso decidiu que as eleições de 1996 já teriam urnas eletrônicas, ele queria livrar a apuração dos votos das mãos humanas. Uma máquina faria a contagem, sem abrir brechas para depois manipular votos já inseridos nas urnas. Assim, ele montou uma comissão de especialistas para, em menos de dois anos, projetar, testar, aprovar e construir uma urna que pudesse substituir o papel. Nomeou um integrante do Ministério da Marinha, outro do Ministério da Aeronáutica e um representante do Exército, além de dois técnicos do Instituto Nacional de Pesquisas Espaciais (Inpe). Os militares, portanto, estão envolvidos na gestação das urnas eletrônicas, inclusive na definição das regras de segurança.

Mas, como todo equipamento eletrônico, as urnas foram se desenvolvendo com o tempo e sendo atualizadas. Novas barreiras de segurança foram criadas para protegê-las. Assinaturas criptográficas e testes de segurança, desde a fabricação até sua utilização, tornaram os equipamentos mais seguros e blindados contra fraudes.

Um dos integrantes desse time era Giuseppe Janino, um ex-controlador aéreo da Aeronáutica que destoava dos descendentes de japoneses que compunham a equipe, chamados de ninjas. Um edital para a compra das urnas eletrônicas foi feito. Três empresas apresentaram protótipos e cada um foi submetido a uma bateria de 96 testes diferentes. Como todas passaram nos testes, o preço passou a ser o diferencial. Há quem diga que a urna da IBM era a mais bonita, mas a mais cara. Em março de 1996, a proposta mais barata — 69 milhões de reais — venceu a disputa e vinha da Unisys.

A empresa precisava iniciar a produção para entregar 77 549 urnas para o TSE usar nas eleições de 1996, que aconteceriam dali a sete meses. Com as urnas sendo produzidas, o TSE iniciou uma campanha para que as pessoas aprendessem a usar as maquininhas. O tempo estava se esgotando e a campanha do TSE precisava correr por todo o Brasil. Mas o Tribunal se precaveu: as urnas só seriam usadas em 57 cidades com mais de 200 mil habitantes. As eleições de 1996 foram um sucesso.

(E Janino se tornaria um alvo a ser atacado pelo bolsonarismo antiurnas. Em 2015, como relatado em capítulo anterior, a afirmação de Bolsonaro na CCJ de que não confiava nas urnas eletrônicas foi dirigida a ele, Giuseppe Janino.)

A partir de 2000, todos os eleitores passaram a votar nas urnas eletrônicas. Cédulas de papel, apenas se as máquinas dessem problema e não pudessem ser substituídas. A implementação do voto eletrônico eliminou as denúncias de fraudes na apuração, incluiu os analfabetos (que tinham dificuldade em ler ou escrever os nomes de seus candidatos), acelerou o processo de apuração (em vez de dias ou semanas, os eleitos são proclamados em questão de horas) e, por consequência, encurtou os conflitos eleitorais (que antes se estendiam ou mesmo se aprofundavam nas semanas que separavam a votação da data da proclamação do resultado).

Mesmo que nenhuma fraude na apuração tenha sido denunciada e detectada desde então, as desconfianças sobre a segurança do equipamento se instalaram em algumas mentes. Em 2002, o presidente do TSE, Nelson Jobim, quis exorcizar esse fantasma e determinou que as urnas imprimissem os votos no Distrito Federal e em Sergipe. O resultado foi, por um lado, positivo: nenhuma denúncia de inconsistência entre os votos digitados e aqueles computados no papel. Mas houve uma consequência negativa: as impressoras enganchavam o papel, tinham de ser reiniciadas e, por isso, a votação nas duas unidades da federação atrasou.

Página virada, o voto impresso deixou de ser uma demanda dada a evolução do processo tecnológico. Voltar à realidade do papel era regressar no tempo e criar uma vulnerabilidade no sistema. Esse sempre foi o discurso do TSE, baseado no histórico de nossas eleições e no desenvolvimento tecnológico das urnas — que já garantiam a segurança necessária e a transparência. Mas esse discurso repetido pelo TSE não foi capaz de convencer a classe política. Em 2009, o Congresso aprovou e o então presidente Lula sancionou o projeto de lei que criava o voto impresso para as eleições de 2014. Mas o Supremo declarou a lei inconstitucional, pois punha em risco o sigilo do voto (e o eleitor receberia um recibo que depois poderia servir para confirmar em quem havia votado).

Nas eleições de 2014, o candidato do PSDB, Aécio Neves, derrotado por Dilma Rousseff, pediu uma auditoria das urnas, alegando — com base em boatos e notícias que hoje seriam classificadas como fake news — ter havido manipulação. Essa contestação amplificou a lenda urbana, como definiu o ministro Gilmar Mendes, de que as urnas seriam manipuláveis.

Uma auditoria foi feita: as urnas não haviam sido fraudadas. Mas o PSDB, para confortar seu candidato derrotado, insistiu na narrativa, falsa, de que a auditoria não poderia ser categórica porque as urnas não seriam auditáveis. A partir daí, o Congresso insistiu na tentativa de aprovar uma lei para imprimir os votos. Com o apoio de todos os partidos, da esquerda à direita, deputados e senadores aprovaram uma lei para que as eleições de 2018 já tivessem voto impresso em todas as urnas. Mas o Supremo novamente julgou a lei inconstitucional.

Bolsonaro era um dos parlamentares que punha em dúvida a legitimidade das urnas, embora sem argumentos para revelar qualquer indício de fraude. Mas, depois das eleições de 2018, o argumento, que até podia ser genuíno em sua ignorância sobre o funcionamento do equipamento, converteu-se em alegação oportunista para os planos de erosão do processo democrático. O presidente se alimentou de críticas que vinham de alguns pesquisadores que o próprio TSE chamava para testar a vulnerabilidade das urnas. Falhas que eram apontadas e corrigidas assim que identificadas. Mas nenhuma das brechas indicou alguma possibilidade de fraude. Bolsonaro levantou a bandeira do "voto impresso e auditável" e instrumentalizou os militares a insuflar essa narrativa.

O livro *Poder camuflado*, de Fabio Victor, traz a conversa do então comandante do Exército, Edson Pujol, com um colega ao tratar da personalidade de Bolsonaro. "Você tem de respeitar as idiossincrasias do cara, não pode querer que ele mude a personalidade dele, ele sempre foi assim."

* * *

"Ministro, quero os comandantes fardados comigo no helicóptero", disse o presidente a Fernando Azevedo, titular da pasta da Defesa, segundo ministros do Planalto. Bolsonaro preparava um sobrevoo sobre a Esplanada, naquele maio de 2020, no fim de semana anterior à visita que fez a Toffoli no hospital, quando disse estar "preocupado" com as investigações do STF sobre fake news que alcançavam seus filhos. "Não dá presidente, eu vou, mas não os comandantes", respondeu-lhe Azevedo. Na avaliação de assessores do então ministro, o sobrevoo com militares seria a chancela derradeira, em imagens, das Forças aos movimentos.

Afável, com trânsito no Supremo, Azevedo funcionava como um amortecedor possível entre Bolsonaro e as tropas. Toda primeira terça-feira do mês, recebia para um coquetel privado o ministro Alexandre de Moraes no gabinete da Defesa. Moraes bebericava um uísque Dimple; Azevedo, cerveja, Corona de preferência. Canapés de presunto enrolado em cilindro com queijo muçarela compunham o cardápio. Eram amigos. Uma proximidade que agastava Bolsonaro.

Uma pesquisa realizada com manifestantes que estiveram na avenida Paulista no Sete de Setembro de 2021, conduzida pelo professor da USP Pablo Ortellado, mostrou que, para 59% dos entrevistados presentes à manifestação, o maior inimigo de Bolsonaro era o Supremo. Essa lógica de *friend or foe* que guiava Bolsonaro acabaria por desencadear a exoneração de Azevedo. Ele queria sequazes.

Sentado com o tronco arqueado para a frente, mãos sobre as coxas, numa posição que expunha o cacoete gestual do judoca faixa preta. Então ministro da Defesa, Braga Netto olhou num ângulo de baixo para cima e perguntou: "Vocês leram Huntington?". Provocado pelos autores a desenvolver o motivo da questão, o general disse: "Precisamos [nós, militares] ocupar mais espaços, ter mais poder".

A referência era ao livro *O soldado e o Estado: Teoria e política entre civis e militares*, editado no final dos anos 1950, do cientista político americano Samuel Huntington, leitura obrigatória nas academias militares. Essa era uma interpretação subjetiva que Braga Netto fazia e que servia aos militares que naquela ocasião ocupavam pastas civis no governo Bolsonaro. Mas essa leitura não encontrava eco entre os militares da ativa.

Na realidade, a "influência militar" que aumenta com a presença de militares em cargos de natureza civil é uma falha no controle democrático sobre as Forças Armadas. Dias depois dessa pergunta do ministro, submetemos a interpretação de Braga Netto a dois integrantes do Alto-Comando do Exército: "Ele está lendo Huntington errado", disseram.

Para esses generais, na época no serviço ativo (e essa é uma diferença importante para compreender como os integrantes das Forças Armadas atravessaram o governo Bolsonaro), os militares, como instituição, devem estar subordinados ao controle civil — como prescreve a Constituição. Ao mesmo tempo, devem maximizar seu profissionalismo — como aponta o professor João Roberto Martins Filho, em *Os militares e a crise brasileira*. Assim se dá o controle civil objetivo. "Essa é a equação", disseram os generais.

Não era assim tão simples separar a caserna do governo. No QG do Exército costumava-se usar um subterfúgio sempre que um oficial era nomeado para uma função em ministérios civis: "É uma missão". No início de 2021, a *Folha de S.Paulo* publicava a reportagem "Bolsonaro multiplica por dez número de militares no comando de estatais — com general na Petrobras, serão 92 cargos de chefia com as Forças Armadas; eram nove no fim do governo Temer". E assim o governo Bolsonaro provocou a maior drenagem de militares das Forças desde a ditadura para alojá-los em "missões" civis bem remuneradas.

"Missão" era um antídoto usado pelos militares da ativa para justificar a conurbação com a política sem que esta contaminasse os quartéis. Em depoimento à CPI da covid, Pazuello foi questionado por que fora exonerado do Ministério da Saúde. "Missão cumprida", foi a resposta. No dia de sua saída, em 24 de março de 2021, o Brasil havia atingido a marca de 300 mil mortos em decorrência da covid.

Na definição de generais que o conheciam de perto, Pazuello era um "bostejador" — alguém, como dizem os militares, que fala demais, sem relevância. "Sabujice", disse um general quando o então ministro da Saúde, em outubro de 2020, afirmou numa live presidencial, após um recuo na decisão de comprar a vacina CoronaVac: "Um manda e o outro obedece". O Exército não era um monólito infenso ao bolsonarismo, pelo contrário, e foi o que contribuiu para as dúvidas sobre a solidez do compromisso dos militares com a democracia.

Pazuello tinha costas quentes, e isso espantava o Supremo. Em maio de 2021, o general, ainda na ativa, sobe num trio elétrico no Rio e discursa ao lado de Bolsonaro. Na mesma manhã daquele domingo, os autores conversam com dois generais do Alto-Comando. A avaliação do episódio não deixava dúvidas: "Absurdo!". "Será punido." Instaurado um procedimento, o então comandante e depois ministro da Defesa Paulo Sérgio Nogueira decidiu por nem sequer repreender o subordinado. Como Bolsonaro desejava a absolvição do aliado, o ministro construiu internamente uma versão de que não punir Pazuello seria respeitar a hierarquia, a vontade do comandante em chefe das Forças Armadas, o presidente da República.

Para quem olhava do Supremo, esse movimento de vaivém, militares e governo, era cada vez mais uma coisa só. "Querem dançar o bailão sem pisão no pé", costumava dizer o ministro Gilmar Mendes diante das reclamações dos militares quando suas gestões na Esplanada dos Ministérios eram alvos de críticas.

A dúvida sobre o comprometimento dos generais com a democracia diante do teste de estresse a que a Defesa submetia o TSE alimentava as suspeitas de golpe. Alguns que tinham o pulso do comando das Forças, como Moraes, Mendes e Toffoli, descartavam a hipótese.

Em agosto de 2022, a dois meses das eleições, o Exército emudeceu. O ACE se reuniu em Brasília. Em geral, encontros como esses, sazonais, servem para definir promoções — apenas em situações especiais analisa-se a conjuntura política.

Naquela ocasião, porém, foi apresentada uma pesquisa sigilosa encomendada a um instituto privado no Espírito Santo que trazia um dado que preocupou o Alto-Comando: apesar de ainda desfrutar de prestígio junto à população (com a confiança de 82% dos entrevistados), o Exército apareceu de forma significativa associado ao governo Bolsonaro, atrelando a Força a reboque do prestígio do presidente e inserindo a instituição na fossa da polarização política.

Logo, integrantes do Alto-Comando com interlocução com os ministros do STF passaram a ouvir um som de corneta diferente do desejado por Bolsonaro, pelos generais do Planalto e pelo ministro da Defesa. No 8 de janeiro, um indicativo de que o Exército não seria embalado pela sandice dos acampamentos (embora, por instrução de Nogueira, não tenham sido desmontados): dos dezesseis generais do Alto-Comando, dez estavam de férias. O professor Joaquim Falcão resumiu a "ação" dos militares diante da pressão de Bolsonaro: "Inagiram. Paralisaram-se".

A inação dos militares foi patente. O Exército possui 661 OMS (Organizações Militares) espalhadas pelo país. Divulgado o resultado das eleições, não se registrou nenhuma manifestação pública nesses quartéis, nenhum fardado em continência à bandeira, nenhum tiro para o alto, comboio de carros de combate ou desfile de tropas fora de expediente, com os seus característicos cânticos — enfim, não se produziu uma cena latino-americana golpista com o protagonismo de militares. "Um tanque na rua consumaria o golpe clássico", avaliou mais de uma vez Dias Toffoli. Parcelas de militares de diversas patentes aderiram e insuflaram o bolsonarismo, mas as FA como instituição mantiveram-se inertes ante os pedidos para que agissem anti-institucionalmente — o que só alimentou o desgosto dos bolsonaristas às vésperas do 8 de janeiro.

A PF teve acesso a um registro dessa insatisfação com o Alto-Comando do Exército ao fazer uma perícia no celular de Ailton Barros, amigo de Bolsonaro e ex-major do Exército. Em conversa com Elcio Franco, ex-braço direito de Pazuello no Ministério da Saúde, Barros se ressente de que seu plano golpista de subversão do resultado das urnas não encontre guarida na cúpula do Exército. Em mensagem divulgada pela rede CNN, ele escreveu, referindo-se ao comandante de uma unidade de elite da Forças Armadas: "Esse Alto-Comando de merda que não quer fazer as porras, é preciso convencer o comandante da Brigada de Operações Especiais de Goiânia a prender o Alexandre de Moraes".

Em dezembro de 2022, na última cerimônia de oficiais promovidos durante seu governo, Bolsonaro, com os olhos marejados e ao lado da primeira-dama, estendia a mão a cada continência prestada pelos militares. Aproximou-se então um integrante da FAB, um brigadeiro; bateu uma continência brusca e, de cenho franzido, puxou a mão do presidente para um aperto firme e longo — foram cerca de dez segundos, ao longo dos quais ele repetiu algumas frases.

O evento não captou o som ambiente; os microfones não estavam direcionados para Bolsonaro. Tudo era mudez. Nas redes sociais, no TikTok em especial, proliferaram versões para os diálogos na fila dos cumprimentos — havia versões manipuladas digitalmente que diziam que tropas se aproximavam de Brasília; que os militares estavam ali, à espera do comando para o golpe. Foram muitas as frases fakes "coladas" às bocas dos generais.

Submetemos a imagem a duas especialistas em leitura labial que trabalham com deficientes auditivos, e as frases se mostraram inócuas do ponto de vista da narrativa golpista: "Jesus te ama", disse o brigadeiro. E repetiu: "Jesus te ama". Naquele dia Bolsonaro chorou.

9. A fumaça se dissipa

A fila indiana andava de modo ordenado, só se desalinhava na "proa". Na retaguarda, os dois advogados integrantes do colegiado respeitavam a ordem de antiguidade e seguiam, um atrás do outro, os dois ministros do Superior Tribunal de Justiça, eles também postados pela ordem de suas nomeações. Na dianteira, um desaprumo conferia àquela fiada o desenho de uma flecha em movimento: os três ministros do Supremo Tribunal Federal espalhavam-se, figurando um triângulo isósceles — Alexandre de Moraes, presidente do TSE, no ângulo do vértice; Ricardo Lewandowski e Cármen Lúcia na base. Nessa formação eles adentraram mais uma sessão de julgamentos do TSE entre o primeiro e o segundo turno das eleições de 2022. Quando passavam pelo "iglu", pequeno corredor abobadado que precede a entrada para o plenário, Lewandowski disse: "Nós precisamos salvar a nossa pele". O desabafo, testemunhado por colegas de tribunal, era consequência de uma conversa prévia travada entre os ministros. O trio do Supremo se esforçava em convencer os demais colegas a darem respostas uníssonas nos julgamentos envolvendo o então presidente e candidato à reeleição Jair Bolsonaro.

Dias antes, em 27 de setembro, ao julgar uma ação que contestava a legalidade de gravar lives eleitorais diretamente do Palácio da Alvorada, o placar foi um apertado 4 a 3, com derrota de Bolsonaro. Até ali, os três do STF formavam um grupo coeso e atraíam sempre um quarto voto, de Benedito Gonçalves, corregedor da Justiça Eleitoral e ministro do STJ, para assim formar uma maioria precária contra acusações ao sistema eleitoral e a disseminação de notícias falsas. Decisões em sintonia, por unanimidade ou placar mais alargado como não vinham ocorrendo, mostrariam a Bolsonaro que sua empreitada não vingaria.

Até junho de 2020, ainda ministro substituto do TSE, Alexandre de Moraes assistiu a frequentes reveses dos ministros do Supremo, por quatro votos contra três, nos julgamentos de processos eleitorais relevantes juridicamente. As teses de Rosa Weber, Luís Roberto Barroso e Edson Fachin eram soterradas pelos outros quatro juízes — os dois do STJ e os dois advogados que também integram a Corte. Ou seja, os ministros do Supremo não exerciam com sucesso seu natural poder de influência para convencer colegas. "Quando eu for presidente, isso não vai acontecer", confidenciou Alexandre a um colega.

O TSE era a segunda frente das ofensivas de Bolsonaro — e, ao lado do STF, a principal resistência institucional à destruição da democracia. A mesma corte que negou o registro de candidatura de Lula em 2018, que organizou as eleições em que Bolsonaro foi eleito e que o diplomou agora lhe parecia uma ameaça. A tese dos bolsonaristas era de que ministros do TSE, num suposto plano de alinhamento das elites contra o povo, perseguiriam o presidente, manipulariam o julgamento dos processos a fim de impedi-lo de vencer as eleições, fraudando as urnas para dar a vitória a seu adversário.

Em janeiro de 2021, momento em que eleitores de Donald Trump tentaram impedir o curso do processo eleitoral nos Estados Unidos e invadiram o Capitólio, a sede do Congresso, alegando que as eleições haviam sido fraudadas, ministros do TSE, em recesso, assistiam às cenas ao vivo. Um deles com atenção especial, e por motivos óbvios. Pelo rodízio das cadeiras, Alexandre de Moraes seria o presidente do TSE nas eleições de 2022. Edson Fachin ficaria na presidência por apenas seis meses, pois seu mandato como ministro do TSE venceria nesse prazo e ele não poderia ser reconduzido para mais dois anos. Fachin passaria o comando do processo eleitoral a Moraes em agosto de 2022. O que Moraes via nas imagens que chegavam de Washington se repetiria aqui — era uma aposta baseada em tudo o que o presidente Bolsonaro vinha dizendo e pelas relações estreitas que haviam se firmado entre a direita americana e o bolsonarismo. Naquele dia, numa mensagem de WhatsApp, Moraes garantiu, escrevendo apenas uma palavra, que o TSE trabalharia para evitar que se repetisse o caos no Brasil: "Preparado".

Nos Estados Unidos, os procedimentos pós-eleições diferem dos nossos. Lá, é o Congresso que homologa o resultado do colégio eleitoral e declara oficialmente o vencedor. Foi justo essa etapa final, comparável no Brasil à diplomação do presidente da República, que os trumpistas radicais tentaram impedir: o reconhecimento e a oficialização da vitória de Joe Biden. Aqui, cabe ao TSE diplomar o presidente da República. Portanto, se os eleitores de Bolsonaro quisessem repetir o que os trumpistas haviam feito, o endereço em mira seria o vasto e isolado prédio do TSE.

"O Capitólio é aqui", dizia Fachin, quando estava no TSE. Essa preocupação esteve na pauta dos ministros desde a invasão em Washington até as eleições de 2022 e a diplomação de Lula, em 12 de dezembro. A segurança no TSE teria de ser reforçada. Um trabalho de inteligência, assim como o Supremo já vinha fazendo, teria de prever os riscos. O tribunal precisava arquitetar um plano para cenários extremos, como a invasão ou o fechamento de todos os acessos ao prédio. A sequência do processo eleitoral não poderia ser interrompida por bolsonaristas radicais. A cúpula da Corte proclamaria o resultado das eleições de qualquer modo ainda na noite do dia 30 de outubro, depois que um dos candidatos alcançasse a maioria do eleitorado. Se o tribunal estivesse inacessível devido a protestos, se os ministros não pudessem acompanhar a totalização dos votos de dentro do TSE por razões de segurança, eles oficializariam o resultado de qualquer lugar do país ou mesmo numa sessão em ambiente virtual — até porque o sistema de contabilização dos votos eletrônicos já indicaria o vencedor das eleições presidenciais. O resultado oficial, mesmo com o tribunal fechado, estaria publicado na página do TSE, seria noticiado por toda a imprensa do Brasil e do mundo, e a vitória legítima — de Lula ou de Bolsonaro — receberia o reconhecimento dos presidentes de outros países.

O TSE, mais especificamente no mandato de Edson Fachin, teve especial cuidado em sensibilizar a comunidade internacional a respeito do que poderia acontecer no Brasil. Dentre os ministros do Supremo, ele foi dos primeiros — se não o primeiro — a acreditar e reservadamente prever que o Brasil enfrentaria uma ameaça de ruptura institucional. Convenceu-se disso ainda em 2018 com as declarações sobre o STF feitas por Bolsonaro e seu filho Eduardo durante a campanha. O Brasil não estava desconectado do movimento global de ascensão da direita e das ameaças antidemocráticas que se viam em diversos continentes.

Como vice-presidente do TSE, quando militares promoveram um golpe de Estado em Mianmar, país no Sudeste Asiático, Fachin se pronunciou em nota oficial publicada nas páginas do TSE e do STF. Ele foi a única autoridade brasileira a se pronunciar sobre a crise política no distante país. Por quê? Porque Fachin estava convencido de que esse também seria o futuro do Brasil. Passaríamos pela mesma provação. Ele repudiaria cada uma das tentações autoritárias em qualquer país, porque esperava que fizessem o mesmo quando chegasse o nosso momento. "Golpe algum, em circunstância alguma, é mal necessário. Golpe sempre é um mal. Emergências e crises devem ser resolvidas dentro da democracia. Violações de direitos humanos e afrontas às garantias fundamentais devem ser apuradas e decididas na legalidade democrática", escreveu. "Depreende-se que a não aceitação do resultado eleitoral em eleição normal e legítima pode resultar em violência, mortes e ditadura."

Por mais que as realidades políticas dos dois países fossem distintas, algumas semelhanças davam a Fachin a convicção de que já estávamos caminhando para uma ruptura. E seu texto identifica as semelhanças, mesmo que ainda falando de um lugar longínquo como Mianmar: "Impende atentar para a militarização dos governos como fenômeno altamente preocupante. O poder militar, nas democracias, deve ser sempre subordinado ao poder civil". Com sua linguagem característica, num discurso nem sempre explícito, Fachin falava a Bolsonaro e a quem o sustentava:

> Ao redor do planeta a perversa desmoralização das eleições invade a espacialidade discursiva como parte de projetos que visam ao colapso das democracias. Nesse panorama, ataques à credibilidade dos pleitos avultam como estratégias coordenadas, destinadas a formar um caldo de cultura tendente a justificar, com a divulgação dos resultados, a recusa do julgamento coletivo.

E concluía: "Cumpre vigiar".

O tribunal foi atropelado pela avalanche de fake news nas eleições de 2018. A máquina de disseminação de notícias fraudulentas continuava operando: os ministros não souberam como agir e tinham a ilusão de que os instrumentos jurídicos ordinários seriam capazes de contê-la. A velocidade com que as mentiras se espalhavam contrastava com a natural lentidão do processo judicial e de seus prazos bem definidos.

Uma parte das falsidades veiculadas em 2022 mirava a regularidade do processo eleitoral, a confiabilidade das urnas eletrônicas e dos ministros do TSE. Com as limitações da Justiça Eleitoral e tendo como porta-voz dessas mentiras o presidente da República, que contava com o apoio dúbio do Ministério da Defesa, esse comportamento passava impune e gerava bons frutos eleitorais.

O exemplo de como as mentiras sobre o TSE se alastravam sem controle vibrou no celular de Alexandre de Moraes. Ele pegou o aparelho, abriu o WhatsApp e viu que sua mãe havia lhe encaminhado um vídeo. O ministro clicou no link e começou a assistir à edição de imagens e falas que, lá pelas tantas, atacavam justamente a ele, Alexandre de Moraes. As críticas não diferiam muito de tudo o que ele já tinha ouvido — acusações de perseguição, decisões arbitrárias e que tais. A novidade agora era que sua mãe é que estava repassando o vídeo para as amigas, como que aquiescendo com o conteúdo. O ministro imediatamente perguntou se ela havia prestado atenção no que estava espalhando. Não, ela não havia visto até o final. Mas parou de repassar o link.

O TSE precisou mudar seu comportamento em relação a essa engrenagem de fake news em período eleitoral. E o estopim desse *turning point* aconteceu em outubro de 2021, quando o TSE pinçou um caso para usar de exemplo. Nas eleições de 2018, Fernando Francischini, apoiador de Bolsonaro, disputava uma vaga na Assembleia Legislativa do Paraná, sempre repetindo a ladainha bolsonarista e negacionista. Foi eleito com votação expressiva, tornando-se o mais votado na história do estado. No dia do primeiro turno, ele iniciou uma live em seu perfil de rede social às 16h38 levantando suspeitas de que as urnas haviam sido manipuladas para impedir que se votasse em Bolsonaro. Baseou-se no fato de, por problemas técnicos, duas máquinas terem sido substituídas em seções eleitorais — procedimento corriqueiro — e disse que havia um conluio, inclusive com a participação do governo venezuelano, para manipular as eleições em favor do PT. As urnas foram periciadas, nenhuma fraude foi identificada.

Apesar de o vídeo ter ido ao ar a 22 minutos do encerramento da votação, portanto com efeitos reduzidos sobre o eleitorado no primeiro turno (a live foi vista por aproximadamente 70 mil pessoas de diferentes estados), o TSE considerou que seu potencial de estrago era enorme — os dados indicavam que, até 12 de novembro de 2018, o vídeo contabilizava 6 milhões de visualizações. Cassar Francischini seria crucial para que o TSE protegesse o sistema eleitoral contra mentiras desse tipo.

Em 2018, mesmo eleito no segundo turno, Bolsonaro insistia que as máquinas haviam sido adulteradas. Qual não seria o tumulto que ele poderia causar em 2022, agora ocupando a cadeira presidencial, se fosse derrotado? Em 2021, Francischini foi cassado porque seu comportamento ameaçava o processo eleitoral e porque o TSE precisava demarcar um limite para esse tipo de fake news.

Um ano depois, o TSE aprovou uma resolução para alargar sua atuação ao estabelecer que estaria violando a lei o candidato que compartilhasse "fatos sabidamente inverídicos ou gravemente descontextualizados" que atingissem a integridade do processo eleitoral, "inclusive os processos de votação, apuração e totalização de votos". O caso Francischini se encaixava nessas resoluções e serviria de instrumento para cassar quem quisesse pôr em xeque a lisura do sistema eleitoral.

Deixando as palavras de lado e indo para o campo das ações, o TSE também se preocupava com atentados que poderiam ocorrer durante o processo eleitoral ou no dia da eleição. Os dados sobre o aumento de circulação de armas de fogo faziam crer que uma eleição polarizada como a de 2022 seria marcada por casos de violência. O TSE, por isso, proibiu a circulação de armas e munições por colecionadores e caçadores no dia do pleito. O número recorde de mesários voluntários também poderia indicar que bolsonaristas estavam se infiltrando nas seções eleitorais para tumultuar o processo. Por fim, o discurso virulento contra as urnas poderia insuflar eleitores insensatos a tentar destruir as máquinas. Entretanto, nada disso aconteceu (salvo casos isolados).

No primeiro domingo de outubro, o maior problema para o eleitor foram as filas em razão da identificação biométrica. No segundo turno, entrou em cena a Polícia Rodoviária Federal comandada por Silvinei Vasques, que no passado fora apenas um policial que fazia operações precursoras de moto e, com o dedo de Flávio Bolsonaro, acabou catapultado a chefe da PRF. No dia da eleição, a cúpula da PRF ordenou que se fizessem operações nas estradas, retardando a movimentação de eleitores. A explicação para as revistas em ônibus e carros de passeio era que elas procuravam coibir o transporte irregular de votantes. Mas havia uma concentração desses bloqueios em estados do Nordeste, onde Lula desfrutava de maioria consolidada, e por isso suspeitou-se que a ação era parte da estratégia bolsonarista de última hora para evitar uma derrota do presidente.

Alexandre de Moraes não perde tempo e convoca Silvinei Vasques a prestar esclarecimentos imediatos sobre as operações. O policial vai ao TSE no início da tarde em companhia de outros agentes, e ouve um recado direto: "Se as operações não acabarem agora, você está preso". Também em razão desses bloqueios, o PT pediu a Moraes que a votação fosse prorrogada por mais duas horas nos estados do Nordeste. "Vocês estão loucos? É tudo que o presidente quer", respondeu o ministro, segundo advogados do PT que acompanharam o caso. Desconfiando que muitos eleitores não puderam votar devido à ação da PRF, o partido julgava que um encerramento mais tardio poderia diminuir o prejuízo. Mas não havia relatos de eleitores impossibilitados de votar. A PRF os parava e retardava a chegada às seções, mas não os impedia de seguir. Alterar as regras de última hora para beneficiar eleitores de Lula só reforçaria a narrativa bolsonarista. Moraes rejeitou o pedido, e as urnas foram fechadas no horário de sempre. As eleições transcorreram sem casos de violência, sem ataques às urnas e sem indício de fraude.

No TSE, porém, ainda piscava uma luzinha de alerta: o risco da emulação da tomada do Capitólio. Por isso, ao assumir o comando do tribunal em fevereiro de 2022, um ano depois de seu alerta aparentemente descolado da nossa realidade, Fachin disse que estava mergulhando num vulcão — uma missão que seria suicida se não fosse planejada. Seu roteiro era ilustrado por uma estrela de sete pontas, um diagrama impresso de papel com a figura. Em cada um dos vértices, um tema sensível com ações a serem adotadas.

Numa das pontas estava a relação do TSE com a comunidade internacional, incluindo autoridades e jornalistas de outros países, os "diálogos exógenos". Seria fundamental convencer o mundo de que o processo eleitoral brasileiro era íntegro e imune a fraudes e que as alegações de fragilidade das urnas eram tão somente a retórica que antecede uma tentativa de golpe. Uma das ações previstas para essa ponta da estrela foi a reunião com 120 embaixadores batizada de "sessão informativa para as embaixadas". As embaixadas questionavam se essas reuniões eram praxe em tempos de eleições. Não, o encontro seria inédito, dadas as insistentes tentativas de Bolsonaro de contestar a regularidade do processo eleitoral. Mas, se isso fosse dito abertamente, a reunião poderia ser esvaziada. Dos convidados, representantes de oitenta países compareceram ao TSE para ouvir os alertas da Justiça Eleitoral brasileira.

A data escolhida, 31 de maio de 2022, era também estratégica, já que a partir de junho o período de férias no hemisfério Norte desmobilizaria alguns embaixadores. Como Fachin tinha certeza de que a reação do presidente viria, ele escolheu esse dia justamente para dificultar as coisas. O Itamaraty demoraria para organizar a contraofensiva, correndo o risco, que se consumou, de promover um encontro menos prestigiado. Bolsonaro convidou os mesmos embaixadores, mas o quórum foi mais baixo, uma vez que alguns já aproveitavam as férias e declinaram do convite. Fachin foi direto em sua fala:

> para além da covid-19, cumpre constatar o infeliz espraiamento de outra forma de vírus, com efeitos deletérios sobre a saúde, não das pessoas diretamente, mas da vida democrática nacional. Estou me referindo ao vírus da desinformação sobre o sistema eleitoral brasileiro, que, de maneira infundada e perversa, procura incessantemente denunciar riscos inexistentes e falhas imaginárias.

A expectativa do TSE era que, cientes de que o sistema eleitoral brasileiro era seguro e imune a fraudes, os governos de diversos países imediatamente reconhecessem a vitória de Lula ou de Bolsonaro. E foi por isso que Bolsonaro reagiu com tanta virulência quando percebeu a clara estratégia do TSE por trás daquela reunião com os embaixadores. A estrela de sete pontas de Fachin e as ações de Barroso e Moraes estreitavam o cerco às manobras de Bolsonaro de ganhar as eleições no grito. O tribunal agia para resguardar a integridade do processo eleitoral.

Bolsonaro protestou: "O que ele [Fachin] fez essa semana que passou? A política externa é minha e do ministro França (Relações Exteriores). Ele convida em torno de setenta embaixadores e, de forma indireta, ataca a Presidência da República, como um homem que não respeita a Constituição, não respeita o processo eleitoral", disse em pronunciamento no dia 7 de junho, na semana seguinte à reunião. E acrescentou que o presidente do TSE, indiretamente, fez um apelo para que os chefes de Estado reconhecessem de imediato o resultado das eleições, logo depois de divulgado. Bolsonaro não gostou: "O que é isso se não um arbítrio? Um estupro à democracia?".

Mas aqueles embaixadores já estavam majoritariamente convencidos de que a urna eletrônica era segura. A reação do presidente não conseguiria sensibilizá-los. E, para piorar sua situação, Bolsonaro deu argumentos para que o Ministério Público Eleitoral abrisse uma investigação contra ele: seu discurso aos embaixadores foi considerado um atentado contra a legitimidade do sistema eleitoral. Bolsonaro havia violado a lei. Era mais uma das tantas acusações contra o presidente pela prática de crime eleitoral.

Com a proximidade das eleições, Bolsonaro intensificou o assédio ao sistema — mais ao sabor do grupo ideológico que o cercava e menos atento aos apelos do Centrão, que o puxava para a disputa no voto. Por quaisquer das estratégias, não havia mais retorno. Ou ganhava as eleições, usando a máquina e colecionando acusações de crimes eleitorais, ou temia por sua liberdade e seu futuro político. Em junho de 2023, o TSE condenou Bolsonaro por abuso de poder político e uso indevido dos meios de comunicação, por conta de seu discurso negacionista na reunião com os embaixadores. Pela condenação, permanece inelegível por oito anos.

Bolsonaro já havia instrumentalizado os militares para tentar ruir o sistema eleitoral, mas agora se servia da política internacional. "Mais uma vez a Justiça Eleitoral e seus representantes máximos são atacados com acusações de fraude, ou seja, uso de má-fé. Ainda mais grave é o envolvimento da política internacional e também das Forças Armadas, cujo relevante papel constitucional a ninguém cabe negar como instituições nacionais, regulares e permanentes do Estado, e não de um governo", disse Fachin no mesmo dia do encontro do presidente com os embaixadores. "É hora de dizer basta."

Bolsonaro e Fachin revelaram suas estratégias e suas forças ao movimentarem o tabuleiro internacional. Presidente da República e TSE mantinham elevada a tensão. Bolsonaro precisava ganhar, fosse pelo voto ou por alguma outra via. Tinha a máquina do governo e o apoio do Ministério da Defesa, semeou a desconfiança sobre as urnas. O TSE precisava erguer um muro de contenção, mas não tinha capacidade ou força para tanto sem apoio das demais instituições, da classe política, da sociedade civil, da imprensa.

As cerimônias de posse são atos protocolares em que os discursos anunciam os compromissos do tribunal, mas é a presença de autoridades — do Judiciário, do Legislativo, de governos estaduais e estrangeiros — que atesta o prestígio de quem está sendo empossado. No dia 16 de agosto de 2022, quando Alexandre de Moraes tomou posse como presidente do TSE, esse apoio não poderia ter sido mais enfático.

No código brasiliense, prestígio político é medida de poder. Sem essa moeda, os compromissos mais legítimos podem não passar de meras intenções, porque dificilmente se concretizarão sem o apoio dos demais Poderes. Alexandre de Moraes proferiu um discurso que passava pelos pontos tradicionais da fala de um novo presidente do TSE — a defesa da democracia e do sistema eleitoral, o respeito às regras do jogo e o repúdio às notícias fraudulentas. Mas, apesar da retórica seca, objetiva, sem nenhum floreio, foi aplaudido de pé. Nenhuma posse em Brasília foi tão emblemática quanto essa. Diante de Bolsonaro e seus ministros, que permaneceram em silêncio e de braços cruzados, e na presença de quatro ex-presidentes na primeira fila de convidados (Michel Temer, José Sarney, Lula e Dilma Rousseff), de candidatos à Presidência da República (além de Lula e Bolsonaro, Ciro Gomes, Simone Tebet e Soraya Thronicke), de governadores de estado, de todos os ministros do Supremo, do TCU e das demais cortes superiores, de parlamentares de diferentes espectros ideológicos e de representantes de 58 países, Moraes recebia carta branca para avançar. "O golpe fatal foi minha posse", diria Moraes, que também percorrera o arco que ia da incredulidade quanto à tentativa de golpe à convicção de que Bolsonaro, se tivesse os meios, o poria em prática.

Moraes usaria esse voto de confiança para dilatar os limites de sua atuação, impor medo a candidatos que quisessem surfar as ondas de fake news, proteger o TSE de novos ataques contra o sistema eleitoral, ampliar seus poderes e avançar sobre as redes sociais, determinando a retirada de conteúdo — e sendo muitas vezes acusado de restringir indevidamente a liberdade de expressão.

No TSE, dia de eleição é dia de plantão, de muito trabalho, mas também de certo clima de Copa do Mundo. Há uma tensão permanente no ar, paradoxalmente acompanhada de um clima de festa. Os gabinetes dos ministros, sempre fechados e guardados pelos seguranças, permanecem abertos, com as portas escancaradas. Os ministros contratam bufês para servir convidados e autoridades que sempre aparecem.

Em 2022, a apreensão sobrepujou o clima festivo. Alexandre de Moraes estava especialmente tenso. As piadas ou respostas irônicas aos comentários dos colegas foram substituídas pelo olhar vidrado no celular e pelo entra e sai do gabinete para decisões de última hora com seus assessores. Ele tentou, sem muito sucesso, refrear o acesso a seu gabinete e vetou que fossem servidas bebidas alcoólicas aos visitantes. Barroso disse que o clima no subsolo, onde observadores internacionais acompanhavam as eleições, estava melhor do que no gabinete da presidência: o bufê tinha sido liberado para servir algo mais forte que suco e refrigerante.

Se as eleições transcorreram sem violência ou intercorrências graves, o desassossego aumentou quando a apuração dos votos teve início. Cada ministro se concentrava em seu estado de origem. Moraes e Lewandowski se surpreenderam com o anúncio da vitória de Marcos Pontes. O ex-ministro de Bolsonaro chegava ao Senado pelo maior estado do país, tendo como grandes realizações ter "pegado uma carona para o espaço" e "vendido travesseiros", dizia Lewandowski. Pontes foi o primeiro brasileiro a viajar ao espaço, em 2006, e em razão disso foi depois contratado para fazer propaganda do chamado "travesseiro da Nasa" — um travesseiro que prometia melhorar a noite de sono de quem o utilizasse. Moraes estava mais impressionado com o fato de que seu amigo Rodrigo Garcia não conseguira sequer chegar ao segundo turno pela disputa do governo de São Paulo.

A eleição seria mais apertada do que alguns esperavam. O bolsonarismo estava vivo, apesar de todos os erros e a despeito de todos os esforços institucionais para contê-lo. Rosa Weber, diante de um dos telões, esperava pelos resultados do Rio Grande do Sul. Ao seu lado, o ministro Carlos Horbach, também gaúcho, via o vice-presidente da República, Hamilton Mourão, ser eleito para o Senado. Weber não escondia a surpresa diante da derrota de políticos tradicionais que, ao contrário de Mourão, tinham raízes mais profundas com o estado, como Olívio Dutra e Ana Amélia. "Ele só nasceu lá", ela repetia.

Com 6 milhões de votos a menos que Lula, Bolsonaro demonstrou sua força eleitoral no primeiro turno, com um fôlego que se refletiu na eleição de senadores que apoiava e nas bem-sucedidas vitórias de seus candidatos a governos estaduais, como São Paulo, Rio de Janeiro, Minas Gerais e Santa Catarina.

O presidente tinha então longas quatro semanas para tentar tirar a diferença, e acionaria instrumentos para isso. Uma primeira ação foi disparada com alarde: a falsa notícia de que rádios boicotavam maliciosamente as inserções de sua propaganda eleitoral em benefício de Lula, uma fraude que levaria tempo para ser sanada. E tempo, nesse caso, significava adiar o segundo turno das eleições até que Bolsonaro tivesse a mesma quantidade de propaganda que Lula. A tese foi levada ao TSE e recebeu pronta resposta de Moraes: além de demonstrar que o erro foi cometido pela própria campanha e pelo partido de Bolsonaro, a quem competia fiscalizar as inserções de rádio (como é de praxe em toda eleição), o presidente do TSE determinou que a Procuradoria-Geral da República investigasse a tentativa criminosa da campanha de tumultuar o segundo turno, acionou a Corregedoria-Geral Eleitoral para a instauração de procedimento administrativo e apuração de responsabilidade por uso de recursos do fundo partidário para tentar dar credibilidade à acusação e incluiu os responsáveis pela falsa denúncia no inquérito criminal que relatava no Supremo para investigar milícias digitais. Fábio Faria, ministro das Comunicações, que expusera a denúncia, diante do risco de ser investigado criminalmente, disse publicamente ter se arrependido da ação.

A máquina pública também seria usada nesse sprint final — o TSE não tinha força nem tempo para impor uma condenação a Bolsonaro em razão dos indícios de abuso de poder econômico. As consequências para ele viriam depois das eleições. Se perdesse, seria julgado e condenado pelo conjunto da obra e pela utilização do cargo em benefício próprio. A poucos dias do epílogo da disputa, redes sociais e aplicativos de mensagens também seriam usados mais intensamente para disseminação de ataques e mentiras. Uma fake news bem plantada, como tentaram no caso das inserções de rádio, poderia provocar estragos irreversíveis. O tribunal celebrou sua atuação no combate às notícias fraudulentas no primeiro turno. Não podia se deixar ludibriar no segundo.

Alexandre de Moraes coordenou a aprovação de uma nova resolução, mudando as regras quase no final da disputa. Disposto a combater os riscos que prenunciava para o processo eleitoral, o presidente do TSE precisava ampliar seu poder para determinar a retirada imediata de conteúdo de notícias fraudulentas das redes sociais e da internet.

No último domingo de outubro, os eleitores voltaram às urnas, agora sem filas. Moraes restringiu ainda mais o acesso a seu gabinete: apenas ministros do Supremo e do TSE e o presidente do Senado estavam autorizados a entrar. Duas ausências notadas e comentadas foram as de dois ministros do TSE e do Supremo, Nunes Marques e André Mendonça, ambos indicados por Bolsonaro. Assim como no primeiro turno, Moraes novamente vetou bebidas alcoólicas no tribunal. E soltou apenas uma piadinha ao longo do domingo: não podia fechar o dia sem mandar prender alguém. Ameaça de prisão ele já tinha feito, mas Silvinei Vasques recuara.

Uma vez iniciada a apuração, os ministros estavam convencidos de que, quando os votos do Nordeste começassem a entrar na contabilidade, a liderança de Bolsonaro desde a largada seria revertida. Exatamente às 18h44, o telão no gabinete de Moraes apontava a ultrapassagem de Lula. De olho na atualização, Barroso anunciou: "Virou, virou!". A partir dali, todos projetavam que Lula ampliaria a diferença, como de fato ocorreu: Lula foi eleito com 50,9% dos votos contra 49,1% de Bolsonaro.

As eleições aconteceram nas datas previstas, mesmo com as tentativas de Bolsonaro de adiá-las para reverter sua desvantagem; transcorreram de forma pacífica, a despeito do estímulo do presidente para que seus eleitores se armassem; as urnas eletrônicas funcionaram normalmente, apesar das suspeitas levantadas; a apuração dos votos foi rápida e transparente, dissipando as alegações de manipulação; e o eleitorado brasileiro foi em massa às urnas —

a taxa de abstenção foi a menor desde 2006, com o detalhe de que, pela primeira vez na história, houve menos faltas no segundo turno. "Não há prova maior de confiança no sistema do que ir votar", afirmou Moraes.

Antes de anunciar o resultado das eleições, o presidente do TSE telefonou aos candidatos para cumprimentá-los pela disputa e comunicar que o tribunal estava pronto para confirmar os dados. Duas ligações rápidas, sem muita conversa. Não era hora. Era preciso que o resultado fosse proclamado e reconhecido — pelos candidatos, pelas instituições, pelos governos estrangeiros.

Arthur Lira, aliado de Bolsonaro, foi o primeiro a fazer um pronunciamento reconhecendo a vitória de Lula. Nos dois anos de sua presidência na Câmara, ele não havia prestado a solidariedade institucional que o tribunal esperava. No dia das eleições, mesmo convidado, não foi acompanhar a apuração no TSE. O Supremo, cujo tempo é muito mais lento que o da política, nunca vai se esquecer — e integrantes do tribunal fizeram questão de dizer isso ao deputado.

Rodrigo Pacheco, por outro lado, estava no TSE para acompanhar e emprestar à apuração a legitimidade de seu cargo. Assim que o resultado foi anunciado, dirigiu-se ao Senado na noite de domingo também para atestar a derrota de Bolsonaro. Os governos estrangeiros — Argentina, França, Colômbia, México, Espanha — começaram a se pronunciar em notas oficiais, saudando o presidente eleito. O presidente dos Estados Unidos, Joe Biden, telefonou para Lula para cumprimentá-lo. A estratégia de sensibilizar a comunidade internacional, a que o ministro Fachin se dedicou em especial, havia dado certo.

Na semana seguinte, Lula foi a Brasília e visitou o Supremo. Se em 2018 Toffoli recebeu seu antecessor sozinho, em 2022 Rosa

Weber convidou os colegas, e todos compareceram ao encontro. O presidente eleito os cumprimentou, um por um, por ordem de antiguidade. Havia um clima de leveza, muito diferente da conversa fúnebre e cheia de cerimônias que antes se estabelecia ali. E Lula, ao contrário de Bolsonaro, demonstrava sua habilidade para lidar com momentos institucionais como aquele.

Depois de agradecer a recepção dos ministros, Lula começou dizendo que trataria de imediato de uma preocupação da Corte: o meio ambiente. Naquelas semanas, o tribunal julgava uma série de ações que contestavam políticas que haviam enfraquecido a proteção ambiental. Esse era um dos assuntos caros a Lula, que mencionou a decisão da Casa de reativar o Fundo Amazônia, ação relatada pela presidente do STF. O presidente eleito disse ainda que, depois da demarcação da terra indígena Raposa Serra do Sol, nunca mais houvera nenhuma no país. Gilmar Mendes, crítico notório de como as demarcações eram feitas, concordou que a pauta indigenista merecia atenção e ponderação.

Lula mudou de assunto e desabafou. A vitória não fora fácil, mas o Brasil podia começar a "voltar à normalidade": "Essa é a missão minha e do Alckmin". O presidente eleito ainda questionou a leniência em retirar os manifestantes diante dos quartéis: "Qual a razão de um monte de malucos na frente do Forte Apache pedindo a volta da ditadura? Eles sabem quanto tempo levamos para acabar com a ditadura? Se fossem sem-terra na porta dos quartéis já tinham sido tirados".

Mendes aproveitou para explicar a decisão do Supremo de instaurar o inquérito das fake news a fim de se defender dos ataques que o tribunal vinha sofrendo, e essa lembrança disparou um gatilho nos ministros. Rosa Weber reclamou dos ataques infundados ao tribunal, o próprio Mendes mencionou as ameaças a Barroso em recente viagem a Santa Catarina, Fachin contou das ofensas à sua juíza auxiliar.

Lula comentou a judicialização da política. Não era normal que Supremo fosse acionado sempre que os políticos não conseguissem resolver algum assunto no Congresso — uma reclamação que ia ao encontro do que os ministros queriam ouvir. Mendes lembrou que o Supremo havia feito muita coisa para impedir que o Brasil vivesse uma crise pior, sobretudo para evitar que houvesse mais de 700 mil mortes durante a pandemia. "As pessoas sérias da sociedade reconhecem isso", enfatizou Lula. Desse dia em diante, o STF e o TSE entraram no modo normalidade. Bolsonaro havia admitido a derrota e Lula já falava como presidente.

Num dos tribunais, dando sequência às visitas institucionais que ainda faria em Brasília, Lula estava acompanhado apenas de um juiz com quem não tinha intimidade. Antes de entrar no gabinete em que era esperado, ele confessou a seu cicerone: "Temo pelo que pode acontecer no dia 1º de janeiro". As manifestações em favor de Bolsonaro, em quartéis, estradas ou mesmo nas redes sociais, e as ameaças de que Lula não subiria a rampa do Planalto expunham o nível de radicalidade e irracionalidade dos apoiadores do candidato derrotado nas urnas. Estimulados pelo "mito" e amparados na legislação mais frouxa que ele patrocinara, muitos deles se armaram.

No Alvorada, onde passou a trabalhar com mais frequência nos estertores do governo, Bolsonaro recebeu o mesmo juiz a quem Lula confidenciara seu receio. Era uma conversa oficial, mas privada. Os dois só haviam se encontrado duas vezes. O presidente mostrava, no semblante e nos modos, sua frustração por ter sido derrotado. Em sua cabeça ainda devia ressoar o que ouvira de Michel Temer, algo como "um presidente só perde a reeleição se o governo for muito ruim".

Bolsonaro subiu a barra da calça e mostrou ao visitante a perna cheia de feridas causadas pela erisipela. Disse que aproveitaria o tempo livre para cuidar da saúde. O juiz resolveu falar de futebol — talvez o Palmeiras servisse de consolo ou alívio para desanuviar o ambiente. O time havia vencido o Campeonato Brasileiro dias antes. "Eu queria ter ganhado mais coisa", lamentou o presidente. "Não sei o que pode acontecer comigo no dia 2."

Por todos os conflitos que travou com a cúpula do Judiciário, por suas decisões de governo, pelo negacionismo e pela inação diante da pandemia, pelas ações em prol de sua eleição com o uso do orçamento público, Bolsonaro sabia que seu destino poderia ser traçado pelo STF.

10. O STF versus Bolsonaro

"O dia deles vai chegar." É com a calma de quem tem o tempo a favor que Alexandre de Moraes reflete sobre as peças do comboio golpista tracionado por Jair Bolsonaro. Empresários e políticos compõem o mosaico de investigados, um diagrama de aranha em que as linhas convergem para o 8 de janeiro. "É preciso estratégia", diz aos mais próximos. O ministro não procura uma data no passado, um momento em que o então presidente focou na desinstitucionalização do país. "As coisas foram acontecendo." Moraes, que permanecerá no STF até 2043, examina o passado com vistas ao futuro: "Todos serão responsabilizados".

O ciclo do tempo para o Supremo é distinto do da política. Por quatro anos Bolsonaro avançou para impor seu projeto autocrata, e dependia do voto em 2022 para ganhar mais quatro anos e tentar concluí-lo. Precisava correr, gerar crises, avançar a galope contra o Supremo. Enquanto isso, Moraes se concentrava no calendário. "Um fator decisivo para a vitória é o tempo que os contendores têm para jogar. O ex-presidente tinha tempo limitado. Até 28 de outubro. Se não ganhasse até essa data, perdia. Saía do poder e do jogo. Já o ministro é vitalício [pode seguir no cargo até os 75 anos de idade]. Quem tem tempo não tem pressa", escreveu Joaquim Falcão, jurista e membro da Academia Brasileira de Letras, em artigo cujo título era um extrato do período: "Alexandre de Moraes versus Jair Bolsonaro".

Cada Poder tem a sua rotação específica. O Executivo possui frequência mais acelerada, diante das demandas da sociedade, da duração do mandato, das pesquisas de opinião; o Legislativo atua no compasso exigido para a construção de consensos; o Judiciário marcha em câmera lenta e, como norma, mantém seu foco no passado. O que não impede, e cada vez mais, que seus integrantes se arvorem o direito de solucionar problemas futuros da política.

O Supremo está sempre adiante porque julga o que passou. "Nós temos paciência, Arthur", resumiu Moraes ao presidente da Câmara, Arthur Lira, quando o Parlamento vacilava para punir o deputado Daniel Silveira, que ameaçara fisicamente ministros do STF. Por terem cargo vitalício, os ministros podem esperar que os ventos da política mudem. E têm paciência para isso. Se hoje não têm força institucional para reagir, amanhã o cenário pode ser outro. E quem não os ajudou em momentos de necessidade pode sofrer as consequências.

O STF seria fatalmente o inimigo a ser enfrentado por Bolsonaro, porque as ideias e os discursos vocalizados por ministros representavam a antítese fundamental a seu projeto populista autoritário, de monopólio da interpretação da vontade popular. Em 2015, ele afirmou: "Eu não falo o que o povo quer ouvir, eu sou o que o povo quer". No governo, foi além: "Eu sou a Constituição". O STF, na interpretação da Constituição, não diz ao povo o que fazer, quem ouvir; mas diz ao governo o que deve ou não pode fazer. E isso Bolsonaro não engolia.

Em fevereiro de 2019, parlamentares eleitos na onda bolsonarista tentaram criar uma CPI para investigar o Supremo. O governo, que nada ganha com comissões parlamentares de inquérito, fez vista grossa e deixou o tribunal exposto ao novo Senado repleto de lavajatistas e de bolsonaristas. Os ministros tiveram de entrar em articulação política para conter a ameaça. E a inação do Executivo foi outro sinal preocupante.

As ações do então presidente foram julgadas politicamente pelo eleitor, que não o reelegeu. Mas o julgamento judicial se dará no tempo do Supremo e do Tribunal Superior Eleitoral.

Em todas as crises institucionais (não meramente inconformismos diante de decisões) que enfrentou ao longo da história tendo o Executivo como adversário, o Supremo saiu perdendo. Na última, durante a ditadura militar, a linha dura do regime rejeitava a possibilidade de um tribunal em Brasília julgar conforme a Constituição e não de acordo com os interesses da autodenominada "revolução". Três de seus ministros foram cassados e o tribunal teve suprimida parte de suas competências.

Em 2018, os prognósticos não pareciam favoráveis ao STF. Então surgiu uma nova Corte para opor resistência ao projeto iliberal de Bolsonaro. Testemunhamos a história de uma instituição que se transformou, abafou personalismos, se reinventou para defender a Constituição. O Supremo foi provocado a julgar as ações ou omissões do governo e suas decisões passaram a ser lidas pelo Planalto e seus apoiadores como uma sabotagem artificial, baseada simplesmente num suposto e fantasioso plano de derrubada de Bolsonaro. "[Havia] uma certa teoria conspiratória [da parte de Bolsonaro] de que todos estavam armando contra a Presidência", disse, em entrevista, Gilmar Mendes.

O STF, que estava acostumado a se sintonizar com uma maioria organizada e vocal da sociedade, deparou-se com uma nova realidade: um contingente expressivo da população, com Bolsonaro como representante, que rejeitava, muito mais do que suas decisões, sua razão de ser.

Não era mais o momento do kata — a execução no caratê de movimentos marciais ao ar contra um oponente imaginário. Bolsonaro comandava um governo real com intenções destrutivas reais. É peculiar como o ministro Alexandre de Moraes responde às críticas de que seus métodos são controversos, não se assemelham aos modelos que ele considera ideais. "A vida real é kumitê", diz o ministro, numa referência ao combate que sai do controle, com adversários destrutivos que improvisam ataques e inovam na violência. E paradoxalmente, como a criança que reforça o sistema imunológico quando exposta às sujidades, o Supremo se fortaleceu para esse momento de enfrentamento.

Nesse embate, o STF chegou armado de poderes e repleto de ferramentas jurídicas forjadas por uma jurisprudência construída ao longo de anos em suas mais diversificadas e amplas competências — desde o controle de constitucionalidade, passando por processos criminais até os recursos contra decisões de outras instâncias.

O STF ampliou o seu poder de atuação na prática, não dependeu de mudanças legislativas que lhe garantissem novos instrumentos ou redefinissem seus limites. Em certas ocasiões, promoveu essa expansão na marra. O tribunal não se restringiu, nem sempre foi deferente aos outros Poderes, nem foi ortodoxo, quando lhe interessou.

Escolheu o que julgar, quando julgar e como julgar. Decidiu não decidir de forma estratégica. Decidiu decidir como entendesse mais adequado. Reinterpretou determinados conceitos conforme suas estratégias processuais e institucionais, mudou seus próprios entendimentos conforme a circunstância de momento, decidiu casos com um olho no direito e outro na conjuntura política. No nome de quem estava sendo processado.

Movimento semelhante faziam os ministros nos anos que antecederam Bolsonaro. Tornaram-se presidentes de Estados independentes: estabeleciam, internamente, relações diplomáticas com os colegas; definiam sua forma de governar, as próprias prioridades, manejavam suas agendas processuais; concebiam relações próprias e particulares com os outros Poderes; dialogavam com a sociedade também de forma distinta e individual.

A conquista desse arsenal constitucional e poderio político, porém, foi conflituosa e teve consequências negativas. Não foram julgamentos óbvios ou harmônicos que permitiram ao tribunal avançar. Havia dissidências, ouvia-se o fogo cruzado zunindo entre os ministros, havia discordâncias acerbas e acusações dificultavam o avanço.

Em diversas ocasiões, a progressão era feita de forma desmedida, sem atentar para os alertas — internos, inclusive, nos votos vencidos — de que estrategicamente aquele passo poderia provocar uma reação mais forte e difícil depois de ser assimilado. Quando esse avanço era individual, o coletivo pouco fazia institucionalmente para contê-lo.

Ninguém parecia interessado em conter o poderio individual do colega porque isso diminuiria o seu próprio poder. Tornou-se um jogo de soma zero para a instituição. Quando a decisão era submetida ao colegiado, o Supremo até ratificava, em razão das circunstâncias políticas, institucionais, da diplomacia interna ou mesmo do cansaço.

Decisões que não eram unânimes ou nem haviam sido debatidas previamente pela sociedade eram recebidas com críticas. Julgamentos controversos que demandavam justificativa aprofundada e cautelosa, mas que soavam arrogantes, foram de encontro às expectativas das elites políticas e também fomentaram críticas severas e fundamentadas da comunidade que acompanha o tribunal com lupa em mãos.

Esse avanço do Supremo, a despeito das vitórias na ampliação do poder, expôs as fraquezas da Corte. O STF perdeu aliados importantes em diferentes frentes, foi se isolando progressivamente no locus político de Brasília, criticado pelos mais diversos espectros da opinião pública.

Na esquerda, por uma soma de decisões e comportamentos judiciais — como a manobra na pauta de julgamentos para não libertar Lula ou o engavetamento de investigações contra políticos de direita acusados de corrupção —, a Corte passou a ser vista como parcial e persecutória. No centro e também no Centrão, o avanço desmedido de investigações a partir da Operação Lava Jato, com a anuência da maioria dos ministros, deu munição ao discurso de que o tribunal estaria criminalizando a política.

Na direita, o Supremo perdia adesão quando avançava na efetivação de uma pauta liberal em torno de direitos fundamentais ou quando não revertia decisões do Parlamento nesse sentido. Em ambos os casos, era apontado como o responsável por essa agenda liberal — e nem sempre isso era verdadeiro. Não foi o Supremo, por exemplo, que estabeleceu cotas raciais nas universidades públicas ou autorizou pesquisas com células-tronco embrionárias.

Para o STF, essa narrativa de ser liberal soava positiva porque condizia com uma agenda de parte relevante da sociedade organizada e da mídia. Mas ela não é exata. As cotas foram estabelecidas pelas universidades, e as pesquisas com células-tronco foram aprovadas pelo Congresso. O Supremo não derrubou essas políticas, foi isso que ocorreu. Ao contrário dessa ideia de ser absolutamente liberal, o Supremo tarda a enfrentar o superencarceramento de usuários de drogas e revela-se conservador e tímido em algumas pautas de igualdade de gênero.

Para a política, o STF estava abusando de seus poderes e precisava ser contido a fim de haver efetivamente um reequilíbrio entre os Poderes. As propostas de limitar a concessão de liminares monocráticas; reduzir atribuições da Corte; dar à política a última palavra sobre controle de constitucionalidade das leis; aumentar ou reduzir número de ministros; estipular tempo de mandato; e as ameaças de impeachment contra ministros, tudo isso era, em algum grau, parte dessa reação de insatisfação.

Essa resistência cada vez mais sensível ao STF não era algo isolado, apenas brasileiro. Em todos os países em que as Cortes Constitucionais expandiram seus poderes, pipocaram reações da sociedade e da política. Nos Estados Unidos, as ameaças contra os *justices* e os ataques ao sistema eleitoral aumentaram nos últimos anos. Ameaça em nível global exigia um discurso global. Vendo em perspectiva, salta aos olhos o fio que articulava as ações do TSE ao organizar encontros com embaixadores estrangeiros e convocar observadores internacionais.

Através das janelas do Supremo, o que se enxergava era um tribunal cujas disputas internas haviam fragilizado, fragmentado, minado sua coesão para reagir a eventuais ataques da classe política. Nem o presidente do STF exercia uma liderança inconteste. Ministros reagiam individualmente à agenda de contenção do tribunal, cada um com sua visão de Supremo, cada um com seu diagnóstico sobre a conjuntura e riscos, cada um com sua agenda e modo de agir (ou de não agir).

Para fora, o que as imagens da TV Justiça passavam e o que a imprensa retratava mais amiúde eram os conflitos internos. O julgamento do mensalão, com os duelos de Joaquim Barbosa e Ricardo Lewandowski, é a marca de uma Corte em que, em casos mais sensíveis, a política e a estratégia com frequência se sobrepõem ao direito. Ao noticiar as ações dos ministros, a imprensa não mais ressaltava suas visões do direito: eles eram descritos pelas inclinações ideológicas expostas num ou noutro julgamento.

Embora reducionista e imprecisa, era essa a imagem que prevalecia aos olhos de um público leigo cada vez mais interessado no Judiciário, com vontade de entender o que acontecia. Para essa audiência, os bate-bocas passam a sair com mais destaque do que os argumentos jurídicos e a visão do direito de cada um.

No tempo em que as sessões não eram transmitidas ao vivo nem podiam ser televisionadas, as discussões mais ásperas morriam no pouco espaço destinado ao Supremo nas páginas de jornais. O julgamento de Collor foi uma exceção, porque à época o presidente do tribunal, Sydney Sanches, autorizou a transmissão ao vivo para evitar que uma multidão se acotovelasse no tribunal para acompanhar os debates. A primeira vez que a TV Globo requisitou imagens de um julgamento do STF à TV Justiça foi em 2004, para transmitir a discussão entre os ministros Marco Aurélio Mello e Joaquim Barbosa. A partir daí, os embates, que não se limitavam a discussões jurídicas, se acumularam e expuseram as desavenças internas.

Mas nos últimos anos, o comportamento interno de alguns dos ministros, transmitidos pela TV Justiça ou viralizados nos memes de internet, era incompatível com a liturgia e reverência com que queriam ser tratados. E se os jornais nem sempre retratavam o tribunal em suas melhores condições, a máquina de notícias falsas e de destruição de reputações alimentava o ódio da sociedade contra ele.

A rede de fake news, que operou durante a campanha de Bolsonaro, foi detectada pela Corte em 2018, quando proliferaram na internet informações evidentemente incorretas sobre decisões do tribunal, medidas administrativas e falas dos ministros. O Supremo não estava preparado para lidar com isso, não dispunha de estrutura para lidar com as redes sociais. Nem havia monitoramento das redes pela Comunicação do STF. Assim, não tinha condições de reagir à avalanche de mentiras interessadas em descredibilizar o tribunal e em promover a radicalização da sociedade contra o STF. O STF havia se transformado em alvo fácil — e tinha sua parcela de responsabilidade por isso.

E foi nesse caldo de cultura que atracou Bolsonaro, um político que já durante a campanha ameaçava o Supremo. O Congresso, que nas décadas anteriores ficara acuado pela sequência de escândalos de corrupção e pela cobertura crítica e massiva da imprensa, foi renovado. Sem a intermediação da mídia tradicional, deputados e senadores passaram a se comunicar diretamente com os eleitores, que por sua vez passaram a pressioná-los. O Parlamento reproduziu a polarização da sociedade. Já não havia espaço para meios-termos, contemporizações. E uma parcela relevante dos parlamentares se elegeu com o discurso antiestablishment, anti-instituições e antipolítica.

Em seu isolamento, o Supremo teria de sobreviver aos ataques de Bolsonaro, enfrentar as ameaças permanentes do Legislativo e conviver com o sentimento desfavorável de parte da sociedade. Mas sua grande força para resistir aos ataques do governo bolsonarista estava justamente na existência de um inimigo em comum. Nem na ditadura militar houve coesão da Corte contra os atos institucionais que retiraram garantias e independência da magistratura, restringiram as competências do Supremo, suspenderam os habeas corpus e cassaram juízes pelo país e ministros do STF. O problema não era de um ou de outro. Agora estavam todos ameaçados, porque o tribunal era o alvo.

A segunda ameaça, a máquina de mentiras, também não poupava ministros. Da discreta Rosa Weber até os ministros mais vocais como Gilmar Mendes, os ataques na internet atingiam a todos. E as investigações indicavam que não se restringiam a ameaças verbais. Planos de ações violentas foram detectados. A Polícia Federal chegou a investigar e prender uma pessoa que perseguia e intimidava familiares de um dos integrantes do tribunal. O STF precisava se fortalecer para reprimir essas ações.

O terceiro inimigo e fator de unificação do tribunal foi a pandemia da covid-19. A doença que deixou mais de 700 mil mortos, contaminou os ministros e também matou amigos e parentes de alguns deles precisava ser combatida. E se o governo se negava a fazê-lo, o Supremo assumiu a missão para si e usou suas ferramentas jurídicas para isso. Nunca decisões tão polêmicas e sensíveis foram julgadas com tanta folga e coesão. Diante desse conjunto de armadilhas, o tribunal agiu — criou o inquérito para investigar fake news, conseguiu desmobilizar a ameaça da comissão parlamentar de inquérito, reaproximou-se da elite política que tinha sido combalida pela Lava Jato, ampliou as investigações contra as ameaças golpistas do governo, driblou o aparelhamento que Bolsonaro promoveu na cúpula da PGR e da Polícia Federal e aproveitou os erros do governo para lhe impor derrotas importantes.

Foram os propósitos antidemocráticos de Bolsonaro que arrefeceram o movimento de contenção ao Supremo. Encampadas por bolsonaristas, as propostas de mudanças no tribunal foram paralisadas no Congresso; a ameaça latente de impeachment de ministros, que pairava como um zumbido no Senado, também foi escanteada diante dos pedidos sem fundamento feitos por Bolsonaro contra Alexandre de Moraes.

Mesmo as severas críticas acadêmicas ao tribunal e suas decisões fizeram uma pausa ou diminuíram de intensidade. Não seria conveniente esgarçar as fragilidades do STF em momento tão delicado para sua sobrevivência. O Supremo, em meio à guerra, reconquistou alguns dos seus aliados, como a mídia tradicional. E tratou seus vícios, corrigiu rumos, aumentou sua colegialidade, silenciou os ataques internos, foi estratégico em sua agenda de julgamentos e avançou sem grandes divergências no rumo que lhe garantiria chegar intacto ao final de 2022. Quem entrou no tribunal pelas mãos de Bolsonaro e se dispôs a enfraquecer esse movimento de resistência foi também rapidamente isolado pela maioria.

O ataque golpista de 8 de janeiro solidificou o sentimento que Bolsonaro e suas redes alimentaram durante os quatro anos de seu mandato. Mas a insólita tentativa de golpe não foi uma prova de força do bolsonarismo: ela consumou a derrota de Bolsonaro. O tribunal invadido e depredado será o mesmo que condenará os responsáveis por fomentar o ódio contra as instituições. O mesmo que era criticado legitimamente por certos excessos ganhou um voto de confiança das instituições para acelerar suas ações contra a turba antidemocrática.

Alexandre de Moraes, perseguido por Bolsonaro, será o ministro que comandará as ações contra o ex-presidente, o qual, em seu jogo de tudo ou nada, é o responsável por esse cenário. Sem a faixa e depois dos ataques de 8 de janeiro, perdeu muito do que lhe restava e ainda reergueu o Poder que tentou solapar.

Mas o que o Supremo aprendeu com a vitória? A ameaça bolsonarista se dissipou e os riscos de erosão democrática diminuíram. A maioria do eleitorado elegeu um presidente mais à esquerda e afinado com uma pauta de efetivação de direitos fundamentais. O tribunal se realinhou com a elite política e com o mainstream da mídia.

Contudo, a derrota de Bolsonaro não anula todas as ressalvas que eram feitas ao tribunal, suas decisões e o comportamento dos ministros. Esses problemas, se ficaram em segundo plano nesse período, voltarão a ser foco dos observadores da Corte. E como se equilibrará o tribunal sem aqueles fatores que promoveram sua união nos anos Bolsonaro? A Corte já não enfrenta um inimigo em comum, a pandemia da covid-19 foi superada e a máquina de fake news está na mira do Judiciário e do Congresso. Sem esses fatores de coesão, o tribunal voltará a ser um somatório de individualidades? Vão reaparecer os conflitos internos, que fulminam a credibilidade da Corte? Em que nível? As agendas individuais voltarão a se sobrepor a uma visão mais institucional?

Algumas mudanças foram promovidas pela gestão Rosa Weber — elas eram discutidas havia várias presidências — na tentativa de responder a essas perguntas. O regimento do tribunal foi alterado para aprofundar a colegialidade das decisões e reduzir o poder individual dos ministros. Se serão suficientes e respeitadas essas novas regras, é questão de tempo e esforço coletivo. Mas ainda há muito espaço para as individualidades e ministros sempre dispostos a exercê-las para além do recomendável.

O tribunal não enfrentou ainda outros problemas que há anos concorrem para desafiar a legitimidade de seus julgados: o déficit de justificação de várias de suas decisões. Não serão decisões puramente extensas e recheadas de doutrina que convencerão a sociedade do acerto de um voto. Não serão minutas jogadas no plenário virtual, aprovadas por meros cliques de computadores dos ministros, que levarão a opinião pública a compreender e digerir tranquilamente uma decisão, mesmo sem concordar com ela. A assinatura de um ministro do Supremo não basta. O STF precisa interpretar a Constituição e dizer, com clareza, por que chegou àquelas conclusões. Só assim contornará as suspeitas de que alguns dos julgamentos mais controversos são meros atos de vontade ou fundados essencialmente em elementos de conjuntura.

Até hoje as idas e vindas do tribunal sobre a possibilidade de execução da pena de condenados em duas instâncias não são bem digeridas pela sociedade. Assim como a virada de casaca de alguns ministros em casos da Lava Jato.

Por sua natureza, o tribunal deve ser elemento de pacificação e solução de conflitos. E a única forma de fazer cumprir suas decisões é pela sua legitimidade. O STF não dá mostras de que vá repensar sua relação com a opinião pública a fim de resguardar este ativo fundamental: a legitimidade. Se depois dos ataques de 8 de janeiro os ministros concordaram que apenas a presidente deveria dar entrevistas para expor a posição institucional do STF, passados alguns dias já havia opiniões de ministros estampadas em diversos jornais sobre os mais diferentes temas, inclusive sobre processos a serem julgados. Cobrar do Supremo o mesmo comportamento de outros tribunais do mundo, como a Suprema Corte americana, em que ministros raramente concedem entrevistas, é irreal e nega nossa própria realidade.

O STF exerce papel político relevante também no debate público, com frequência a imprensa lhe pede para esclarecer e comentar assuntos relevantes para a sociedade. Um tribunal que se abriu para as transmissões ao vivo de seus julgamentos, sob aplausos da opinião pública, não será discreto como são outras cortes ao redor do mundo nem se fechará para o mundo político e para a sociedade organizada. Mas qual a medida dessa exposição? E quais os limites éticos? Porque o excesso de transparência dos julgamentos está contraditoriamente combinado à opacidade das agendas políticas do tribunal e de seus integrantes. De nada adianta assistir às sessões se houver dúvidas sobre os movimentos de bastidores. Novamente, nesse quesito, cada um no tribunal tem a sua medida, a sua percepção e a sua agenda. Quem paga a conta por eventuais abusos é a instituição.

Na relação com os Poderes, o tribunal tampouco se livrou das ressalvas feitas nos últimos anos. O Congresso mantém seu diagnóstico de que ele se imiscui indevidamente em temas que seriam de competência da política. Ou que algumas decisões são descoladas da realidade ou negligenciam as consequências. Também continuam a ser censuradas as decisões que interferem em disputas consideradas *interna corporis* — embates em torno do regimento interno ou do funcionamento do próprio Congresso.

A Legislatura eleita em 2022 é ainda mais reticente ao tribunal do que aquela que surfou a primeira onda bolsonarista. O clima de pacificação que uniu os três Poderes depois da tentativa de golpe, testemunhado na reinstalação do Supremo no dia 1º de fevereiro de 2023, vai se manter razoavelmente em tempos de calmaria?

É fato que por parte dos congressistas existe uma incompreensão, às vezes oportunista, sobre a missão do STF, o que fomenta algumas críticas à Corte. É verdadeiro o argumento de que o Legislativo se omite na tarefa de dar concretude a políticas que garantam direitos fundamentais, especialmente de minorias. É inquestionável que parcela considerável das decisões que abrem controvérsias com o Congresso atendeu justamente a pedidos feitos por parlamentares ou partidos políticos. Mas os pecados do Legislativo não perdoam os erros do Supremo. É evidente que o tribunal não pode deixar de exercer suas atribuições, mesmo que o mérito e a conveniência das decisões sejam questionáveis. Mas ele foi acusado de agir de forma despótica, arrogante, de fechar-se ao diálogo, de postar-se acima dos demais Poderes.

Mesmo integrantes do Supremo, que defendem as decisões do tribunal, admitem que é preciso um grau de humildade institucional. O STF não pode correr o risco de mais uma vez se ver isolado institucionalmente. Ele venceu a batalha pela democracia. Foi tirar o capital de que precisava para se manter vivo de onde menos se podia esperar: da inédita unidade interna. O mais fraco dos três Poderes (não é eleito, não tem armas nem o Tesouro para comandar o país) pela primeira vez suportou e derrotou os ataques de um governo autocrata.

As decisões durante a pandemia da covid-19 salvaram vidas e evitaram um desastre ainda maior. A sua jurisprudência fez frente a ameaças reais contra liberdades e garantias fundamentais. O Supremo se manteve de pé e conteve a corrosão democrática que estava em curso. O tribunal superou Jair Bolsonaro e ganhou uma oportunidade valiosa para aperfeiçoar seus procedimentos e reconstruir sua autoridade para seguir cumprindo a missão de guardar a Constituição e a democracia. Os vencedores escrevem a história — o STF terá um desafio distinto: escrever a história de seu futuro. Para tanto, será preciso olhar para o passado.

Referências bibliográficas

AMADO, Guilherme. *Sem máscara: O governo Bolsonaro e a aposta pelo caos*. São Paulo: Companhia das Letras, 2022.

ARANTES, Rogério B. "Prefácio". In: RODRIGUES, Fabiana Alves. *Lava Jato: Aprendizado institucional e ação estratégica na Justiça*. São Paulo: WMF Martins Fontes, 2020.

_____ (Orgs.). *Marco Aurélio no Supremo: Entre o indivíduo e a instituição*. Belo Horizonte: Letramento, 2022.

ARGUELHES, Diego Werneck; RECONDO, Felipe (Orgs.). *O Supremo de Celso de Mello: Trajetória, perfil e legado*. Belo Horizonte: Letramento, 2020.

ARGUELHES, Diego Werneck; RIBEIRO, Leandro Molhano. "'Ministrocracia'? O Supremo Tribunal Individual e a democracia brasileira". *Novos Estudos Cebrap*, São Paulo, v. 37, n. 1, pp. 12-33, 2018.

AVRITZER, Leonardo; KERCHE, Fábio; MARONA, Marjorie (Orgs.). *Governo Bolsonaro: Retrocesso democrático e degradação política*. Belo Horizonte: Autêntica, 2021.

BARROS, Thomás Zicman; LAGO, Miguel. *Do que falamos quando falamos de populismo*. São Paulo: Companhia das Letras, 2022.

COUTO, Cláudio Gonçalves. "Do governo-movimento ao pacto militar-fisiológico". In: AVRITZER, Leonardo; KERCHE, Fábio; MARONA, Marjorie (Orgs.). *Governo Bolsonaro: Retrocesso democrático e degradação política*. Belo Horizonte: Autêntica, 2021. pp. 35-49.

CYRIL-LYNCH, Christian Edward; PASCOETO-CASSIMIRO, Paulo Henrique. "O populismo reacionário no poder: Uma radiografia ideológica da presidência Bolsonaro (2018-2021)". *Aisthesis*, Santiago, n. 70, pp. 223-49, 2021.

DIEGUEZ, Consuelo. *O ovo da serpente: Nova direita e bolsonarismo: Seus bastidores, personagens e a chegada ao poder*. São Paulo: Companhia das Letras, 2022.

FINCHELSTEIN, Federico. "Mentiras fascistas matam". *Quatro Cinco Um*, 1 jun. 2020. Disponível em <https://www.quatrocincoum.com.br/br/artigos/l/mentiras--fascistas-matam>. Acesso em: 3 jul. 2023.

GLEZER, Rubens. *Catimba constitucional: O STF, do antijogo à crise constitucional*. 2. ed. São Paulo: JusPodivm, 2021.

GOMES, Juliana Cesario Alvim. "O Supremo Tribunal Federal em uma perspectiva de gênero: Mérito, acesso, representatividade e discurso". In: NICÁCIO, Camila Silva; VIDAL, Júlia Silva (Orgs.). *O gênero do direito: Análise de práticas e instituições*. Rio de Janeiro: Metanoia, 2020. pp. 67-90.

GOMES, Juliana Cesario Alvim; DEL RÍO, Andrés. "Forças Armadas, governo Bolsonaro e Supremo Tribunal Federal: A expansão da competência da Justiça Militar e suas consequências para os direitos humanos e a democracia". In: MELLO, Patrícia Perrone Campos; BUSTAMANTE, Thomas da Rosa de (Orgs.). *Democracia e resiliência no Brasil: A disputa em torno da Constituição de 1988*. Barcelona: Bosch Editor, 2022. pp. 229-62.

GRAU, Eros Roberto. *Por que tenho medo dos juízes: A interpretação/aplicação do direito e os princípios*. 9. ed. São Paulo: Malheiros, 2018.

KERCHE, Fábio; MARONA, Marjorie. *A política no banco dos réus: A Operação Lava Jato e a erosão da democracia no Brasil*. Belo Horizonte: Autêntica, 2022.

LEVITSKY, Steven; ZIBLATT, Daniel. *Como as democracias morrem*. Trad. Renato Aguiar. Rio de Janeiro: Zahar, 2018.

MELO, Fernando. "Democracia é o único jogo aceitável: De volta a 2020, com Levitsky no YouTube do Jota". Jota, 31 ago. 2022. Disponível em: <https://www.jota.info/opiniao-e-analise/analise/democracia-unico-jogo-aceitavel-levitsky-youtube-jota-31082022>. Acesso em: 3 jul. 2023.

NOBRE, Marcos. *Limites da democracia: De junho de 2013 ao governo Bolsonaro*. São Paulo: Todavia, 2022.

OYAMA, Thaís. *Tormenta: O governo Bolsonaro: Crises, intrigas e segredos*. São Paulo: Companhia das Letras, 2020.

PEREIRA, Thomaz; ARGUELHES, Diego Werneck. "A liberação de cultos por Nunes Marques, uma das piores decisões da história do STF". Jota, 5 abr. 2021. Disponível em: <https://www.jota.info/stf/supra/a-liberacao-de-cultos-por-

nunes-marques-uma-das-piores-decisoes-da-historia-do-stf-05042021>. Acesso em: 3 jul. 2023.

PEREIRA, Thomaz; ARGUELHES, Diego Werneck. "Intervenção militar é golpe: É só ler a Constituição". Jota, 2 jun. 2020. Disponível em: <https://www.jota.info/stf/supra/intervencao-militar-e-golpe-e-so-ler-a-constituicao-02062020>. Acesso em: 3 jul. 2023.

RECONDO, Felipe. *Tanques e togas: O STF e a ditadura militar*. São Paulo: Companhia das Letras, 2018.

_____. "As indicações para o Supremo Tribunal Federal ontem, hoje e amanhã". In: SADEK, Maria Tereza et al. (Orgs.). *O Judiciário do nosso tempo: Grandes nomes escrevem sobre o desafio de fazer justiça no Brasil*. São Paulo: Globo, 2021. pp. 245-56.

RECONDO, Felipe; WEBER, Luiz. *Os onze: O STF, seus bastidores e suas crises*. São Paulo: Companhia das Letras, 2019.

RODRIGUES, Fabiana Alves. *Lava Jato: Aprendizado institucional e ação estratégica na Justiça*. São Paulo: WMF Martins Fontes, 2020.

STARLING, Heloisa M.; LAGO, Miguel; BIGNOTTO, Newton. *Linguagem da destruição: A democracia brasileira em crise*. São Paulo: Companhia das Letras, 2022.

TALENTO, Aguirre; MEGALE, Bela. *O fim da Lava-Jato: Como a atuação de Bolsonaro, Lula e Moro enterrou a maior e mais controversa investigação do Brasil*. São Paulo: Globo, 2022.

VASCONCELOS, Natalia Pires; ARGUELHES, Diego Werneck. "Covid-19, federalismo e descentralização no STF: Reorientação ou ajuste pontual?". In: MACHADO, Laura Muller (Org.). *Legado de uma pandemia: 26 vozes conversam sobre os aprendizados para política pública*. Rio de Janeiro: Autografia, 2021. pp. 191-207.

VICTOR, Fabio. *Poder camuflado: Os militares e a política, do fim da ditadura à aliança com Bolsonaro*. São Paulo: Companhia das Letras, 2022.

VIEIRA, Oscar Vilhena. *O Supremo Tribunal Federal: Jurisprudência política*. São Paulo: Revista dos Tribunais, 1994.

_____. "Império da lei ou da corte?". *Revista USP*, São Paulo, n. 21, Dossiê Judiciário, pp. 70-7, mar./maio 1994b.

_____. *A batalha dos poderes: Da transição democrática ao mal-estar constitucional*. São Paulo: Companhia das Letras, 2018.

VIEIRA, Oscar Vilhena; GLEZER, Rubens; BARBOSA, Ana Laura Pereira. "Supremocracia e infralegalismo autoritário: O comportamento do Supremo Tribunal Federal durante o governo Bolsonaro". *Novos Estudos Cebrap*, São Paulo, v. 41, n. 3, pp. 591-605, 2022.

JORNAIS E REVISTAS

Folha de S.Paulo
Jota
O Estado de S. Paulo
O Globo
piauí
Valor Econômico
Veja

Índice remissivo

8 de janeiro de 2023 (invasão da Praça dos Três Poderes), 17, 20, 24, 27-9, 33, 56, 104, 116, 158, 184, 212-3, 235, 244-6; Augusto Aras e, 185; manifestantes com preparo militar, 21; e os ministros do STF, 19, 24-5, 28-31; e a sede do STF, 19-27

Advocacia-Geral da União (AGU), 84, 120, 137, 163-7, 183-4
Agência Nacional de Vigilância Sanitária (Anvisa), 124, 132-4
Alckmin, Geraldo, 232
Alcolumbre, Davi, 92, 172, 177, 188
Alencar, José, 34
"Alexandre de Moraes versus Jair Bolsonaro" (Falcão), 236
Allen, Woody, 178
Alto-Comando do Exército (ACE), 193, 195, 202, 210-3
Amado, Guilherme, 196
Amin, Esperidião, 175
Ana Amélia, 228
Ancine, 112
Anistia, Lei de, 154
Antonio Cicero, 37
Antunes Rocha, Cármen Lúcia *ver* Cármen Lúcia (Antunes Rocha)
Aras, Augusto, 28, 89, 97, 115, 144, 183-5, 188; apresentado a Bolsonaro, 179; e os ataques de 8 de janeiro, 185; como candidato ideal dos políticos ao STF, 186; discurso ridicularizado pelos ministros do Supremo, 186; fiel a Bolsonaro, 183; oportunismo de, 186; como postulante a ministro do STF, 161, 174, 178; promove-se com vistas à PGR, 180, 181; tentativa de interferência no STF, 140
Aras, Roque, 178
Arato, Andrew, 86
Araújo, Carlos, 35
Arendt, Hannah, 47, 169

Arruda, Flávia, 189
Articulação dos Povos Indígenas do Brasil, 114
Associação Nacional de Juristas Evangélicos (Anajure), 137
ato institucional n. 5 (AI-5), 70
Augusto Heleno (Ribeiro Pereira), 87, 162-3, 198
Ayres Britto, Carlos Augusto, 156
Azevedo e Silva, Fernando de, 53, 115, 195-6, 198, 209

Baleeiro, Aliomar, 56
Barbosa, Ana Laura Pereira, 92
Barbosa, Joaquim, 130, 242; e o julgamento do mensalão, 241
Barreto, Luiz Carlos, 112
Barros, Ailton, 213
Barroso, Luís Roberto, 34, 48, 178, 186; no 8 de janeiro de 2023, 28, 30; ações contra o desmonte na área ambiental, 113; ameaçado por Daniel Silveira, 95; ameaças a, 232; apuração do segundo turno (2022), 230; atuação antes da eleição (2022), 224; caso da perseguição aos servidores críticos de Bolsonaro, 170; convida militares para a CTE, 199; curriculum de, 47; diplomação de Bolsonaro, 44; isolamento durante a pandemia, 120; ligação com os militares, 198; liminar sobre doutrinação nas escolas, 166; e o movimento populista de direita, 86; e a pandemia de covid-19, 114, 119; no primeiro turno (2022), 227; e a questão da prisão após condenação em segunda instância, 65; reação às ameaças ao STF, 93, 95; reunião após ataques de Bolsonaro (7 de setembro de 2021), 106; trabalho sobre proteção ambiental, 114-5; no TSE, 216; visita à sede do STF depredada, 31; visita à selva amazônica, 115
Batalhão de Operações Especiais (BOPE, PMDF), 26
Battisti, Cesare, 155
Bergamasco, Débora, 111
Bergamo, Mônica, 40
Bezerra, Fernando, 174, 189
Bianco, Bruno, 99, 115, 166
Biden, Joe, 217, 231
Bolsonaro, Carlos, 43, 88
Bolsonaro, Eduardo: ameaças ao STF, 218; sobre o fechamento do STF, 46; sobre ruptura institucional com o STF, 91-2
Bolsonaro, Flávio, 91, 147, 160, 174, 186, 189; apoio a Augusto Aras para o STF, 161; indicação de Nunes Marques para o STF, 171; investigado por corrupção na Alerj, 161
Bolsonaro, governo, 17, 42; ameaças ao STF durante, 149; desconstrução das políticas culturais, 111-2; desmantelamento dos órgãos de fiscalização ambiental, 72, 113; desmonte nas políticas de apoio aos povos originários, 113; escola sem partido, 72; Exército associado ao, 212; irregularidades apontadas pelo TCU, 75; liberação de armas, 72; militares com cargos no, 210
Bolsonaro, Jair, 15-6, 24-5, 27, 38, 45, 49, 58, 63-4, 102, 165; 8 de janeiro como confirmação da derrota de, 245; abandono de André Mendon-

ça, 177; ação penal movida pelo STF contra, 71; aciona Temer para mediar conflito com Alexandre de Moraes, 110; acusado de crimes eleitorais, 225; admite a derrota (2022), 233; agressividade de, 44; ameaça de repetição da invasão do Capitólio, 217; ameaças ao STF, 218; "amigo ou inimigo", 76; aparelhamento da PF e da PGR, 244; apoio a manifestações antidemocráticas, 209; apoio aos atos contra o STF, 77; apresenta Nunes Marques a Toffoli e Mendes, 172-3; apresentado a Augusto Aras, 179; aproximação com Toffoli, 76; ataque contra Alexandre em discurso (7 de setembro de 2021), 104-6; batalha contra o STF, 235-48; beneficiado pela prisão de Lula, 41; campanha à presidência (2018), 51; e o caso da doutrinação nas escolas, 167; caso Maria do Rosário, 71; comportamento preconceituoso, 71; e a compra de vacinas contra a covid-19, 131; e a comunidade judaica, 181; concessão de perdão a Daniel Silveira, 99; condenado por crimes eleitorais, 225; como condutopata, 39, 42; conhece André Mendonça, 162; considerado ameaça à democracia pelo STF, 86; convocação de manifestações contra o STF, 103; defensor da ditadura militar, 71; depressão após a derrota na eleição (2022), 234; como deputado do baixo clero, 43; derrotado na eleição (2022), 13; descrença nas urnas eletrônicas, 42-4, 199- 201, 208, 221; descumprimento de determinações do STF, 114; diálogos com Gilmar Mendes durante a pandemia, 138; diplomação de, 44; e os direitos fundamentais, 72; discurso antivacina de, 200; discurso divisivo de, 150; na eleição de 2022, 197, 224; eleito presidente (2018), 11, 57; embates com o STF durante o mandato, 17, 20, 41, 60, 92, 99, 105, 111, 209; encontro com Toffoli após a derrota na eleição (2022), 115-6; sobre a escolha de André Mendonça para o STF, 161; exigência de fidelidade do PGR, 183; falsa moderação de, 41; sobre o funcionamento das igrejas durante a pandemia, 137-8, 140-2; como golpista incorrigível, 33, 193-6; guerra contra Alexandre de Moraes, 83, 111; homenagens a torturadores, 71; inabilidade política de, 188; indica André Mendonça para o STF, 187, 189; indica Nunes Marques ao STF, 170-2; indica Ramagem para a PF, 90; como inimigo do STF, 33; e o inquérito das fake news, 81, 88; intimidade com Nunes Marques, 171; julgamentos no TSE, 215-6; sobre as manifestações pós-eleições (2022), 14; medidas anticonstitucionais de, 82; mensagens aos ministros do STF durante a pandemia, 129; mistura entre o público e o privado, 68; motivos para confiar em Toffoli, 73; não admissão da derrota na eleição (2022), 13-4; negacionismo de, 123-4, 127-9; nomeia André Mendonça para a AGU, 163; sobre a obrigatoriedade da vacinação, 131, 134-5; opção pelo conflito, 166, 203; e a pandemia de covid-19, 114, 119, 121-2, 127, 130, 133, 196; passado medíocre como militar e político, 70; na posse de Alexandre de Moraes no TSE, 226; preocupação com os filhos, 78-9; presença em manifestações antidemocráticas, 196; como presidente, 47-8, 59, 61, 69, 83, 101, 165 (*ver também* Bolsonaro, governo); como presidente eleito, 43; pressionado a demitir Pazuello, 117; no primeiro turno (2022), 228; projeto autocrata de, 20, 46, 219, 235-6; projeto de aumentar o número de ministros no STF, 45; propagação de fake news por, 220; protesto contra atuação de Fachin antes da eleição (2022), 225; quebra de padrões institucionais, 13, 185, 197, 200, 235; e a questão da criminalização da homofobia, 74-5; reação à ação penal do STF, 71; reconhecimento da derrota (2022), 92; rede de fake news, 242; reunião com embaixadores para descredibilizar o sistema eleitoral, 225; reunião ministerial e demissão de Moro, 87-9; STF como principal inimigo de, 81, 209, 243; sobre a substituição de Pazuello, 136; tentativas de descredibilizar o sistema eleitoral, 224; tentativas de interferir nas eleições (2022), 230; TSE como adversário de, 216; veto à punição de Pazuello por atuação política, 211; visita a Toffoli no hospital, 78-9, 85

Bolsonaro, Michelle, 190

Braga Netto, Walter, 122, 198-9, 209-10

Bulgákov, Mikhail, 186

Caiado, Ronaldo, 92, 127

Camarão, Paulo, 205

Campos Mello, Patrícia, 86

Campos Mello, Patrícia Perrone, 114-5

Campos, Roberto, 135

Cardoso, Fernando Henrique, 47, 165, 172

Cardozo, Benjamin, 81

Cardozo, Hipólito, 25

Cardozo, Joaquim, 20

Cardozo, José Eduardo, 35

Cármen Lúcia (Antunes Rocha), 38, 41, 43, 49, 67; no 8 de janeiro de 2023, 28; ações contra o desmonte na área ambiental, 113; caso da perseguição aos servidores críticos de Bolsonaro, 168; discussão sobre políticas culturais com artistas, 112; julgamentos de Bolsonaro no TSE, 215; e a pandemia de covid 19, 119; como presidente do STF, 67; e a questão da prisão após condenação em segunda instância, 65; reunião após ataques de Bolsonaro (7 de setembro de 2021), 106; sabatina no Senado, 35

Carmo, Luiz do, 190

Carvalhido, Hamilton, 176

Cassimiro, Paulo Henrique, 199

Castelo Branco, Humberto de Alencar, 57, 70

Castro, Celso, 94

Castro, Marcelo, 39
Centro de Comunicação Social do Exército, 192
Cerqueira, Armando Romanelli de, 56
Chagas, Helena, 35
Clausewitz, Carl, 104, 105
CNN (TV), 213
Coêlho, Marcus Vinicius Furtado, 51, 173
Collor de Mello, Fernando, 153; julgamento no STF, 242
Colômbia, 66
Comando de Operações Táticas (COT, Polícia Federal), 26
Comissão de Transparência das Eleições (CTE), 199
Comissão Parlamentar de Inquérito do Judiciário (CPI Lava Toga), 81
Confederação Israelita do Brasil, 181
Congresso Nacional: bancada evangélica, 191; embate com o STF, 82; *ver também* Senado Federal
Conselho Nacional de Justiça, 71, 175
Conselho Nacional do Ministério Público, 185
Conselho Superior do Cinema, 112
Constituição (1988), 59; Forças Armadas como suposto poder Moderador, 51
Constituição (1946), 70
Constituição entre o direito e a política, A: O futuro das instituições — Estudos em homenagem a José Afonso da Silva (Coêlho), 51
Controladoria-Geral da União (CGU), 90, 161
Cordeiro, Alexandre, 188, 189
CoronaVac, 131

Corregedoria-Geral Eleitoral, 229
Costa e Silva, Artur da, 70
covid-19, pandemia, 114, 117-46, 196, 243, 248; Alexandre de Moraes e, 120, 126; André Mendonça e, 141-3, 146-7; Bolsonaro e, 119, 121-2, 127, 130, 133, 196; caos em Manaus, 133; Celso de Mello e, 120; Dias Toffoli e, 129, 146; Fachin e, 119, 125-6; Fux e, 129; Gilmar Mendes e, 120, 122, 126, 128-9, 132, 138, 140, 143-6; Lewandowski e, 130, 133-5; Nunes Marques e, 136-7, 138, 140, 144-6
crepúsculo da democracia, O (Applebaum), 86

Danilo, Júlio, 103
Dantas, Bruno, 75, 203
Defesa do Estado Constitucional Democrático em tempo de populismo (Voßkuhle), 86
DF Star (hospital em Brasília), 78
Dias Toffoli, José Antonio, 14, 40, 78, 92, 105, 172; no 8 de janeiro de 2023, 28, 30; abertura do inquérito das fake news, 77; alvo das manifestações contra o Supremo, 77; amplas relações políticas de, 46; apresentado a Nunes Marques, 172; aproximação com militares, 49, 51, 53; autossuficiência de, 50; caso da perseguição aos servidores críticos de Bolsonaro, 170; curriculum de, 47; diálogo aberto com Bolsonaro, 76; sobre a ditadura militar, 57; encontro com Bolsonaro após a eleição de Lula (2022), 115-6; como ex--AGU, 165; sobre o funcionamento

das igrejas durante a pandemia, 146; sobre o golpe militar de 1964, 51-2; indicado por Lula, 46; e o inquérito das fake news, 80-1, 85; julgamento do habeas corpus de soltura de Lula, 50; mensagens de Bolsonaro durante a pandemia, 129; e o movimento populista de direita, 86; sobre Nunes Marques, 173; sobre a possibilidade de golpe de Bolsonaro, 212-3; como presidente do STF, 11, 45, 52, 54-5, 58, 62-3, 68, 73, 165; e a questão da prisão após condenação em segunda instância, 65; relação com Bolsonaro presidente, 46-9; visita de Bolsonaro no hospital, 79, 85; visita à sede do STF depredada, 31

Dias, Wellington, 171

Dino, Flávio, 25

ditadura militar (1964-85), 70, 237, 243; STF e, 57

Doria, João, 121, 131, 139

Dutra, Gustavo, 104

Dutra, Olívio, 228

eleições presidenciais (2022): Alexandre de Moraes e, 199, 202-3, 222, 224, 227, 230-1; André Mendonça e, 230; Barroso e, 199, 224, 227, 230; Bolsonaro e, 13-4, 92, 115-6, 197, 224, 225, 228, 230, 233, 234; Dias Toffoli e, 115-6; divulgação do resultado, 218; Fachin e, 92, 201, 224, 226; Lewandowski e, 228; Lula e, 82, 197, 224, 228, 230-1; manifestações de protesto após, 15-6, 24; Nunes Marques e, 230; Rosa Weber e, 228

Empoli, Giuliano da, 86

engenheiros do caos, Os (Empoli), 86

Entre o passado e o futuro (Arendt), 47

Estado Novo, 69

Estados Unidos: ameaça a juízes, 158; críticas à Suprema Corte, 241; invasão do Capitólio, 217; Suprema Corte, 81, 247

Etchegoyen, Sérgio, 49, 53

Fachin, Luiz Edson, 14-6, 32, 44, 186; no 8 de janeiro de 2023, 28; ameaçado por Daniel Silveira, 93-5; sobre as ameaças ao STF, 232; atuação antes da eleição (2022), 224; caso da perseguição aos servidores críticos de Bolsonaro, 169; confiança na democracia, 218; decisão pela anulação das condenações de Lula, 101; diplomação de Bolsonaro, 44; sobre o inquérito das fake news, 85; e a Lava Jato, 101; e os militares na CTE, 201; e o movimento populista de direita, 86; oposição à economia liberal, 165; e a pandemia de covid-19, 119, 125-6; sobre o papel das Forças Armadas, 94; e a parcialidade de Moro, 101; sobre a possibilidade de golpe de Bolsonaro, 219; como presidente do TSE, 201, 217-8, 223, 231; sobre reconhecimento da derrota de Bolsonaro, 92; como relator da Lava Jato, 100; resistência aos militares, 201; reunião após ataques de Bolsonaro (7 de setembro de 2021), 106; sobre a reunião de Bolsonaro com embaixadores, 226; no TSE, 216

Falcão, Joaquim, 212, 236
Fantástico (programa de TV), 127
Faria Júnior, Célio, 87, 162
Faria, Fábio, 77, 115, 189-90, 229
Fausto (Goethe), 186
Fernandes, Maria Cristina, 54
Ferreira Marques, Pedro Cesar Nunes, 162
Ficha Limpa, Lei da, 52, 130
Folha de S.Paulo, 40, 77, 88, 180, 210
Fonteles, Claudio, 179
Fraga, Alberto, 178-9
França, Carlos, 225
Francischini, Fernando, 220, 221
Franco, Elcio, 213
Freitas, Marco Polo, 78
Funai, 113
Fundação Getulio Vargas (FGV), 94
Fundo Amazônia, 113, 232
Fux, Luiz, 13, 24, 32, 86, 149; no 8 de janeiro de 2023, 28; e as agressões de Bolsonaro ao STF, 38-9; caso da perseguição aos servidores críticos de Bolsonaro, 169-70; cassa autorização para entrevista com Lula preso, 40; cuidados com a segurança pessoal, 157; diplomação de Bolsonaro, 44; e as manifestações contra o STF, 103; mensagens de Bolsonaro durante a pandemia, 129; nota de repúdio à agressão de Bolsonaro (7 de setembro de 2021), 106, 108-10; palestra cancelada em Bento Gonçalves, 150; personalidade de, 40-1; como presidente do STF, 34, 94, 176; e a questão da prisão após condenação em segunda instância, 65; reação às ameaças ao STF, 95; reunião após ataques de Bolsonaro (7 de setembro de 2021), 105; sabatina no Senado, 35; e a segurança do STF, 149

Gabinete de Segurança Institucional (GSI), 49, 87
Gabinete do Ódio, 79, 84, 88
Galloro, Rogério, 24, 103, 149
Gallotti, Luiz, 152
Galvão, Ilmar, 153
Garantia da Lei e da Ordem (GLO), 29
Garcia, Rodrigo, 228
"general no gabinete da conciliação, Um" (Fernandes), 54
General Villas Bôas: Conversa com o comandante (Castro), 94
Glezer, Rubens, 92
Globo, O, 35, 173, 185
Globo, TV, 242
Glossário de informática (Camarão), 205
Gomes, Ciro, 227
Gomes, Eduardo, 189
Gonçalves, Benedito, 216
Goulart, João, 56
Gracie, Ellen, 43
Grau, Eros, 64, 154
Guedes, Paulo, 165

Haddad, Fernando, 99, 166
Hajjar, Ludhmila, 78, 117, 136
Hang, Luciano, 79
homofobia, tipificação como crime, 73
Horbach, Carlos, 228
Horn, Elie, 181
Huntington, Samuel, 209-10

IBM, 206
Ideia, Instituto, 200
Instituto do Patrimônio Histórico e Artístico Nacional (Iphan), 22
Intercept, The, 101

Janino, Giuseppe, 206
Janot, Rodrigo, 183
Jardim, Jerônimo, 37
Jardim, Lauro, 173
Jardim, Torquato, 51
Jobim, Nelson, 172, 207
José Dirceu, 51, 180
Jovem Pan (rádio), 134
justiça brasileira: questão da prisão após condenação em segunda instância, 64-5, 246

Kavanaugh, Brett, 158
Kicis, Bia, 172
"kit gay", 167

Lacan, Jacques, 27
Lafer, Celso, 47
Lava Jato, operação policial, 67, 100-2, 161, 164, 183, 189-90, 240, 244, 246; ministros do STF e a, 81, 100-1, 240; Moro e a; 100-1
Lei de Acesso à Informação, 129
Lei de Segurança Nacional, 97, 168
Levi, Jorge, 91
Levi, José, 193
Lewandowski, Ricardo, 14, 22, 172; no 8 de janeiro de 2023, 28; abordado com ameaças, 156; ações sobre a pandemia, 134; e as arguições contra Bolsonaro, 131-2; autoriza entrevista com Lula preso, 40; diplomação de Bolsonaro, 44; indignação com o governo Bolsonaro durante a pandemia, 133; e o julgamento do mensalão, 130, 241; julgamentos de Bolsonaro no TSE, 215; e a Lava Jato, 100; sobre a obrigatoriedade da vacinação, 135; oposição à economia liberal, 165; no primeiro turno (2022), 228; como relator dos casos referentes ao combate à pandemia, 130; reunião após ataques de Bolsonaro (7 de setembro de 2021), 105; visita à sede do STF depredada, 31

Lima, Hermes, 152
Lins e Silva, Evandro, 152
Lira, Arthur, 231, 236
Lula da Silva, Luiz Inácio, 13, 24, 48, 63, 73, 94, 99, 172; no 8 de janeiro de 2023, 27-8, 30; anulação da condenação e liberdade de, 100-2; apuração do segundo turno (2022), 230; campanha de 2022, 82; diplomação de, 217; na eleição (2022), 197, 224, 228; eleito presidente (2022), 231; fora da corrida eleitoral (2018), 50; habeas corpus para soltura de, 50, 67; indicação de Dias Toffoli ao STF, 46; liberdade negada pelo STF, 240; nomeação para o ministério de Dilma, 144; na posse de Alexandre de Moraes no TSE, 227; preso em Curitiba, 40, 66; proibição de entrevista na prisão, 40, 69; reunião com governadores e chefes dos poderes após 8 de janeiro de 2023, 31; visita à sede do STF depredada, 31; visita ao STF após a eleição, 231, 233

Luta Democrática, 152
Lynch, Christian, 199

Major Olimpio, 160
Malafaia, Silas, 98, 188
Mallmann, Maria Helena, 24
Maltego (software de segurança), 150
Mandetta, Luiz Henrique, 118-21, 124, 127; entrevista ao *Fantástico*, 127
manifestações contra o resultado da eleição em frente aos quartéis militares, 15-6, 24, 116, 192-3, 197-8, 232-3; Bolsonaro sobre, 14
máquina do ódio, A (Campos Mello), 86
Marco Civil da Internet, 106
Maria do Rosário, 71
Martins Filho, João Roberto, 210
Martins, Humberto, 178
Matsuda, Rui, 102, 103, 104, 105
Mazzilli, Ranieri, 56
Mello, Celso de, 54, 94, 120, 137, 149, 171; abertura de inquérito sobre a demissão de Moro, 89; ação de defesa do STF contra o bolsonarismo, 57-8; como decano do STF, 58; sobre habeas corpus de Lula, 67; sobre o inquérito das fake news, 85; isolamento durante a pandemia, 120; tipificação de homofobia como crime, 73, 74
Mello, Marco Aurélio, 61, 68, 85, 97, 120, 125, 139, 153, 171, 242; ameaçado por Daniel Silveira, 95; decisão de liberar presos, 62, 64, 72-3
Mendes, Gilmar, 13, 99, 117, 208; no 8 de janeiro de 2023, 28; alvo das manifestações contra o STF, 77; sobre as ameaças ao STF, 232; ameaçado por Daniel Silveira, 95; apresentado a Nunes Marques, 172; sobre Aras na PGR, 184-5; chegada ao STF, 154; críticas ao governo Bolsonaro durante a pandemia, 132; como decano do STF, 54; sobre a demarcação de terras indígenas, 232; sobre a demissão de Pazuello, 135; diálogos com Bolsonaro durante a pandemia, 128-9, 138; como ex-AGU, 165; sobre a falsa sabotagem do STF a Bolsonaro, 237; sobre o funcionamento as igrejas durante a pandemia, 140, 143-6; e o inquérito das fake news, 80; sobre o inquérito das fake news, 85; isolamento durante a pandemia, 120; e a Lava Jato, 100; sobre os militares no governo Bolsonaro, 212; e o movimento populista de direita, 86; sobre Nunes Marques, 173; opinião de Nunes Marques sobre, 176; e a pandemia, 122, 126; sobre a possibilidade de golpe de Bolsonaro, 212; sobre a questão da criminalização da homofobia, 75; e a questão da prisão após condenação em segunda instância, 65-6; reação às ameaças ao STF, 93, 95; sobre a responsabilidade pelo 8 de janeiro, 185; reunião após ataques de Bolsonaro (7 de setembro de 2021), 106; reverte liminar de Nunes Marques, 138; sobre a substituição de Pazuello, 136; sugere Marcos Pereira para Bolsonaro, 187; sobre tuíte de Villas Bôas, 94; visita à sede do STF depredada, 31
Mendonça, André, 13, 63, 73, 91, 122, 165, 170, 190; no 8 de janeiro de 2023, 28; abandonado por Bolsonaro, 177; e as ações contra o des-

monte na área ambiental, 113; como AGU, 85, 87, 120, 141, 164; apoiado pela comunidade evangélica, 188; e o caso da doutrinação nas escolas, 167; conhece Bolsonaro, 162; convidado por Bolsonaro para ministro do STF, 72; explicações no Twitter, 99; sobre o funcionamento as igrejas durante a pandemia, 141-3, 146-7; indicado por Bolsonaro ao STF, 147, 187, 189; julgamento de Daniel Silveira, 98-9; como ministro da Justiça, 90, 168-9; nomeado AGU por Bolsonaro, 163; sabatina para vaga no STF, 160; no segundo turno (2022), 230; visita à sede do STF depredada, 31, 32

Menezes Direito, Carlos Alberto, 155
mensalão, julgamento no STF, 241
mestre e Margarida, O (Bulgákov), 186
Mianmar, golpe de Estado em, 218-9
mídia tradicional, 244-5
militares e a crise brasileira, Os (Martins Filho), 210
Ministério da Agricultura, 113
Ministério da Defesa, 194
Ministério Público, 12, 55, 73, 84, 97, 100, 135, 158, 183, 189
Ministério Público do Trabalho, 181
Ministério Público Eleitoral, 225
Moraes, Alexandre de, 14, 23, 27, 53, 79, 172, 193; no 8 de janeiro de 2023, 28; abertura do inquérito das fake news, 77; ação contra interferências no segundo turno (2022), 222; ações contra o desmonte na área ambiental, 113; como alvo de ameaças, 158; ameaçado por Daniel Silveira, 95; amizade com Fernando de Azevedo Barros, 209; atuação antes da eleição (2022), 224; sobre Bolsonaro, 68, 83; carta de capitulação de Bolsonaro, 110-1; caso da perseguição aos servidores críticos de Bolsonaro, 170; curriculum de, 47; diplomação de Bolsonaro, 44; discurso de Bolsonaro contra (7 de setembro de 2021), 104, 110; embate com Paulo Sérgio Nogueira sobre as urnas eletrônicas, 202-3; entre os dois turnos da eleição (2022), 230; guerra contra Bolsonaro, 83, 244; inquérito das fake news, 80, 82-4, 86, 88; isolamento durante a pandemia, 120; julgamento de Daniel Silveira, 98; liminar sobre a Lei de Acesso à Informação, 129; e o movimento populista de direita, 86; nomeado relator do inquérito das fake news, 50; opinião de Nunes Marques sobre, 176; e a pandemia, 126; pedidos de impeachment feitos por Bolsonaro contra, 244; posse na presidência do TSE, 226; sobre a possibilidade de golpe de Bolsonaro, 212; sobre a presença de militares na CTE, 199; como presidente do TSE, 193, 201, 215; no primeiro turno (2022), 227; e a prisão de Anderson Torres, 184; e a prisão de Daniel Silveira, 96; sobre a punição ao golpismo de Bolsonaro, 235; reação às ameaças ao STF, 95; resposta às críticas, 238; reunião após ataques de Bolsonaro (7 de setem-

bro de 2021), 105; sobre Rosa Weber, 34; suspensão da indicação de Ramagem para a PF, 90-2; telefonema aos candidatos após o segundo turno (2022), 231; texto indignado sobre o 8 de janeiro de 2023, 30-1; no TSE, 216; sobre a união do STF contra atos golpistas, 87; visita à sede do STF depredada, 31; vítima de fake news, 220
Moreira Alves, 153
Moro, Sergio, 164; acusa Bolsonaro de manipulação na PF, 88, 91; demissão do ministério da Justiça, 88-90; como juiz, 66; e a Lava Jato, 100-1; como ministro da Justiça, 63, 87, 164, 169; parcialidade de, 102
Mourão, Hamilton, 228
movimento global de ascensão da direita, 73-4, 218
Mussi, Guilherme, 115
Mussolini, Benito, 20

Neves, Aécio, 208
Niemeyer, Oscar, 20
Nigri, Meyer, 180-1
Nogueira, Ciro, 115, 188
Nogueira, Paulo Sérgio, 200-3, 211-2
Nunes Leal, Victor, 152
Nunes Marques, Kassio, 13, 20, 174, 177; no 8 de janeiro de 2023, 28; aprovado no Senado, 175; sobre o funcionamento das igrejas durante a pandemia, 136-8, 140, 144-6; indicado por Bolsonaro ao STF, 171-3; planos de poder de, 139; posição pró Bolsonaro, 176; reunião após ataques de Bolsonaro (7 de setembro de 2021), 106; no segundo turno (2022), 230; voto contra a prisão de Daniel Silveira, 97

Odebrecht (empreiteira), 67
Oliveira, Jorge, 90-1, 115, 122, 162-3, 170
onze, Os: O STF, *seus bastidores e suas crises* (Recondo e Weber), 12, 17
Ordem dos Advogados do Brasil (OAB), 65-6
Organização Mundial da Saúde (OMS), 119
Ortellado, Pablo, 209

Pacheco, Rodrigo, 190; no segundo turno (2022), 231
Palomba, Guido, 39
Passarinho, Jarbas, 198
Pazuello, Eduardo, 117, 127, 211; absolvido pelo Exército após ato político, 211; demissão de, 135; participação em ato político com Bolsonaro, 211
PDT, 125
Peduzzi, Maria Cristina, 118
Peixoto, Floriano, 119
Peluso, Cezar, 55
pesquisas com células-tronco, 240
Playboy (revista), 74
Poder camuflado (Victor), 208
"Poder Moderador no Brasil: Os militares e o Supremo Tribunal Federal" (Villas Bôas), 51
Poder360 (site de notícias), 52
Polícia Federal (PF), 81, 88, 90
Polícia Militar do Distrito Federal (PMDF), 21, 24-5
Polícia Rodoviária Federal (PRF), tentativa de interferência no segundo turno da eleição (2022), 222

Pontes, Marcos, 228
populismo reacionário, O: Ascensão e legado do bolsonarismo (Lynch e Cassimiro), 199
PPS, 81
Procuradoria Geral da República (PGR), 70-1, 81-2, 140, 229
PT, 133
Pujol, Edson, 195, 208

Ramagem, Alexandre, 88, 90-2
Ramos, Luiz Eduardo, 51, 198
Raposa Serra do Sol (terra indígena), 232
REDE (Rede Sustentabilidade), 112, 131; e o inquérito das fake news, 84
redes sociais, 156
Redes sociais e a inteligência no sistema de segurança do Poder Judiciário (Schettini), 149
Ribeiro da Costa, Álvaro Moutinho, 56, 57
Ribeiro Paiva, Tomás Miguel, 193
Rocha, Ibaneis, 25, 104
Rodrigues, Randolfe, 82; pedido de prisão de Anderson Torres, 184
Rodrigues, Sérgio, 45
Rosário, Wagner, 90, 91, 162
Rouanet, Lei, 112
Rousseff, Dilma, 34, 36, 100, 144; na posse de Alexandre de Moraes no TSE, 227

Sanches, Sydney, 242
Santana, Camilo, 128
Santos, Allan dos, 79
Sarney, José, 36, 47, 55, 58; na posse de Alexandre de Moraes no TSE, 227

SBT News, 111
Scheppele, Kim, 86
Schertel, Francisco, 172
Schettini, Marcelo, 20, 25, 59, 149
Schneider, Kurt, 39
Sem máscara (Amado), 196
Senado Federal: sabatinas de candidatos ao STF, 35, 36, 154, 175
Sepúlveda Pertence, 36
Shelley, Yossi, 180-1
Silveira, Daniel, 236; ameaça aos ministros do STF, 93, 95; condenado pelo STF, 97, 99; preso em flagrante, 96-7; recebe perdão de Bolsonaro, 99-100
sistema de cotas raciais, 130, 240
sistema de urnas eletrônicas, 199-208; fake news sobre, 220-1
sistema de voto impresso, fraudes no, 204-5
soldado e o Estado, O: Teoria e política entre civis e militares (Huntington), 210
Stumpf, Valério, 192-3
Superior Tribunal de Justiça (STJ), 12, 21, 65, 164, 172, 178, 182, 215
Superior Tribunal Militar, 56
Supremo Tribunal Federal (STF): acusado de parcialidade, 240; alterações no regimento, 246; alvo de rede de fake news, 242; avanços em direitos fundamentais, 240; batalha contra o golpismo bolsonarista, 235-48; contestado pelos seguidores de Bolsonaro, 237; contra a censura às artes, 112; CPI da Lava Toga, 244; desunião antes do governo Bolsonaro, 47; durante a ditadura militar, 237, 243; durante a pandemia

de covid-19, 119; embate com o Legislativo, 82; embates com Bolsonaro enquanto presidente da República, 17; estratégias do, 238; e o golpe militar de 1964, 56-7; como inimigo principal de Bolsonaro, 81; e o inquérito das fake news, 79-87, 88, 244; insatisfação da classe política com o, 241; interpretações criativas das leis, 81; isolamento do, 240; julgamento do mensalão, 241; Lava Jato e, 81, 240; manifestação sobre pronunciamento de Bolsonaro após as eleições (2022), 15-6; como mediador de conflitos entre os poderes, 51; ministros e familiares ameaçados, 243; nota sobre o 8 de janeiro de 2023, 29; Pauta Verde, 113; presidência do, 54; reação às agressões de Bolsonaro (7 de setembro de 2021), 105-10; reinauguração (1 de fevereiro de 2023), 33; relação com os Poderes, 12, 247; relação conflituosa entre os ministros, 239, 241; reunião após ataques de Bolsonaro (7 de setembro de 2021), 105; segurança do, 149-59; sobrevivência devida à união entre os ministros, 18; união dos ministros após as eleições (2022), 14; união dos ministros contra ameaças de violência, 243; união dos ministros no combate à pandemia, 120, 129, 243; união em apoio ao inquérito das fake news, 86; união em reação aos ataques de Bolsonaro (7 de setembro de 2021), 105; união ante ameaças à democracia, 60; união no caso da prisão de Daniel Silveira, 96

"Supremocracia e Infralegalismo Autoritário: o comportamento do Supremo Tribunal Federal durante o governo Bolsonaro" (Vieira, Glezer e Barbosa), 92

Tanques e togas: O STF e a ditadura militar (Recondo e Weber), 12
Tebet, Simone, 227
Teich, Nelson, 127
Telegram, 156
Temer, Michel, 49, 51, 61, 161, 172, 233; acionado por Bolsonaro para mediar conflito com Alexandre de Moraes, 110; carta de capitulação de Bolsonaro, 110-1; na posse de Alexandre de Moraes no TSE, 227
Termo de Ajustamento de Conduta (TAC), 181
Thronicke, Soraya, 227
Torres, Anderson, 25, 104, 106, 184
Torres, Demóstenes, 36-7
Tribunal de Contas da União (TCU), 203; irregularidades nas contas do governo Bolsonaro, 75
Tribunal Regional do Trabalho, 59
Tribunal Superior do Trabalho (TST), 21, 34
Tribunal Superior Eleitoral (TSE), 12, 14, 16, 42-4, 118, 149, 176, 193-4, 198-208, 212, 216-7, 226, 241; alvo de fake news, 220-1; condenação de Bolsonaro por crime eleitoral, 225; divulgação do resultado da eleição (2022), 218; entre os dois turnos (2022), 229; novas regras contra fake news, 221; sessão informativa para as embaixadas, 224

Trump, Donald, 217
TV Justiça, 153, 156, 241
Twitter, 20, 30, 50, 67, 77, 94, 98-9, 150

Uip, David, 78
Unisys, 206
UOL, 126, 180, 200

Valor Econômico, 54, 85
Vargas, Getúlio, 69
Vasconcelos, Beto, 35
Vasques, Silvinei, 222, 230
Velloso, Carlos, 204-5; como presidente do TSE, 205
Veloso, Caetano, 112
Victor, Fabio, 208
Vieira, Alessandro, 81
Vieira, Oscar Vilhena, 92
Villas Bôas, Eduardo, 50, 53, 67; tuíte ameaçador ao STF, 50, 94
Villas Bôas, Maria Aparecida, 197
Voßkuhle, Andreas, 86

Wajngarten, Fabio, 181
Waterloo, Estêvão, 19
Weber, Rosa, 13-6, 23, 27, 31, 35; no 8 de janeiro de 2023, 19, 24-5, 28-30; ações contra o desmonte na área ambiental, 113; como alvo de ameaças, 158; alvo de ataques durante a campanha presidencial (2018), 57, 149; sobre Aras, 183; sobre os ataques ao STF, 232; e Bolsonaro presidente, 42; caso da perseguição aos servidores críticos de Bolsonaro, 169; chegada ao STF, 37; diplomação de Bolsonaro, 44; indicada por Dilma Rousseff, 35; e o Marco Civil da Internet, 106; e o movimento populista de direita, 86; nota sobre o 8 de janeiro de 2023, 29; oposição à economia liberal, 165; como presidente do STF, 34, 245; como presidente do TSE, 43; no primeiro turno (2022), 228; reação às ameaças ao STF, 96; recebe Lula eleito no STF, 231-3; reconstrução da sede do Supremo, 30, 32, 34; reunião após ataques de Bolsonaro (7 de setembro de 2021), 106; sabatina no Senado, 36; no TSE, 216; visita à sede do STF depredada, 31
Weintraub, Abraham, 90, 168
Weintraub, Arthur, 172
WhatsApp, 156
Witzel, Wilson, 122

Zanin, Cristiano, 172
Zavascki, Teori, 67, 100; e a questão da prisão após condenação em segunda instância, 65

ESTA OBRA FOI COMPOSTA PELO ACQUA ESTÚDIO EM MINION E IMPRESSA
EM OFSETE PELA LIS GRÁFICA SOBRE PAPEL PÓLEN NATURAL DA SUZANO S.A.
PARA A EDITORA SCHWARCZ EM OUTUBRO DE 2023

A marca FSC® é a garantia de que a madeira utilizada na fabricação do papel deste livro provém de florestas que foram gerenciadas de maneira ambientalmente correta, socialmente justa e economicamente viável, além de outras fontes de origem controlada.